把行业企业需求和标准
作为教学的目标和行动

职业教育汽车运用与维修专业工作过程系统化课程系列教材

汽车电子和电气系统的检测与维修

组　编　北京市昌平职业学校

主　编　宿军迪

副主编　王　亮

参　编　付立军　孙凤霞　王立君

机 械 工 业 出 版 社

本书是汽车运用与维修专业工作过程系统化课程教材。本书以汽车电气系统维修中几个典型工作任务为载体，重点介绍了电工电子基础知识及典型电气系统的组成及检修。全书包括照明设备的检测与维修、后窗玻璃加热器失灵、蓄电池不能正常充电、起动机失灵、安装附加车灯、电子扇失灵六个学习单元。每个学习单元都按照企业生产流程、专业内容和实际应用关系来安排，包括接受客户委托、获取信息、制订计划、排除故障、交车几个环节。通过完成学习单元不仅可以提高学生的专业技能水平，更重要的是通过学习培养学生对生产设备工具、车辆、仪器认真负责的态度，学会与顾客、上级和同事进行沟通，培养团队能力，提高学生的安全意识与环保意识。本书每个学习单元由学习要求、工作页、必备知识组成，其中必备知识附在书后单独装订，供读者在学习中自行查阅。

本书既可作为系统培训教材，每个学习单元又可成为独立课题供读者选用；既可为教师在制订教学计划方面及课堂教学方面给予帮助，又可为学生提供学习帮助。

图书在版编目（CIP）数据

汽车电子和电气系统的检测与维修/宿军迪主编；北京市昌平职业学校组编．—北京：机械工业出版社，2011.6（2017.10 重印）
职业教育汽车运用与维修专业工作过程系统化课程系列教材
ISBN 978-7-111-34511-4

Ⅰ．①汽…　Ⅱ．①宿…②北…　Ⅲ．①汽车—电子系统—故障检测—职业教育—教材②汽车—电气设备—故障检测—职业教育—教材③汽车—电子系统—车辆修理—职业教育—教材④汽车—电气设备—车辆修理—职业教育—教材　Ⅳ．①U472.41

中国版本图书馆 CIP 数据核字（2011）第 081719 号

机械工业出版社（北京市百万庄大街 22 号　邮政编码 100037）
策划编辑：曹新宇　责任编辑：曹新宇　高　岩
责任校对：刘怡丹　封面设计：赵颖喆
责任印制：杨　曦
北京天时彩色印刷有限公司印刷
2017 年 10 月第 1 版第 2 次印刷
184 mm × 260 mm · 16 印张 · 1 插页 · 376 千字
3 001 — 4 000 册
标准书号：ISBN　978-7-111-34511-4
定价：35.00 元

凡购本书，如有缺页、倒页、脱页，由本社发行部调换

电话服务
社服务中心：(010)88361066
销售一部：(010)68326294
销售二部：(010)88379649
读者购书热线：(010)88379203

网络服务
门户网：http：//www.cmpbook.com
教材网：http：//www.cmpedu.com

职业教育汽车运用与维修专业工作过程系统化课程系列教材编写委员会

序

进入21世纪以来，中国汽车产业发展突飞猛进，已经成为我国国民经济的支柱产业之一。目前中国机动车保有量已达1.99亿辆，其中汽车8500多万辆，每年新增机动车2000多万辆。

调查显示，一辆新车从购买到报废的全部花费中，购车费用只占到35%，而后期维修占到45%，并以每年10%以上的速度递增。作为汽车产业的重要延伸，汽车维修行业已经成为一个潜力巨大的市场，得到了前所未有的发展。汽车维修企业的管理水平和服务意识有了明显的改善，扩大了服务范围，改变了服务方式，提高了服务水平。随着现代汽车检测诊断技术的广泛应用，企业增加了服务设施，提高了技术装备水平。但与世界发达国家相比，在现代服务理念、行业研究、行业标准、服务项目的广度、服务内涵的深度和服务质量等方面还存在相当大的差距，关键在于企业工作人员整体综合素质未能达到现代维修企业的发展需求。具体表现为：受过专业训练的人员比例较低，拥有技能证书的员工比例较低；大部分员工从业时间短，维修经验匮乏，跳槽现象严重；企业急需大量有明确发展目标、有良好职业道德、有端正工作态度和敬业精神的优秀人才。

北京市昌平职业学校汽车运用与维修专业教师在基于与德国合作开发的工作过程系统化课程基础上，经过5年的教学实践，按照企业行业的要求对课程进行了多次的修订，最终开发出了本套适合中国汽车维修企业人才发展需求和中国职业教育现状的汽车运用与维修专业工作过程系统化课程系列教材。从体系内容上看，本套教材力求反映汽修行业人才培养的特点，按企业行动领域来构建课程内容，充分体现了理论实践一体化的职业教育模式。

与国内已出版的同类教材相比较，本套教材的内容与编排展现了以下三个特点：

1. 学习内容以工作任务为载体

本套教材的每个学习单元都是以任务、工具、项目等为载体，由维修企业的一项真实工作任务转化而来，其设计和实施完全是按照完整的工作过程展开的，学习者经历的是一个“重复思维的过程”，正所谓“重复的是过程，不重复的是内容”，从而为学习者建立职业思维方式，成为行业人才奠定基础。

2. 注重工作能力的培养

本套教材遵循“能力本位”的职业教育原则，每一个学习情境的设计除了注重传统意义上“工艺与技能”的学习，还充分关注环保、安全管理、劳动组织、职业行为等内容。学习者在学习中不仅能获得知识、提高技能，而且还能积累丰富的工作过程经验，形成系统化解决问题的工作模式，提高综合职业能力。

3. 注重工作习惯的养成和工作思维的形成

本套教材通过模拟维修企业的实际生产过程和组织运行机构，使学习者对实际的工作环境不再陌生，实现学习者和企业的“零”对接；逐步树立认真负责的工作态度、严格遵守法律法规的意识、保护环境和工作场地的习惯、维护企业和顾客利益的职业素养；慢慢形成独立工作、与人沟通、做事讲究方式方法、会记录、能归纳、勤思考、具有自我保护意识、能展示自我、具有一定创新性的独立人格；渐渐养成与人合作、善于交流、有深刻的集体荣誉感的团队精神。

通过对本套教材的学习，学习者能够达到企业的要求。本套教材是一套能充分体现学校与企业零距离对接的教材。

细读书稿，深感本书有特色、有价值。应编著者盛情之约，写下以上感言，姑以为序。

北京祥龙博瑞汽车服务（集团）有限公司总工程师　魏俊强

前　言

随着汽车制造技术的迅猛发展及汽车维修技术的不断更新，汽车维修企业的劳动组织形式也发生了变化，因此现代汽车维修行业对从业人员提出了更高的要求，终身职业学习的理念逐渐被大家接受。职业能力是科学的工作和学习方法的基础，无法简单通过传统的学科化课程和传授式教学来实现，并且传统课程的学科系统化和职业活动之间存在着巨大的鸿沟，学校课程与企业的职业活动不协调，所以促进职业能力发展的课程成为当前职业教育课程发展的趋势。

经过广泛、深入的市场调研后，我们通过对汽修企业的岗位能力进行分析，获得了企业用人的标准。现代企业不仅看重员工技能的熟练，更要求员工具备较强的责任心、要诚实、守信、能合作、会沟通。所以，可以把现代企业用人的标准归纳成专业能力、关键能力和职业道德三方面的能力需求。

工作过程系统化课程正是以培养这三种能力为目标的一套课程。工作过程是指企业里为完成一件工作任务而进行的一个完整的工作程序，其基本组成要素见下图。

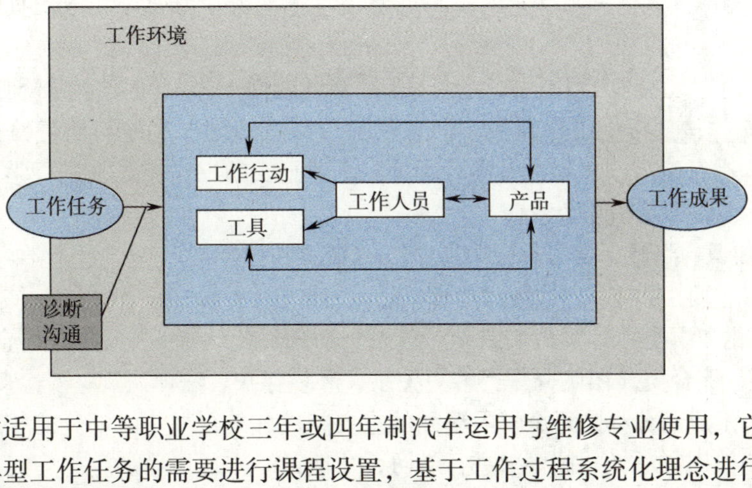

本套教材适用于中等职业学校三年或四年制汽车运用与维修专业使用，它是按照汽车维修企业的典型工作任务的需要进行课程设置，基于工作过程系统化理念进行编写的，共包含汽车维护保养、发动机及其组件的拆装与检测、汽车电子和电气系统的检测与维修、汽车传动系统的诊断与维修、汽车发动机控制系统的诊断与维修、汽车底盘和制动系统的诊断与维修、汽车网络系统的诊断与维修、汽车附加系统的补充装备及其调试、汽车舒适与安全系统的检测与维修9门课程，共49个学习单元。

本套教材是对学科体系教材的一次颠覆性改造。它没有传统意义上的“机械制图”、“电工基础”等专业理论课。但专业理论基础知识与技能并没有舍弃，而是依照工作过程的要求，以够用、适用为原则，与传统的专业技能课程内容结合在一起，按照行动体系的需要，打破学科体系，对内容进行分解和重构，将其整合到各课程与学习单元中去，充分体现了理论与实践一体化的当代职业教育先进思想。其教学内容的综合性、教学设计的系统性、教学过程的行动性、教学思路的创新性、培养目标的职业性与以往的教学都有着很大的不同。

本套教材遵照从宏观到微观、从整体到局部、从简单到复杂的认知规律，以汽车维修企业典型工作任务的分析为基础进行课程的划分，以学习单元为基础进行每本教材的编排。充分体现工学结合的理念，以故障的检测与维修为学习的工作任务，模拟真实的工作过程，学习过程从故障现象出发，学习者从客户接待—故障诊断—维修计划制订—工具准备—故障维修—费用核算—交车，经历完整的工作过程。学习开始于接待客户，结束于把车辆交给客户并定期回访。学习者学习的不仅是知识和技术，更是在经历完整的工作过程、学会技术、选择和使用工具、与人沟通、了解企业的业务流程和组织方式，由学会技术到学会工作。

本套教材与教学过程实现紧密衔接，便于教师使用和学生学习。本套教材的体系属于开放型，教师在使用时只要对学习单元稍作调整，就可实现新知识、新技能的嵌入。

本套教材是完全按照工作过程系统化课程的实施要求来编写的，立意新颖、编排独特，完全符合当前职业教育教学改革的理念和要求，即使是刚刚接触工作过程系统化课程的教师，也可以在本套教材的引导下，进行工作过程系统化课程的教学工作，能有效促进职业教育工作过程系统化课程改革的推进。

通过对本套教材的学习，学习者能够完全掌握必要的专业理论知识，同时能达到相应的技术要求，并能取得相应的职业资格证书，为就业打下良好的基础。

每本教材由 4 ~7 个学习单元组成，每个学习单元由学习要求、工作页组成，并在书后附加必备知识部分。

1. 学习要求。由企业工作任务、学习目标、教学内容、建议学时、教学资源等部分组成。

2. 工作页。按照接受工作任务、信息收集、制订计划、实施与质量检查、评价与反馈的工作流程进行编写，起到引导学习者按照企业真实的工作流程来进行学习的目的，使学习者的学习更加具有针对性。

3. 必备知识。将整个学习单元中所必需的知识和技能按照完成这个学习单元的流程，编写在一起，主要由以下几个大的类别组成：技能类（专业知识和技能，是必备知识的主体部分）、文化知识类（计算机、数学、英语、物理、化学等）、工作类（企业工作流程、组织机构等）、综合类（团队合作、客户关系、环境保护、法律法规、安全规范等）。

以上三个组成部分都是每个学习单元的重要组成，必须理清三部分的相互关系，明确三部分的正确使用方法，并按要求进行学习，才能最终实现培养学生工作能力、与企业实现零对接的目的。

为更好地使用本套教材，请认真阅读下面关于教材使用的说明：

1. 三个部分的使用顺序：学习要求→工作页→必备知识。

2. 学习者在进行每个单元的学习之前，一定要认真研读“学习要求”的相关内容，明确与本单元对应的企业工作的流程及本单元的学习目标和内容等，为更好地进行本单元的学习奠定基础。

3. **“工作页”是本教材的核心**，它将学习者需要掌握的知识、技能，需要养成的职业规范，需要形成的行为习惯，需要适应的企业工作环境和流程等学习要求都按照企业真实工作任务的工作流程，通过问题引导的方式提出来，使学生在完成每个学习单元的过程中充分体现“做中学、学中做”的特点。**所以，学习者在使用本教材进行学习时，一定要按照工作页的引导进行学习，而不能像传统教材那样先看学习内容，再完成相关的作业。本教材是在大量的企业调研的基础上编写完成的，所以，即便学习者没有真实的工作经历，只要按照本教材的要求进行学习，就必能对企业真实的工作有所了解，真正实现与企业的“零”对接。**

4. “工作页”中提出了大量的引导问题，若想解决这些问题就必须到对应的“必备知识”中寻找答案。所以，“必备知识”就类似于一个资源库，学习者可以按照学习的需要，到“必备知识”中搜寻自己所需要的，当然，这个“资源库”的篇幅毕竟有限，无法完全满足学习者的学习要求，所以学习者还需要结合自身的实际条件，准备相应的维修手册、产品使用说明、企业真实的维修数据库、管理软件、规章制度、管理要求、视频、实物教具和实验实训设备等学习资源，才能真正构建一个工作过程系统化课程所必需的学习环境。

本书是工作过程系统化课程系列教材的第三本书，参考学时是180学时，本教材能使学习者掌握电子和电气系统的主要知识和技能，同时强化学习者关注自己和他人的学习过程、自我展示、相互评价等方面的意识和能力，从而达到对学习者综合职业能力培养的目的。本书内容包括六个学习单元：

六个学习单元涉及汽车的照明系统、后窗玻璃加热系统、电源系统、起动系统、电子扇线路。本着由简单到复杂的原则，由检测、维修到安装附加车灯步步深入。学习单元一的重点是识读照明设备电路图、分析电子设备的基本线路、能检查和更换熔断器、能进行车灯的拆装、能判断并排除照明设备电路的故障。学习单元二的重点是使用电路图和其他技术材料分析后窗玻璃加热器的基本线路，在遵守法律和生产商的规定的前提下，使用电路图和技术文献进行后窗玻璃加热器失灵的维修。学习单元三的重点是使用电路图和其他技术材料分析电源系统的基本线路，对电源系统故障进行检查并维修。学习单元四的重点是认知起动系统的构造及其各部件的功能，学会分析和描述车辆起动系统的功能，能形象描述起动系统的工作过程，学会对起动系统的电器元件进行性能检测，能判断并排除起动机失灵的故障。学习单元五的重点是按照生产劳动流程、技术和经济上的要点来做一个车顶射灯加装工作计划，分析车顶射灯加装的基本线路并实施加装工作。学习单元六的重点是通过排除电子扇失灵故障学习并掌握电子扇的功能及原理。每个学习单元都按照企业生产流程、专业内容和实际应用关系来安排的，包括接受客户委托、获取信息、制订计划、排除故障、交车几个环节，通过完成学习单元不仅可以提高学生的专业技能水平，更重要的是通过学习培养学生对生产设备工具、车辆、仪器认真负责的态度，学会与顾客、上级和同事进行沟通，培养团队能力，提高学生的安全意识与环保意识，提高学生的核心能力。

教学建议：

1. 在进行教学设计时要体现职业情境课程模式的特点：“做中学、学中做”，学生必须在教师的充分引导下，在行动中学习。在教学方式、方法等方面要充分体现教师的主导作用，学生的行动学习必须在教师的引导下进行，使学生进一步掌握自我学习的方法。

2. 工作页是引导学生学习和工作的工具。工作页在设计时考虑了学生的特点，学生应该能够顺利接受工作页的引导。如果学生在完成工作页时有困难，教师应该事先设计或在教学中根据学生的学习情况，及时调整教学方法，不要让学生感觉学习是困难的、无法学会的。学生每次自主学习的时间不宜超过20min，时间过长，容易导致学生进入学习的倦怠期，影响学习效果，而且，一定要做好自主学习的引导工作。

3. 从大的方向来看，教学过程应该遵循系统工作的方法，即提出问题后，按照六步法来解决问题（获取信息——制订计划——做出决定——实施计划——自我检查——做出评定）。教师在设计每一个步骤的教学时，都应该根据具体情况（学生、设备、教学场所、教学内容、教学目标）来选择具体的教学方法进行教学，一定要遵循“教无定法”的教学原则。

4. 在教学中主要采用小组合作的方式来进行教学。在采用小组合作的方式进行教学时，要充分考虑到：分组的方式、组内及组间合作的方式、小组及其成员的评价方法、组间及组内良好的合作与竞争等方面，要不断变换小组合作的方式和方法。在采用小组学习时切记组内的每名同学都有自己的任务。

5. 照片、投影、视频的选择可以使教学达到事半功倍的作用，教具的选择要遵循简单、直观、有效地原则。记住一点，任何教具都比不上实物教具，所以，应尽可能的制作和使用实物教具。此外，教学场所的选择也应该根据具体的教学内容和方法来决定，不要盲目地追求车间的实物效果、也不能一味地利用多媒体教室，任何场所都有其利和弊，一定要扬其长、避其短。

本书既可作为系统培训教材，每个学习单元又可成为独立课题供读者选用，既可为教师在制订教学计划方面及课堂教学方面给予帮助，又可以为学生提供学习帮助。

学时建议

	总学时
学习单元一　照明设备的检测与维修	50
学习单元二　后窗玻璃加热器失灵	24
学习单元三　蓄电池不能正常充电	30
学习单元四　起动机失灵	26
学习单元五　安装附加车灯	25
学习单元六　电子扇失灵	25
合计	180

为了使学习者在每个学习单元的学习中，都能对学习的目标和内容有一个初步的了解和最终的控制，本书为学习者制订了下面的“教学目标及教学内容控制表”，该表将本书涉及的教学目标和教学内容一一罗列出来，并将每个学习单元所承载的学习目标和内容也都逐一进行了标注，一方面有利于学习者在开始学习前对本书的主体和每一个学习单元的内涵及相互关系有所了解；另一方面学习者可以在每一个单元学习完成后，利用此表对自己的学习目标和内容的达成情况进行自查。

教学目标及教学内容控制表

序号	电子和电气系统的检测与维修	学习单元一	学习单元二	学习单元三	学习单元四	学习单元五	学习单元六
1	用常规和电子信息系统进行信息收集	*	*	*	*	*	*
2	使用电路图和技术文献	号牌照明灯、近光灯、制动灯、雾灯、转向灯电路	后窗玻璃加热器电路图	充电电路	起动电路	附加车灯电路	电子扇电路图
3	基础电路的分析	电路图识读基础知识	*	*	*	*	*
4	电子和电气系统的维修	检测和维修号牌照明灯、近光灯、制动灯、雾灯、转向灯电路	检修后窗玻璃加热器电路	发电机、蓄电池、电压调节器、励磁电路	起动机、电磁开关、电刷、点火开关、线路		温控开关、电子扇电动机、继电器、线路
5	选择各种检验和测量仪器	万用表、灯光检测仪、电气实验台	万用表	万用表、充电机、电池测试设备（高率放电器）	万用表、电池测试设备（高率放电器）	万用表	万用表
6	制订工作计划和步骤	*	*	*	*	*	*
7	评价分析测量数据和信号	检测结果分析	检测结果分析	检查发电机的发电量	起动机检测结果分析		检测结果分析
8	对机动车系统和工具负责（责任心）	车辆、工具维护	车辆、工具维护	车辆、工具维护	车辆、工具维护	车辆、工具维护	车辆、工具维护
9	团队能力的开发	*	*	*	*	*	*
10	与顾客沟通	*	*	*	*	*	*
11	按照劳动安全生产条例，避免意外	*	*	*	*	*	*
12	工作结果的归档，演示和评价	*	*	*	*	*	*
13	电路图的类型、符号代码，接线端子图纸	*	*				
14	绘制局部电路图	号牌照明灯、近光灯、制动灯、雾灯、转向灯电路	后窗玻璃加热器电路图	充电电路	起动电路	附加车灯电路	电子扇电路图

（续）

序号	电子和电气系统的检测与维修	学习单元一	学习单元二	学习单元三	学习单元四	学习单元五	学习单元六
15	照明设备和信号设备	*				*	
16	电压，电流，电阻的作用	*	*	*		*	*
17	电压和电流的种类	*	*	*		*	*
18	导体、绝缘体、半导体	*	*	*		*	*
19	欧姆定律	*	*	*		*	*
20	串联电路	*	*	*		*	*
21	并联电路	*	*	*		*	*
22	简单的混合电路	*	*	*		*	*
23	温控开关						*
24	电压产生的原理	*	*	*			
25	供电和电池			*			
26	电磁感应			*	*		
27	发电机			*			
28	电动机起动原理，直流电动机，起动机				*		
29	继电器					*	*
30	电容器			*			
31	二极管，晶体管，稳压二极管			*			
32	LED	*		*			
33	电子基本控制电路			*			
34	记录工作任务单	*	*	*	*	*	*
35	使用手册，厂家维修手册	*	*	*	*	*	*
36	故障诊断，电子电气系统检测的规定	*	*	*	*	*	*
37	测量和检验	*	*	*	*	*	*
38	检测报告	*	*	*	*	*	*
39	安装电子组件，线路和线路接口	*	*	*	*	*	*
40	安装规范	*	*	*	*	*	*
41	文字记录	*	*	*	*	*	*
42	法律规范	*				*	
43	框图，示意图和功能列表	制订计划、考核用表	制订计划、考核用表	制订计划、考核用表	制订计划、考核用表	制订计划、考核用表	制订计划、考核用表

（续）

序号	电子和电气系统的检测与维修	学习单元一	学习单元二	学习单元三	学习单元四	学习单元五	学习单元六
44	备件列表和材料清单	*	*	*	*	*	*
45	劳动安全保护条例（用电安全）	*	*	*	*	*	*
46	质量保障	*	*	*	*	*	*
47	客户沟通	*	*	*	*	*	*
48	口头和书面交流	*	*	*	*	*	*
49	避免冲突的方式	*	*	*	*	*	*
50	主持与演示技术	*	*	*	*	*	*
51	外来语专业概念	*	*	*	*		
52	计算						
53	电压，电流，电阻	*	*			*	
54	功率，电功，电功率					*	
55	欧姆定律	*	*			*	
56	串联	*	*			*	
57	并联	*	*			*	
58	混合电路	*	*			*	
59	线路计算					*	
60	分压器						
61	电池容量，充电和放电时间			*			
62	计算机技术						
63	各种学习软件						*
64	用车间信息系统来诊断故障						
65	使用诊断仪						
66	绘制部分线路	*	*	*	*	*	*
67	文字记录	*	*	*	*	*	*

本书由宿军迪担任主编，王亮担任副主编，参加编写的还有付立军、孙凤霞、王立君。由于水平有限，书中错误及疏漏在所难免，敬请读者提出宝贵意见，以便进一步修改。

北京市昌平职业学校

目　录

学习单元一

照明设备的检测与维修

照明设备的检测与维修学习要求

企业工作任务	
按照年检规定应对车辆的照明设备进行检测和维修，一客户在车辆年检前自己发现汽车的左侧前照灯不亮了，将车开到修理厂希望师傅能帮忙修理，并检查车辆照明系统使车辆照明设备达到年检标准。	
工作流程	**可能故障原因**
1. 确认车辆身份信息及故障现象。 2. 记录故障现象。 3. 将车辆数据填入检测报告。 4. 界定故障范围，进一步明确方向，查找故障原因。 5. 掌握维修所必需的相关系统知识（知识补充）。 6. 学习制订不同故障的维修工作计划。 7. 确定备件的需求量 8. 维修并排除故障。 9. 按照年检的相关规定对车辆的照明设备进行检查和维修。 10. 记录检测条件（如：机动车有负载，减振器检查，底盘，轮胎压力等）。 11. 记录检查及调试结果。 质量管理。	1. 左侧前照灯灯泡损坏。 2. 左侧前照灯线路故障。

学习目标

1. 学生能根据顾客对故障的描述在车上确认故障现象，通过与顾客沟通，能确定维修工作任务。

2. 能够认识照明系统的作用，认识照明系统的组成元件，了解照明系统的工作过程。

3. 能正确识读照明系统的电路图，能使用电路图和其他专业技术材料分析照明系统的基本线路。

4. 学生能按照生产劳动流程、技术和经济上的要点来制订一个对照明设备进行检查和维修的工作计划。

5. 能够选择合适的检验和测量仪器，测量相关电子参数，同时使用表格和曲线图来评价测量数值和信号。

6. 学生能借助维修手册，合理地选择维修工具对汽车照明设备进行检查和维修。

7. 学生要对实习设备工具、车辆、仪器认真负责。

8. 通过小组工作培养团队能力。

9. 学会与顾客、上级和同事进行沟通，并对工作情况进行说明。

10. 遵守用电安全、生产条例，避免出现意外事故。

11. 学员对工作结果进行记录，并通过将测算出的数值大小和生产商理论值进行比较，对工作结果进行评价。

12. 能够对工作结果进行演示。

教学内容

技能类	综合类
1. 照明设备各开关的使用。 2. 了解号牌照明灯、近光灯、制动灯、雾灯、转向灯在实车上的安装位置。 3. 绘制、识读分析照明设备电路图（号牌照明灯、近光灯、制动灯、雾灯、转向灯）。 4. 车灯的拆装。 5. 数字万用表的使用。 6. 检查和更换熔断器、灯泡。 7. 检查和更换继电器。 8. 判断排除灯光电路的故障。 9. 正确使用前照灯检测仪。	1. 车灯的种类（白炽灯、卤素灯、氙灯、LED 灯）。 2. 电路保护装置的作用和类型。 3. 继电器的作用和类型。 4. 号牌照明灯、近光灯、制动灯、雾灯、转向灯电路。 5. 电压和电流的计算。 6. 电阻。 7. 欧姆定律。 8. 串联电路。 9. 并联电路。 10. 混联电路。 11. 查询车辆的维修资料信息。 12. 填写备件和人员工资的成本测算消费清单。 13. 文字记录资料（记录、网络资料、备份客户资料）。

	14. 注意安全用电。 15. 口头和书面交流。 16. 小组展示技巧。
建议学时	
50 学时	
教学资源	
1. 四辆在照明设备方面有故障的车辆。 2. 与故障车辆照明设备相关的电路图。 3. 检测表格和检测计划。 4. 含有备件清单的车间信息系统。 5. 数字万用表。 6. 前照灯检测仪。 7. 用于汽车线路检测的设备。 8. 计算机两台。	

照明设备的检测与维修工作页

1 接受工作任务　　成绩：

1. 请两名学生进行角色扮演，模拟车辆进厂时接待客户过程，其他学生认真观察，对前台工作人员的接待过程进行评价并记录在表中。

评价内容	优点	改进建议
工作态度		
仪容仪表		
文明用语		
沟通技巧（形象、语调、肢体语言）		
客户描述的故障现象的记录		
获得客户及车辆信息		
评价	☆☆☆☆☆	

2. 到实习车上确认故障车辆身份信息及故障现象，将工作结果填写到《××汽车维修服务有限公司任务委托书》上。

（1）写出车辆防护内容：________________________________。

（2）描述确认的车辆故障现象：________________________________。

3. 根据故障现象，分析该故障现象可能的故障原因是：________________________________。与客户沟通，询问客户是否还有其他要求，与客户一起确定维修保养工作范围：____________________，填写任务委托书。

××汽车维修服务有限公司任务委托书

地址：

电话：　　　　　　　　　　　　传真：　　　　　　　　　　日期：

客户名称				业务单号			
地址				车牌号码			
联系电话		联系人		车型			
发动机号		行驶里程		颜色		维修方式	
VIN 号		存油		预计完工日期			

随车附件　　有 ✓　　无 ×　　损 ○

前照灯		转向灯		制动灯		示宽灯	
牌照灯		车内灯		收录机		天线	
点烟器		烟缸		电子扇		摇把	
空调器		反光镜		室内镜		门窗玻璃	
刮水器		喇叭		车门拉手		靠垫座套	
脚垫		遮阳板		轴头亮盖		千斤顶	
备胎		随车工具		前车牌号		后车牌号	
运营牌		徽标		前商标		左后商标	
中后商标		右后商标					

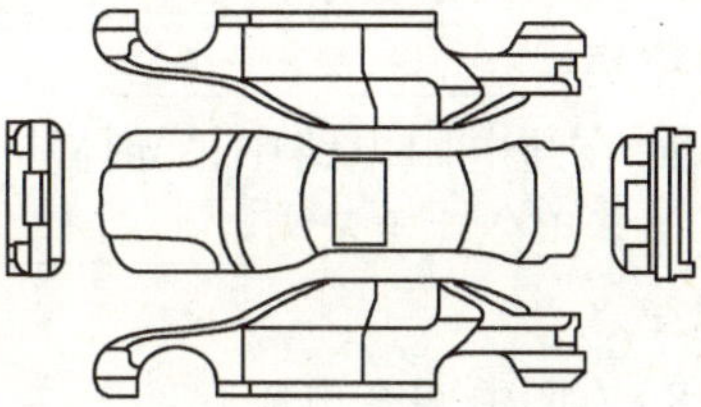

存油　E　　　　　F

序号	维修项目	施工内容	工时	工时费	收费类别

工时费（估）：　　　　　　配件金额（估）：　　　　　合计金额（估）：

备注：

※根据汽车维修行业管理部门规定：

小修或日常修保修期：三天或 500km；

发动机总成大修保修期：三个月或 10000km；

其他总成大修保修期：一个月或 5000km。

经办人：＿＿＿＿＿＿

※零件损坏是否更换　　□是　□否

本人对本单以上内容已经确认，并愿按上述要求进行维修和支付有关费用。

本人已将车内现金、票据及贵重物品取走。

用户签字：＿＿＿＿＿＿

2　信息收集

2.1　电路基础知识

成绩：

4. 电压用字母______来表示，电压的定义是：______________________________。电压分为________、________、________三种，汽车上通常用到的是________和________电压。电压的单位是________，用字母________来表示。

5. 电流的定义是：________________________________，电流用字母________来表示。根据电流的大小和方向的变化方式的不同，可以将电流分成________、________、________；汽车上通常用到的是________和________________________电流。电流的单位是：________________，用字母________来表示，电流有三种效应：________、________和________。汽车上的蓄电池是________电源。

6. 电阻的定义是：____________________________，用字母________来表示。电阻的单位是：__________________，用字母________来表示。

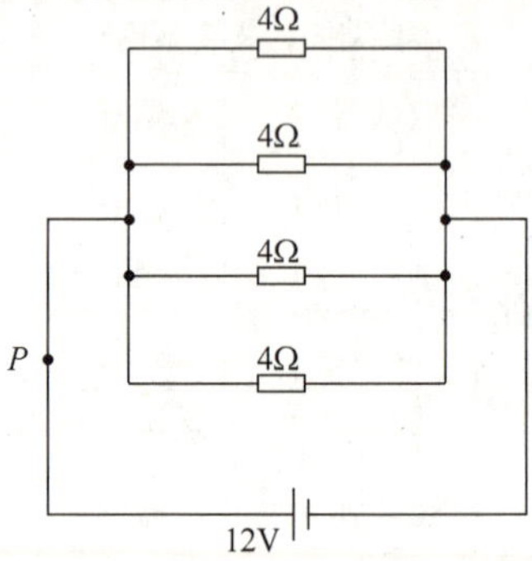

7. 在纯电阻电路中，导体中的电流、电压、电阻之间的关系用公式表示为：__________________，这就是欧姆定律。

8. 右图中四个电阻是________关系，电路的总电阻是________Ω，*P*点的电流是________A。

9. 下图中三个电阻是________关系，电路的总电阻是________Ω，电路中的电流是________A，电阻*A*、*B*、*C*的电压分别是________、________、________V。

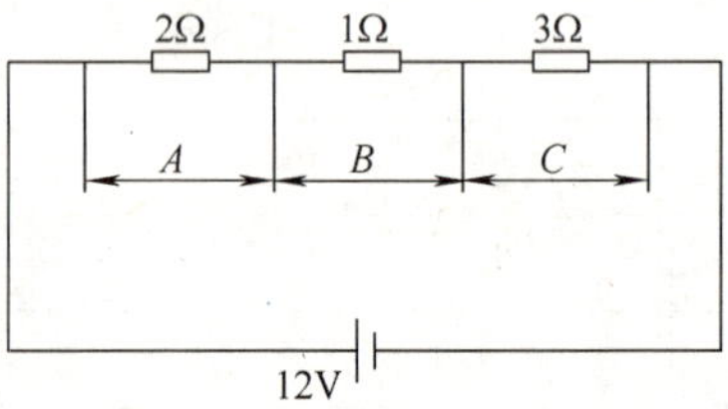

10. 在两个导体之间夹上一层绝缘物质（也称电介质）所构成的电器元件称为电容器，电容的电路符号为________，电容器是容纳电荷的电器元件。使电容器带电称为________，使充电后的电容器失去电荷称为________。在充电电路接通瞬间，充电电流很大，电容器相当于________；在充电过程中，电容器具有一个电荷积累的过程，当电路达到稳定状态时，充电电流很小，电容器相当于________；在放电电路接通瞬间，放电电流很大，电容器相当于________；电容器可以阻止________电流通过。利用这些特性，电容器在汽车电路中有许多用途，例如______________________________。

11. 普通二极管具有________性，利用这个特性，二极管在电子电路中常用作________、________和________元件。

12. 晶体管具有________和________作用，有________型和________型两种。

13. 继电器按功能分为________型和________型两类。按触点状态分为________、________和________型。

2　信息收集 2.2　基础电路测量	成绩：

14. 根据符号代表的含义进行连线。

	蓄电池
	熔断器
	继电器
	电容
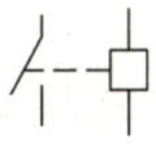	双丝灯泡
	晶体管
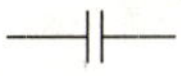	灯泡
	电感
	二极管

15. 请观察数字万用表，按序号填写名称。

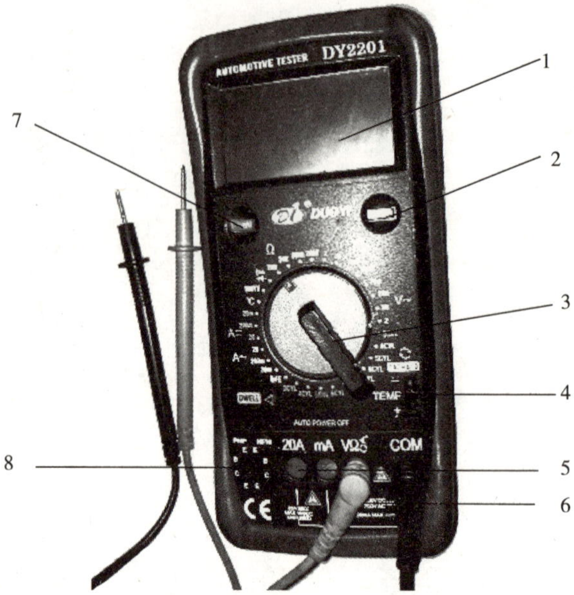

1—________________。

2—________________。

3—________________。

4—________________。

5—________________。

6—________________。

7—________________。

8—________________。

16. 用数字万用表测量电压、电阻、电流。

（1）测量电压时，电路中的开关________（打开/闭合），数字万用表处于________挡位，量程选择________，与测量电路________（串联/并联），仪器显示的电压数值前出现“－”号，说明黑表笔接________（+/－极），红表笔接________（+/－极）。

（2）测量电流时，电路中的开关________（打开/闭合），电路中____（有/无）电流通过，数字万用表处于________挡位，量程选择________，与测量电路________（串联/并联），黑表笔接________（+/－极），红表笔接________（+/－极）。

（3）测量电阻时，电路中的开关________（打开/闭合），电路中________（有/无）电流通过，数字万用表处于________挡位，量程选择________，与测量电路________（串联/并联）。

17. 下图是一个完整的电路，请你写出一个完整电路的基本要素。

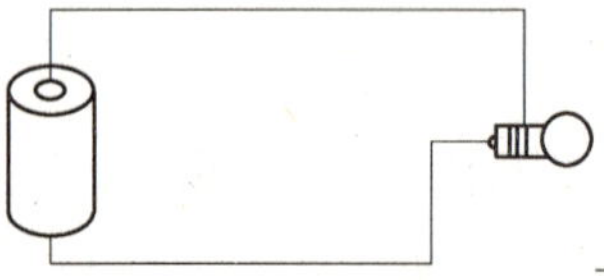

____。

18. 将上边的电路加一个开关、熔断器，使其成为一个实际工作的电路，并将其用汽车电路图的形式表达出来（负载是一个灯泡）。

（1）在电路图中画上导线，使其成为完整的电路图。
（2）在每个电气图形符号旁边标注名称。

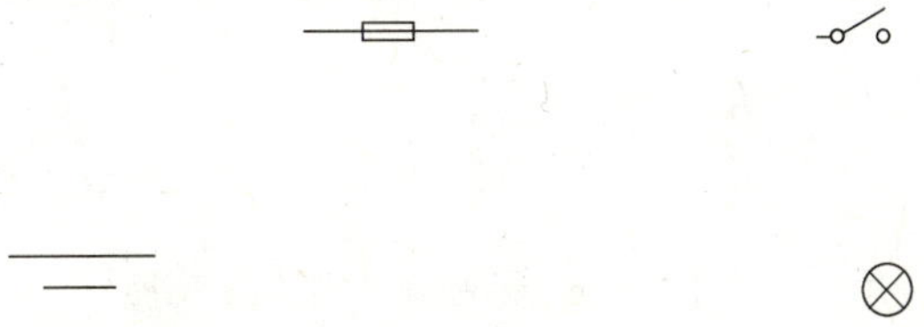

19. 将加了继电器的前照灯电路图补充完整（两个灯泡并联），并回答下列问题。

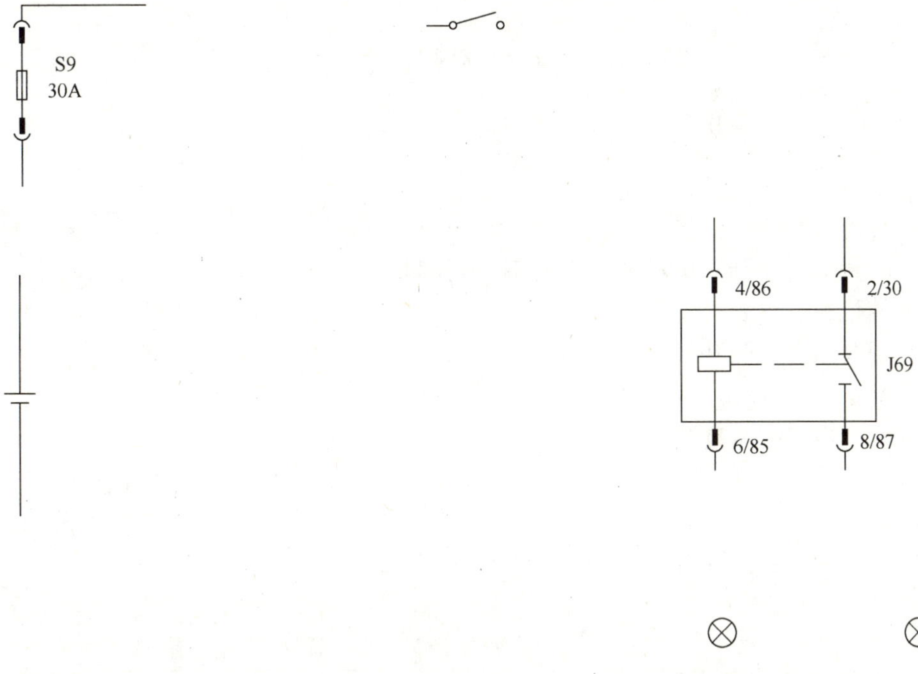

（1）电路中，继电器的作用是____。

（2）继电器的 30 端子接________、87 端子接________、85 端子接________、86 端子接________。

（3）控制回路为：蓄电池正极→____蓄电池负极。

工作回路为：____。

（4）汽车电路由________、________、________、________、________组成。

（5）汽车电路的基本特点________、________、________、________、________。

（6）汽车电路常见的故障有________、________、________。

20. 按 19 题电路图连接实际电路，并按下面的表格进行检查。

序号	检查项目	考核标准	得分	自查	教师查
1	时间（10 分）	7min，每超过 3min 扣 5 分，扣完为止			
2	连接电路（60 分）	少用一个元件扣 5 分，错接一个零件扣 5 分			
3	安全性（20 分）	有一处安全隐患扣 5 分，发现一处断路、短路分别扣 5 分			
4	5S（10 分）	经教师检查后，整理好所用物品。未整理的扣 10 分			
总分					

21. 用万用表对上面 20 题连接的电路进行检测。

（1）请记录万用表的型号____________________________。

（2）请观察并对照万用表说明书检查万用表除了表体以外，还有哪些附件？

____。

（3）汽车电路故障检修方法有________、________、________。

（4）电压检查法是通过_____________________________________诊断电路和部件的通断性。

（5）如图所示测得各连接点电压，可判断出故障点在________。

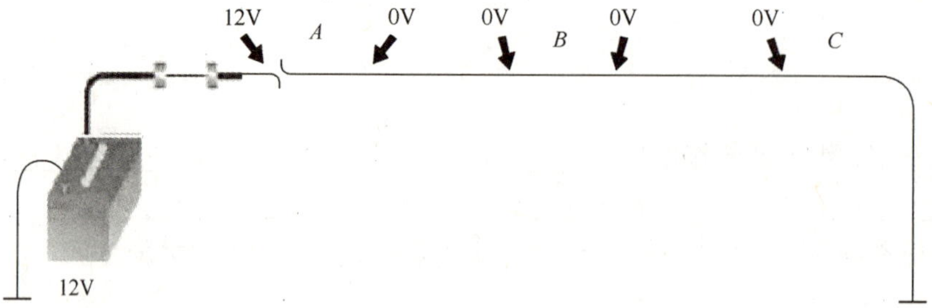

（6）用电压检查法测量电路各连接点相对蓄电池负极的电压，电路中的开关应________（打开/闭合）。万用表处于________挡位，量程选择________，红表笔接________，黑表笔接________。测得各连接点的对地电压为：熔断器前后分别为________，开关前后分别为________，灯泡前后分别为________，故障点在____。

（7）检查保险：万用表处于________挡位，量程选择________。在下图中用连线表示测量时表笔连接情况，测得数值为________，由测量值可判断出熔断器是________（好的/坏的）。

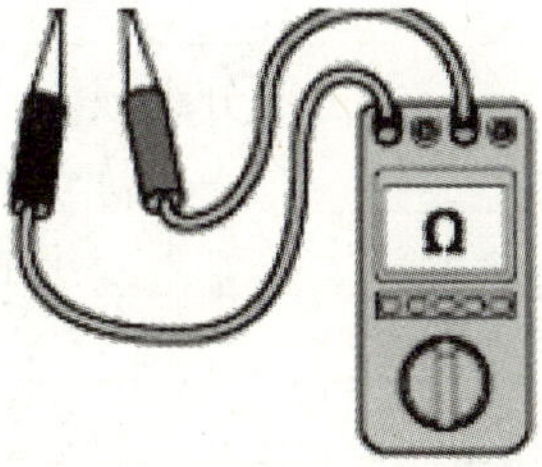

（8）灯泡的检查：取下灯泡，万用表处于________挡位，量程选择________。在下图中用连线表示测量时表笔连接情况，测得数值为________，灯泡是________（好的/坏的）。

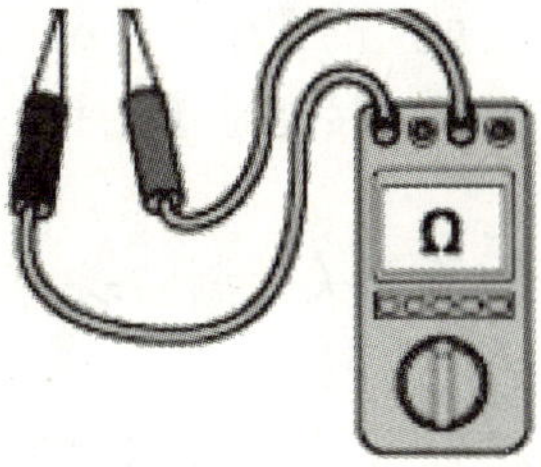

（9）继电器的检测。

静态测量：用万用表的电阻挡测量，85 与 86 之间的电阻为________Ω，30 与 87 之间的电阻值为________Ω。

动态测量：用连线表示测量时表笔连接情况，测得值为________，继电器是________（好的/坏的）。

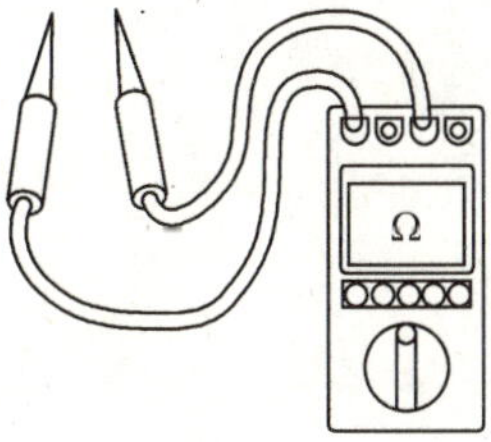

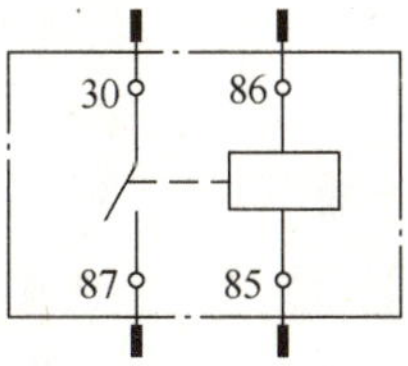

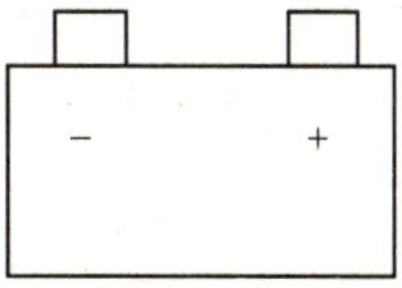

2 信息收集

2.3 照明系统电路识读

成绩：

22. 汽车照明装置包括____。
23. 前照灯主要由________、________、________三部分组成。
24. 前照灯一般采用双丝灯泡，一个灯丝为________、一个灯丝为________。
25. 气体放电灯由________、________、________、________组成。
26. 配光镜的作用是____。
27. 反光镜的作用是____。
28. 前照灯灯泡中的近光灯丝应安装在________。
29. 转向信号灯闪光频率为________。
30. 和卤素灯相比，气体放电灯具有哪些优势：____。

31. 请在下图的方框内填上对应的数字，并补充对其工作状态的描述。

1—30 号线，电源线，常火线，接通电源的正极，（必须/不必）________打开点火开关就有电。

2—15 号线，电源线，受点火开关控制的线。（必须/不必）________打开点火开关有电。

3—X 号线，是________（受/不受）点火开关控制的________（大/小）功率用电器供电相线。

4—31 号线，搭铁线，与车身连通的线。

5—搭铁线。

6—插头。

7—蓄电池。

8—点火开关。

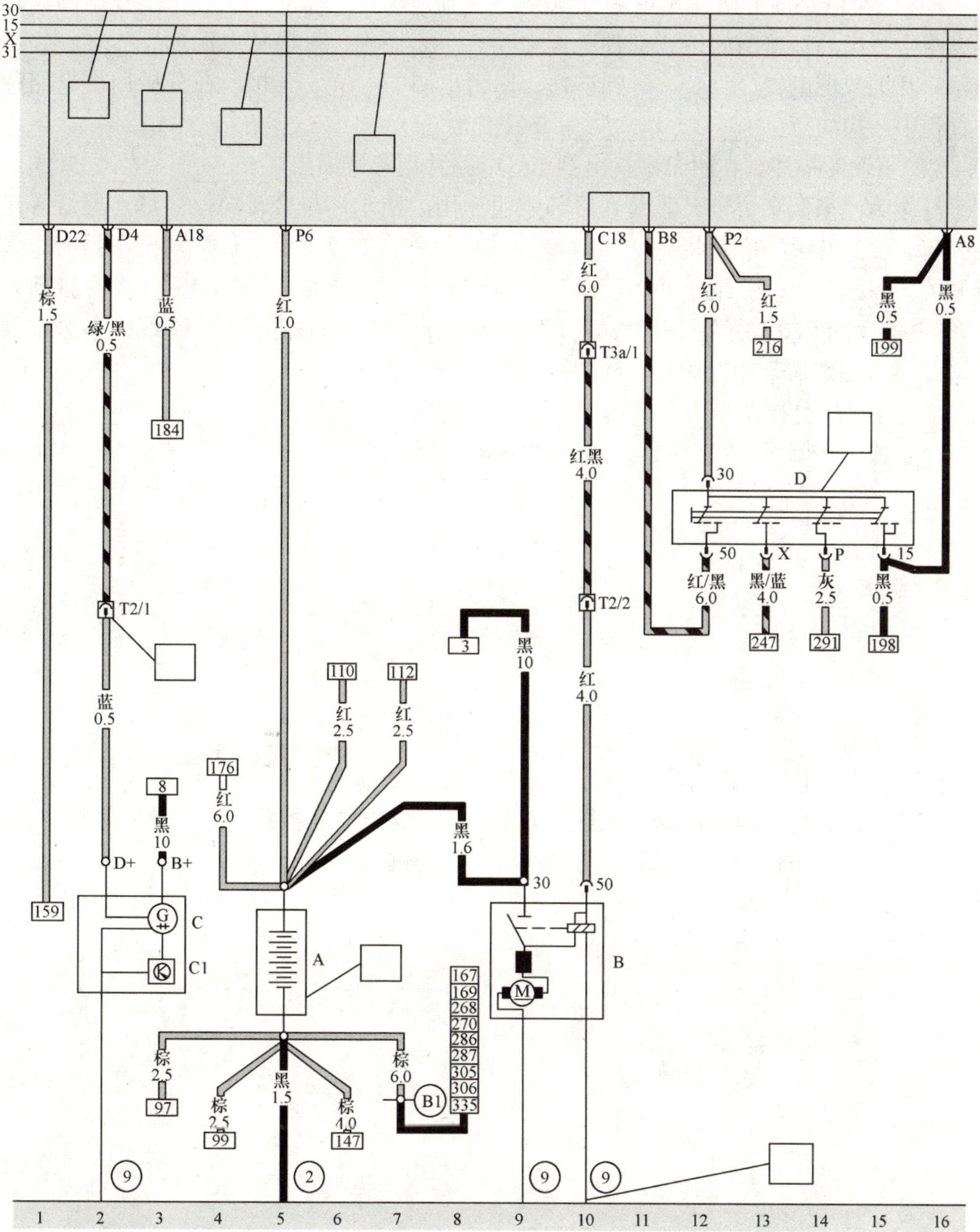

A——蓄电池

B——起动机

C——交流发电机

C1——调压器

D——点火开关

T2——发动机线束与发电机线束插头连接，2针，在发动机舱中间支架上

T3a——发动机线束与前照灯线束插头连接，3针，在中央接线盒后面

(2)——接地点，在蓄电池支架上

(9)——自身接地

(B1)——接地连接线，在前照灯线束内

32. 识读汽车电路的方法是了解局部电路的组成，认真读几遍________，根据图注在全车电路中找出局部电路的组成部件，遵守________原则，一般从电源的________，经熔断器、开关或继电器、________到搭铁，回到电源的________极。在分析局部电路的工作过程中，应注意________________的工作状态。

33. 按照下面的描述，在附录中找出倒车灯电路并用彩笔描出。

倒车灯作为汽车倒车信号又兼起到后部照明作用。倒车灯与后转向信号灯、尾灯等组合在一起。倒灯开关一般安装在________。当点火开关接通，变速杆拨到倒车挡时，倒车灯开关 F4 接通，电流回路为：电源正极→点火开关→继电器盒内 15 号线→熔断器 S15→继电器盒的 C20 端子→倒车灯开关 F4→继电器盒的 C21 端子→内部线路→继电器盒的 E12 端子→左右倒车灯 M16、M17→搭铁。

34. 制动灯开光安装在________上，制动灯电路由________________________________组成。在附录中找出制动灯电路并画出局部放大图。

35. 雾灯包括前雾灯、后雾灯和雾灯指示灯，雾灯受前照灯开关、点火开关、雾灯开关的控制。同时，雾灯电路还受到雾灯继电器、卸荷继电器的控制，属于大容量用电器。在附录中找出雾灯电路画出局部放大图并回答下列问题。

（1）附录中雾灯电路由____组成。

（2）电流回路为____。

（3）电路中（如下图）雾灯 L22 下端连接的导线的颜色是________，1.0 表示的是导线的________。

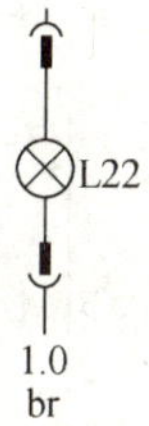

36. 转向信号由________、________、________和________等组成。转向灯开关装在________上，由驾驶员操纵，具有自动回位机构，汽车转向时转向灯发出亮、灭交替的闪烁信号告知周围车辆和行人，转向灯颜色为琥珀色、受________和________控制。在附录中找出转向灯局部电路并用彩笔描出。

37. 分析下图照明系统电路。

（1）前照灯电路主要由________、________、________、________组成。

（2）如下图所示，照明灯用灯光开关直接控制。灯光开关在“0”挡时，所有照明灯________；灯光开关在“1”挡时，________灯亮；灯光开关在“2”挡时，________灯亮。

（3）超车灯信号常用远光灯________来表示，发出此信号时不通过________，属于________接通式。

（4）在有些车辆中，为了保证发动机顺利起动，当点火开关打至起动挡时，前照灯及空调系统等耗电量较大的用电设备的电路将________。

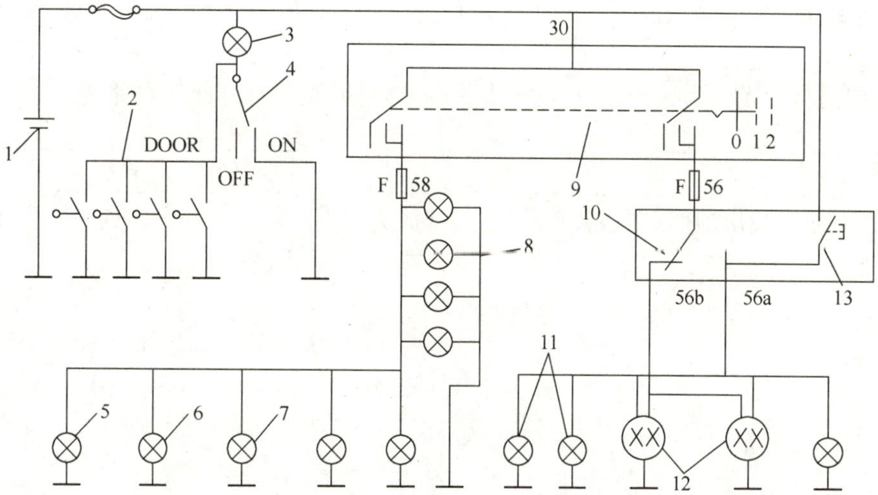

常见照明系统电路

1—蓄电池　2—门控开关　3—室内灯　4—室内灯手控开关　5—示宽灯
6—尾灯　7—号牌照明灯　8—仪表灯　9—灯光开关　10—变光开关
11—远光指示灯　12—前照灯　13—超车灯开关

38. 参考下面前照灯的电路原理图，分析前照灯系统工作过程。

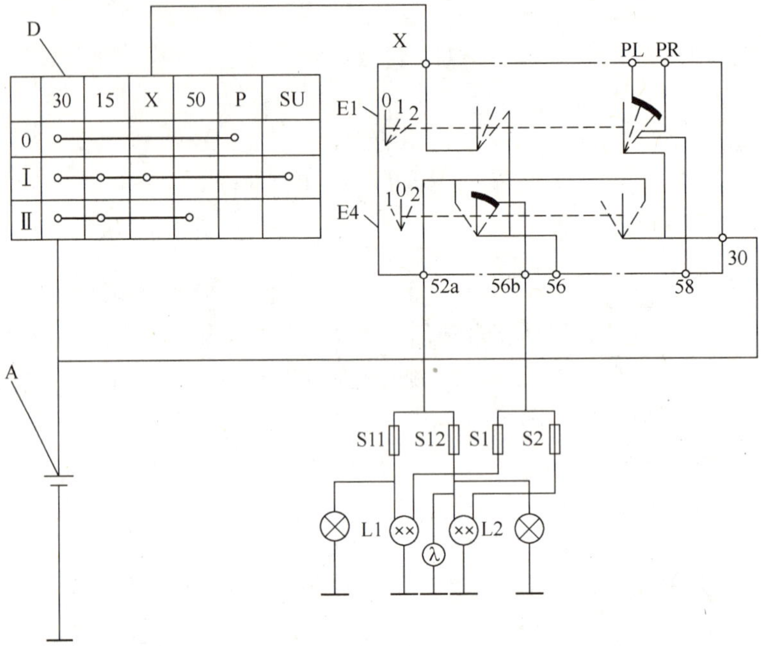

A—蓄电池　D—点火开关　E1—灯光开关　E4—变光（超车）开关

S1、S2、S11、S12—熔断器　L1—左前照灯　L2—右前照灯

（1）点火开关接通时，车灯开关 E1 处于 2 挡位置，变光开关 E4 处于 0 挡位置。此时前照灯电路为：蓄电池正极→点火开关 X 触点→灯光开关 X 触点→变光开关 56 与 56b 端子→熔断器________→________→________。

（2）如需将近光变为远光，将变光开关 E4 拉到远光位置，此时电路为____________

____

____。

39. 在附录中找出前照灯电路，并画出局部放大图。

2　信息收集

2.4　智能前照灯系统

成绩：

40. 在实习车上认知气体放电灯光系统，并填写下表。

序号	图片	名称	学生认知	作用	教师考核	备注
1	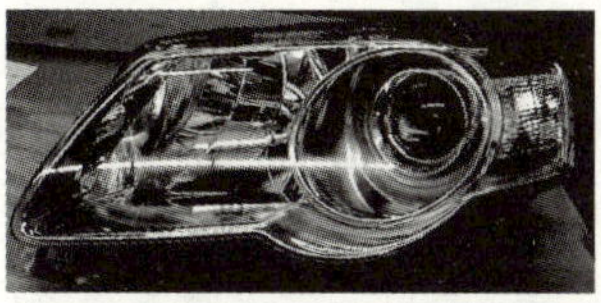	前照灯				
2		气体放电灯泡				
3		后轴高度传感器				
4	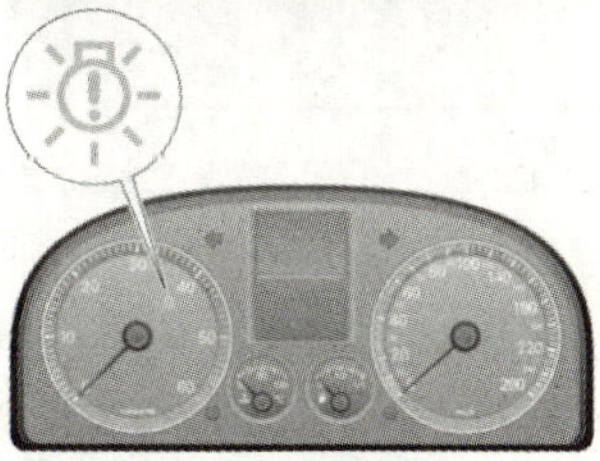	组合仪表故障显示				
5	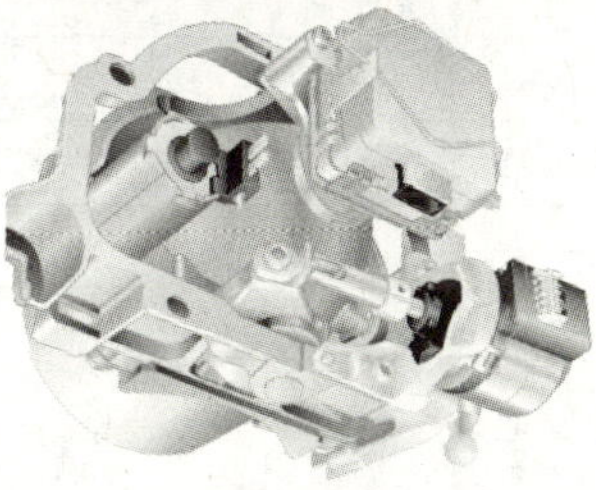	动态转弯灯光伺服电动机				

41. 参考必备知识中关于气体放电灯光系统内容，简答下列问题。

（1）装配有转弯灯光系统的汽车有何特点？

______

______

（2）智能前照灯光系统的组成有哪些？

______

______

（3）写出下图中各数字代表的部位名称。

1—______。 2—______。 3—______。

4—______。 5—______。 6—______。

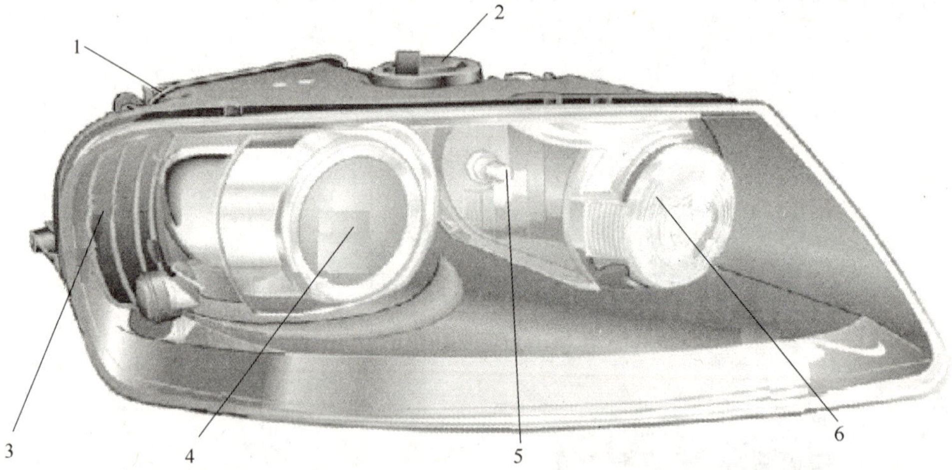

（4）简述前照灯照程自动调节过程。

______

______

（5）灯光系统中 AFS 功能指的是什么？

______

______

______

______

（6）气体放电灯中串联的电子仪器的作用是什么？应注意什么？

______

______

______

______

______

42. 根据前照灯照程自动调节系统的知识回答下列问题。

（1）哪些情况需要对自动调节前照灯做基本设定?

（2）做基本设定时要注意哪些问题?

43. 根据转弯灯光系统的相关知识，回答下列问题。

（1）动态转弯灯光系统激活的条件是什么?

（2）静态转弯灯光系统激活的条件是什么?

3 制订计划	**成绩：**

44. 小组分工。

____

____

____

45. 检测和维修计划。

（1）工作任务：排除________________________故障。

（2）安全防护措施：________________________

____

____

____。

（3）检测工具：________________________。

（4）检测流程。

<table>
<tr><th>序号</th><th colspan="2">检查或检测内容</th><th>自查（完成的画“✓”）</th></tr>
<tr><td>1</td><td colspan="2">做好防护</td><td></td></tr>
<tr><td>2</td><td colspan="2">确认故障现象</td><td></td></tr>
<tr><td>3</td><td colspan="2">确定故障范围（可能的故障点）</td><td></td></tr>
<tr><td>4</td><td colspan="2">找出故障电路组成元件</td><td></td></tr>
<tr><td>5</td><td colspan="2">检查局部电路各连接点是否有松动现象</td><td></td></tr>
<tr><td>6</td><td>检查熔断器是否熔断</td><td rowspan="3">找到故障原因即可</td><td rowspan="3"></td></tr>
<tr><td>7</td><td>检查灯泡导通性</td></tr>
<tr><td>8</td><td>用________法检查支路的通断，确认故障点</td></tr>
<tr><td>9</td><td colspan="2">更换故障件或导线</td><td></td></tr>
<tr><td>10</td><td colspan="2">检查所有照明设备的工作情况</td><td></td></tr>
<tr><td>11</td><td colspan="2">前照灯的检查与调整</td><td></td></tr>
<tr><td>12</td><td colspan="2">5S 整理</td><td></td></tr>
</table>

4　实施	成绩：

46. 进行故障诊断与排除的准备工作（每完成一步请在确认栏内打“✓”）。

序号	工作内容	确认
1	安全防护工作	
2	维修工具准备	
3	确认故障现象，准确描述故障现象：	
4	可能的故障点：	

47. 根据故障现象画出局部电路图。

48. 在车辆上找出故障电路组成元件。

序号	部件名称	自查	教师查
1			
2			
3			
4			
5			
6			

49. 检查局部电路各连接点是否有松动现象____。

50. 局部故障电路的熔断器在车辆的位置________，取下熔断器，用万用表________挡位，量程选择________进行检测，万用表显示值为1，说明保险是________（好的/坏的），万用表显示值为0，说明熔断器是________（好的/坏的）。更换烧坏熔丝时，应使用相同规格的熔丝。使用比规定容量大的熔丝会导致________________。

51. 如下图检测前照灯灯泡的导通性，选择万用表________挡位，________量程，红表笔接端子________，黑表笔接端子2，测量的是________灯丝的电阻，黑表笔接端子1，测量的是________灯丝的电阻。

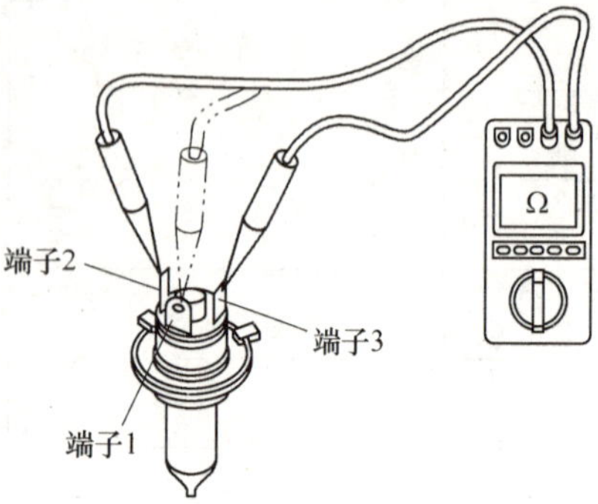

52. 根据图示叙述安装前照灯灯泡的过程。

图例	操作说明
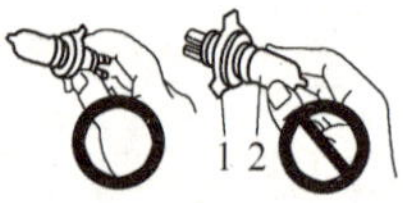	
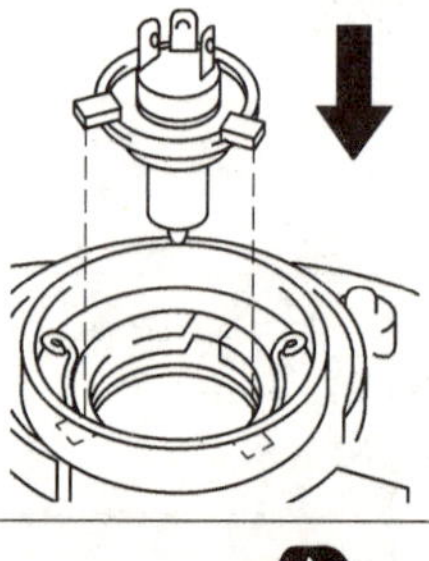	
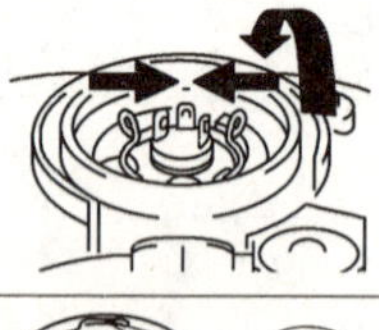	
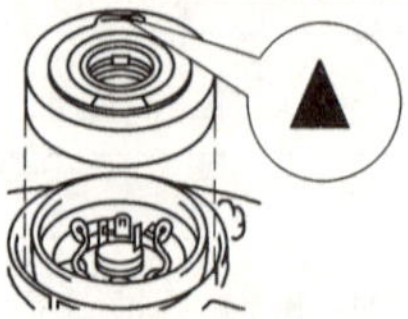	
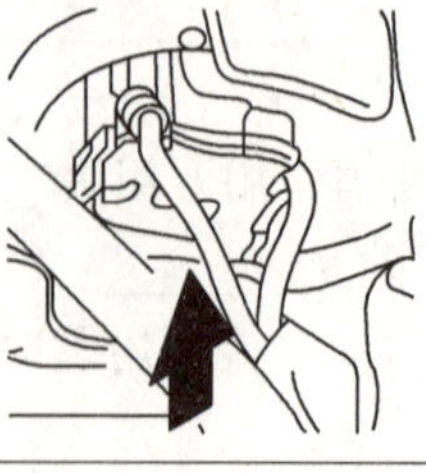	

53. 按局部电路图进行检测，查找故障点并记录检测过程。

序号	检查部位	检查项目	使用工具	检测值	结论
1					
2					
3					
4					
5					
6					
7					
8					
9					
10					

54. 分析故障原因。

5 质量检查　　　　成绩：

55. 对前照灯进行作业、更换车灯后，必须检查前照灯的________、________。

56. 前照灯检测仪的型号为____。

57. 使用前照灯检测仪检测前照灯的准备工作。（在做完的项目后画“✓”）

（1）被检车辆空载，驾驶室内乘坐一人。（　　）

（2）轮胎压力必须达到规定值。（　　）

（3）地面平面度不得大于1mm/m。（　　）

（4）前照灯配光玻璃保持清洁。（　　）

58. 记录用前照灯检测仪检查调整前照灯的操作过程。

序号	操作部件名称	操作方法
1		
2		
3		
4		
5		
6		

59. 记录检测结果，参照调整车辆的说明书和技术手册，对比检测结果，判断灯光是否需要调节。

		光度		上/下		左/右			上/下		左/右	
	远光	标准值	实测	标准	实测	标准	实测	近光	标准	实测	标准	实测
左灯												
右灯												
结论												

60. 前照灯调节装置的位置在____，向________方向调节。

61. 根据汽车年检规定，对维修后车辆的照明设备进行检查（在合格项后画“✓”）。

检查项目	前示宽灯	近光灯	远光灯	前雾灯	前转向灯	后示宽灯	后雾灯	后转向灯	制动灯	倒车灯	牌照灯	车辆清洁
左												
右												

62. 对于上题中检查不合格项进行维修。

63. 利用汽修企业管理软件进行业务结算，将各项费用填写在《××汽车维修服务有限公司任务委托书》中，________与客户沟通，征询客户对服务的满意度，结算、交车。

6　评价与反馈　　　　成绩：

64. 请你在小组实习结束后，将本小组的实习情况填写在下表。

序号	姓名	组内职责	完成工作情况评价	
1			自评	学生互评
2				
3				
4				
5				
6				

65. 写出学习和维修工作过程反思。

____

____

______________________________。

学习单元二

后窗玻璃加热器失灵

后窗玻璃加热器失灵学习要求

企业工作任务	
在冬季做例行检查过程中发现后窗玻璃加热器失灵，需要对车辆的后窗玻璃加热器系统进行检查、诊断。	
工作流程	**可能故障原因**
1. 在冬季做例行检查过程中发现后窗玻璃加热器功能失效，需要排除故障。 2. 登记车辆和顾客信息。 3. 确定故障现象。 4. 确认工作任务委托书。 5. 学习并掌握相关系统知识。 6. 电路分析。 7. 制订工作计划。 8. 明确备件的需求量和相关费用。 9. 完成维修。 10. 记录。 11. 加热器功能检查。	1. 电路开关损坏。 2. 电热丝损坏。 3. 加热器线路出现断路。 4. 继电器损坏。 5. 插头处的接触不良。
学习目标	
1. 用常规和电子信息系统进行后窗玻璃加热器失灵的信息收集。	

2. 借助通用的信息（手册）或电子信息系统在车上找到后窗玻璃加热器电路的主要组成部件。

3. 掌握后窗玻璃加热器的工作原理。

4. 使用电路图和其他技术材料分析后窗玻璃加热器的基本线路，并绘制后窗玻璃加热器局部电路图。

5. 学生按照生产劳动流程，制订后窗玻璃加热器失灵工作计划。

6. 能够正确使用万用表、电工实验（试验）台，在实验室测量后窗玻璃加热器失灵电路的相关电子参数。

7. 能够使用电路图和技术文献进行后窗玻璃加热器失灵的维修。

8. 认识维修后窗玻璃加热器所需要的原料，并明确备件需求量及相关费用。

9. 通过学习，学生能够对工作成果进行检查、评估、记录和演示。

10. 通过学习，学会团队合作。

11. 在工作过程中，培养学生对工作结果进行归档、演示和评价。

12. 能够和同事、领导进行有效地沟通。

13. 在学习和工作的过程中要养成对实习设备、工具、车辆、环境、人身安全认真负责的态度。

14. 通过情景模拟，让学生学会与顾客沟通，并且准确地对描述的故障现象进行记录。

15. 通过角色扮演，进行相关接待、站立、走路、待人接物礼仪的学习。

教学内容

技能类	综合类
1. 绘制后窗玻璃加热器线路图。 2. 在车上找到后窗玻璃加热器电路的主要组成部件。 3. 测量和检验后窗玻璃加热器电路。 4. 安装后窗玻璃加热器组件。 5. 分析测量的数据和信号。 6. 对后窗玻璃加热器电路的故障进行确定。 7. 后窗玻璃加热器电路主要部件的认知、拆装、维修。	1. 电压和电流的种类。 2. 电压、电阻、电流的作用。 3. 导体、绝缘体。 4. 欧姆定律。 5. 串联。 6. 并联。 7. 混合电路。 8. 后窗玻璃加热器工作原理。 9. 后窗玻璃加热器局部电路的识读。 10. 绘制后窗玻璃加热器局部电路。 11. 后窗玻璃加热器失灵时，维修的备件需求量、相关费用计算。 12. 企业数据处理（硬件/软件）。

建议学时

24 学时

教学资源

1. 四辆有故障的车辆。
2. 相关电路图。
3. 检测表格和检测计划。
4. 含有备件清单的车间信息系统。
5. 万用表。
6. 用于电工技术的实验设备。

后窗玻璃加热器失灵工作页

1　接受工作任务	成绩：

1. 企业工作任务：修理人员在做冬季例行检查过程中发现后窗玻璃加热器的故障。需要对车辆的后窗玻璃加热系统进行检查、诊断，于是与顾客进行沟通。顾客反映，在后风窗有积雪、有雾气时，打开加热器后，后风窗玻璃上没有任何反应。

2. 同桌间进行角色扮演，模拟维修人员与顾客沟通的情景，将双方对话记录在下表中。

维修人员	顾客

3. 确认的车辆故障现象描述：____________________，初步分析该现象可能的故障原因是：____________________。

4. 确认故障车辆身份信息及故障现象，将工作结果填写到《××汽车维修服务公司任务委托书》上。

××汽车维修服务有限公司任务委托书

地址：

电话： 传真： 日期：

客户名称				业务单号			
地址				车牌号码			
联系电话		联系人		车型			
发动机号		行驶里程		颜色		维修方式	
VIN 号		存油		预计完工日期			

随车附件　有 ✓　无 ×　损 ○

前照灯		转向灯		制动灯		示宽灯	
牌照灯		车内灯		收录机		天线	
点烟器		烟缸		电子扇		摇把	
空调器		反光镜		室内镜		门窗玻璃	
刮水器		喇叭		车门拉手		靠垫座套	
脚垫		遮阳板		轴头亮盖		千斤顶	
备胎		随车工具		前车牌号		后车牌号	
运营牌		徽标		前商标		左后商标	
中后商标		右后商标					

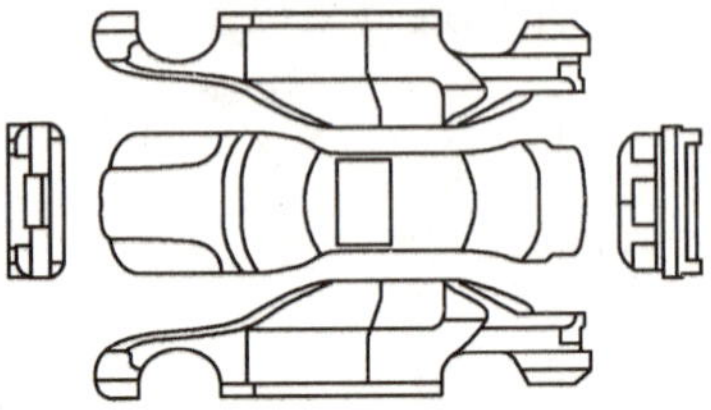

存油 E F

序号	维修项目	施工内容	工时	工时费	收费类别

工时费（估）： 配件金额（估）： 合计金额（估）：

备注：

※根据汽车维修行业管理部门规定：

小修或日常修保修期：三天或 500km；

发动机总成大修保修期：三个月或 10000km；

其他总成大修保修期：一个月或 5000km。

经办人：____________

※零件损坏是否更换 □是 □否

本人对本单以上内容已经确认，并愿按上述要求进行维修和支付有关费用。

本人已将车内现金、票据以及贵重物品取走。

用户签字：____________

2　信息收集

2.1　后窗玻璃加热系统的组成

成绩：

5. 后窗玻璃加热器开关的图形符号在不同车系电路中表示方法也不同，请查阅必备知识中后窗玻璃加热器电路图例，将捷达和威驰汽车后窗玻璃加热器开关的图形符号画在下面的空白处。

6. 后窗玻璃加热器的作用是________________，多采用________除雾，当点火开关在________位置，且按下________开关，仪表板中指示灯应________，表示除雾器在工作中。

7. 后窗玻璃加热器的控制方式分________和________两种。自动后窗玻璃加热器由________、________、________、________、________、________组成。

8. 清洁后窗玻璃内侧时，用________________沿着________________清洁，注意不要________________电热丝或插头。

9. 捷达车后窗玻璃加热系统控制方式是________，由________、________、________、________组成。

2 信息收集

2.2 后窗玻璃加热系统电路识图

成绩：

10. 参看必备知识“4.1 桑塔纳轿车后窗玻璃加热器系统电路图”，画出桑塔纳车后窗玻璃加热系统局部放大图。

11. 丰田汽车电路图中使用的符号及含义与大众车系有很大不同，请在表格中画出相应电气元件的图形符号。

名　称	图形符号	名　称	图形符号
蓄电池		可变电阻器	
熔断器		热敏电阻	
搭铁		手动开关	
电阻器		电磁阀	
电动机		点火开关	
继电器		灯	

12. 借助威驰维修手册及汽车专业技术词典，写出下列图形符号代表的含义。

图形符号	名　称	图形符号	名　称
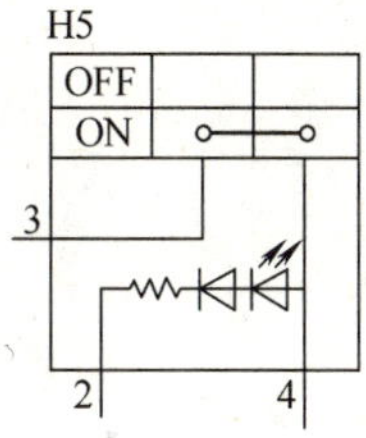		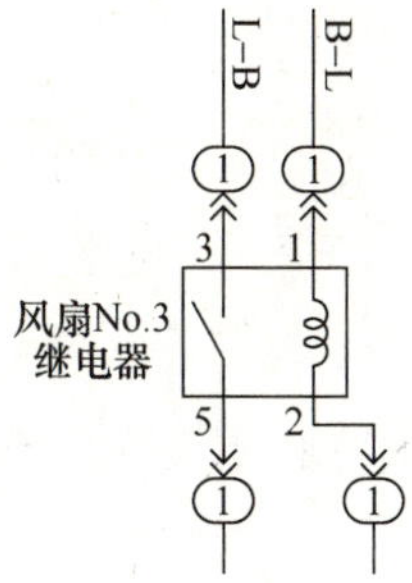	
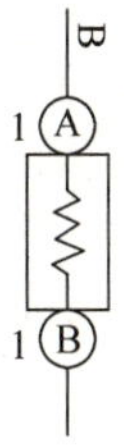		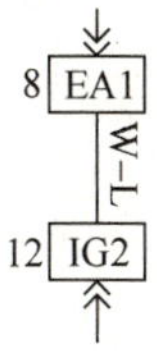	
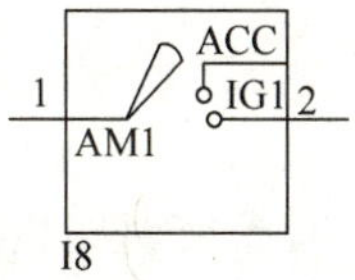			

13. 查看必备知识“威驰车后窗玻璃加热器系统电路图”，威驰车后窗玻璃加热器系统电路由________、________、________、________部件组成。

画出威驰车后窗玻璃加热系统局部放大图。

14. 分组在实习车上认知后窗玻璃加热器系统的组成并填写下表。

部件名称	学生自查	教师讲解	教师考查

15. 修复断路的电热线时，用________擦净断路部位。沿窗玻璃上电热线的两侧贴上________，把稀释剂乙二胺与适量的导电涂料搅匀，用________涂在断路处。每隔________涂一遍，连涂________，导电涂料要________，涂料在完全干燥固化后，用________测量补涂的地方，确认已导通后，拆下________即可。

16. 如下图所示，检查后窗玻璃加热器开关的导通性时，关闭点火开关，打开后窗玻璃加热器开关，用万用表的电阻挡测量端子________与________，其应导通。

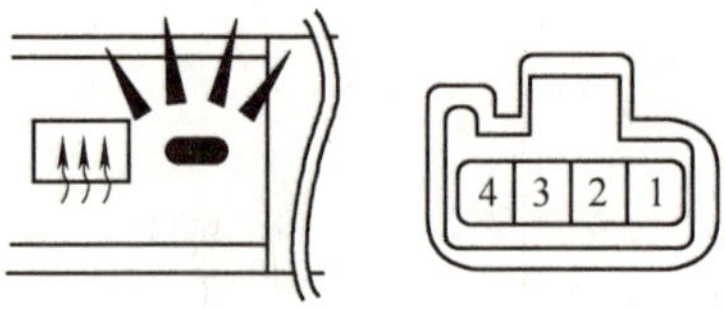

17. 在检测威驰车后窗玻璃加热器系统时，把点火开关转至 ON 挡，把后窗玻璃加热器开关打开，在每一加热丝的中点处检查电路电压，测量时在电压表的负表笔顶端包上锡箔，用手指压紧，测得电压为 5V，则说明________________，测得电压为 10V，则说明________________，测得电压为 0V，则说明________________。

2　信息收集

2.3　模拟电路的连接

成绩：

18. 分组按后窗玻璃加热系统局部电路图（可选择一或两种车型的），连接模拟电路并对连接情况进行评价。

（1）确定本组要连接________车的后窗玻璃加热系统模拟电路，画出局部电路图并利用实物投影分组进行展示，并将每一组的电路图存在的问题记录在下表中。

组号	简单描述存在的问题
1	
2	
3	
4	
5	
6	

（2）修改完善本组的电路图，将修改后的后窗玻璃加热系统模拟电路图画在下面的空白处。

（3）分组按上图准备实习用品，连接后窗玻璃加热系统模拟电路，将实习过程记录在下表中（电路连接完成后必须经教师检查才能接电源）。

实习用品准备			
序号	用品名称	数量	自查
人员分工			
组长：	安全员：	记录员：	
操作员：	质检员：	管理员：	
连接电路自查结果：			
教师检查签字：			

（4）小组代表展示本组的后窗玻璃加热系统电路图及连接的模拟电路，其他同学对其展示过程给予评价。

序号	评价要素	自评	互评					教师评
			1 组	2 组	3 组	4 组	5 组	
1	电路图是否规范							
2	电路连接是否正确							
3	小组合作情况							
4	展示过程							

（5）教师出示一连接好的有故障的模拟电路，请学生分析故障原因。

1）思考可能的故障原因有：____

____。

2）思考如何对电路进行检测，才能最快找到故障点。

3）将需进行的检测部位、使用工具、实际检测结果及检测结果分析情况填下表。

序号	检测部位	使用工具	检测结果	检测结果分析
故障原因：				

（6）进行 5S 的内容。

3　制订计划　　成绩：

19. 根据车辆实际的故障现象，制订针对该故障的维修工作计划（请按照下表的提示制订故障维修工作计划）。

<table>
<tr><td>故障现象描述</td><td colspan="6"></td></tr>
<tr><td>可能故障原因分析</td><td colspan="6"></td></tr>
<tr><td colspan="7">根据故障现象画出局部电路图：</td></tr>
<tr><td>小组成员及分工</td><td colspan="6">组长：　记录员：　安全员：　展示员：
卫生员：　质检员：　联络员：　其他：</td></tr>
<tr><td>安全防护的内容</td><td colspan="6"></td></tr>
<tr><td colspan="7">检测维修工具</td></tr>
<tr><td>序号</td><td colspan="2">工具名称</td><td>数量</td><td>工具清点</td><td colspan="2">检查工具是否完好</td></tr>
<tr><td></td><td colspan="2"></td><td></td><td></td><td colspan="2"></td></tr>
<tr><td></td><td colspan="2"></td><td></td><td></td><td colspan="2"></td></tr>
<tr><td colspan="7">检测流程</td></tr>
<tr><td>准备工作</td><td colspan="6"></td></tr>
<tr><td>序号</td><td>检查或检测内容</td><td>注意事项</td><td>理论值</td><td>实测值</td><td colspan="2">检测结果分析</td></tr>
<tr><td>1</td><td></td><td></td><td></td><td></td><td colspan="2"></td></tr>
<tr><td>2</td><td></td><td></td><td></td><td></td><td colspan="2"></td></tr>
<tr><td>3</td><td></td><td></td><td></td><td></td><td colspan="2"></td></tr>
<tr><td>4</td><td></td><td></td><td></td><td></td><td colspan="2"></td></tr>
<tr><td>计划审核（教师）</td><td colspan="6">年　月　日　签字：</td></tr>
<tr><td>检测中出现的问题</td><td colspan="2"></td><td colspan="2">经验总结及改进措施</td><td colspan="2"></td></tr>
<tr><td>结论和维修建议</td><td colspan="6"></td></tr>
</table>

4 实施 成绩：

20. 在车辆上找出故障电路元件。

序号	部件名称	自查	教师查
1			
2			
3			
4			
5			
6			

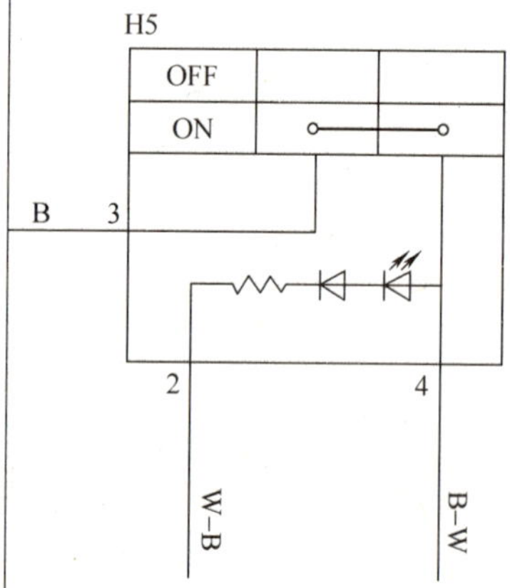

21. 局部故障电路的熔断器在车辆的__________位置，取下熔断器，将万用表量程选至________挡位，进行检测，万用表显示值为________，说明熔断器是________（好的/坏的）。

22. 左图为威驰轿车后窗玻璃加热器开关，参考必备知识相关内容回答以下问题。

图中标号2的线为________色，在电路中与________元件相连；图中标号3的线为________色，在电路中与元件________相连；图中标号4的线为________色，在电路中与________元件相连。

23. 按照本组制订的工作计划进行故障诊断与排除，将检测过程及结果记录下来。

序号	检查或检测内容	理论值	实测值	检测结果分析
1				
2				
3				
4				

24. 根据检测结果分析故障原因。

____

____

____

5 质量检查

成绩：

25. 查询工厂管理信息系统，进行备件和人员工资测算后，将其记录在《××汽车维修服务有限公司任务委托书》的相关位置。

26. 将维修好的车辆交给维修班组长。

（1）相关物品和维修资料的交接，包括：__________、__________、__________、__________等。

（2）对整个维修过程进行说明，包括：车的恢复、维修费用、维修过程等。

6 评价与反馈

成绩：

27. 请一组学生代表展示交付车辆的过程，其他学生对整个交车过程进行评价，将评价结果记录在下表中。

序号	评价要素	评价结果（文字描述）
1	要交接的相关物品和维修资料是否准备齐全	
2	维修过程的说明是否清楚	
3	车辆是否恢复正常功能	
4	维修费用说明是否清楚明了	
6	语言表达能力	
7	文明礼仪	
8	应变能力	
整个交车过程的综合评价	☆☆☆☆	是否可以交车

28. 对自己在本单元的学习过程进行反思与客观评价，填写在下表中。

序号	评价要素	自评（语言描述）
1	课堂参与程度	
2	团队合作能力	
3	沟通与交流	
4	解决问题的能力	
5	课堂纪律的遵守	
6	安全意识	

学习单元三

蓄电池不能正常充电

蓄电池不能正常充电学习要求

企业工作任务	
客户报修：汽车充电指示灯在行驶时不熄灭。	
工作流程	**可能故障原因**
1. 顾客描述：充电指示灯在行驶时不熄灭。 2. 确认顾客描述的现象。 3. 学习并掌握发电机和蓄电池的工作原理。 4. 制订检查和维修的工作计划。 5. 学习掌握蓄电池相关的知识。 6. 跨接起动。 7. 用相应的检测设备对蓄电池进行检测。 8. 检测发电机和电压调节器。 9. 测量车辆静止时蓄电池的电流。 10. 用车间信息系统选出匹配的新零件、备件和互换零件。 11. 完成费用计算，分别算出更换和维修发电机的费用，供顾客选择。 12. 工作性能检查。 13. 确定配件。 14. 排除故障。 15. 将车辆移交给组长。	1. 静止状态电流太高。 2. 蓄电池损坏。 3. 发电机和电压调节器故障。 4. 励磁电路断路。

学习目标

1. 根据顾客的××汽车维修公司任务委托书和故障描述安排对汽车的充电系统进行检查和维修。
2. 正确使用维修手册或电子信息系统查找充电系统相关资料。
3. 使用电路图和其他技术材料分析充电系统的基本线路。
4. 按照劳动生产流程、技术和经济上的要点来做一个蓄电池不能正常充电的维修计划。
5. 正确选择使用充电系统检验和测量所需仪器。
6. 学生对充电系统故障进行检查并维修充电系统。
7. 在机动车和实验室测量相关电子参数，同时使用表格和曲线图来评价测量数值和信号。
8. 学生要对实习设备工具、车辆、仪器认真负责。
9. 通过小组工作培养团队能力。
10. 与顾客、上级和同事进行沟通并对工作情况进行说明。
11. 遵守用电安全、生产条例，避免出现意外事故。
12. 学员对工作结果进行记录并通过将测算出的数值大小和生产商理论值的比较，对工作结果进行评价。
13. 对工作结果进行演示。

教学内容

技能类

1. 起动汽车（观察故障现象）。
2. 识读、绘制充电系统线路图。
3. 学习掌握充电系统检测的规定。
4. 测量和检验蓄电池、发电机及充电线路。
5. 拆装发电机、检测充电线路。

综合类

1. 充电线路。
2. 导体、绝缘体、半导体。
3. 电压产生的原理。
4. 供电和电池。
5. 电磁感应。
6. 发电原理。
7. 二极管，晶体管，稳压二极管，整流。
8. 充电系统（结构原理）学习软件。
9. 备件列表和材料清单。

建议学时

30 学时

教学资源

1. 四辆有故障设置的车辆。
2. 拆下的发电机。
3. 相关的电路图。

4. 工作卡。
5. 带有备件清单的车间信息系统。
6. 万用表。
7. 充电机。
8. 电池测试设备（高率放电计）。
9. 跨接电线。

蓄电池不能正常充电工作页

1　接受工作任务	成绩：

1. 企业工作任务：客户发现汽车充电指示灯在行驶时不熄灭，因此来4S店报修。

2. 观察客户车辆，找到充电指示灯并绘制出其电路图。并简述充电指示灯不熄灭说明什么问题？

____

____

____

____

3. 角色扮演：请一名同学扮演前台接待员，一名同学扮演客户，完成接待任务，其他同学观察并记录扮演前台接待员同学的优点以及需要改进的地方。

优点	需改进的地方

4. 确认故障车辆身份信息，将工作结果填写到《××汽车维修服务有限公司任务委托书》上。

5. 在实习车上确认故障现象，故障现象为______________________________。可能的故障原因是______________________________。

××汽车维修服务有限公司任务委托书

地址：

电话：　　　　　　　　　　　　　　　传真：　　　　　　　　　　　　　　　日期：

客户名称				业务单号			
地址				车牌号码			
联系电话		联系人		车型			
发动机号		行驶里程		颜色		维修方式	
VIN 号		存油		预计完工日期			

随车附件　　有 ✓　　无 ×　　损 ○

前照灯		转向灯		制动灯		示宽灯	
牌照灯		车内灯		收录机		天线	
点烟器		烟缸		电子扇		摇把	
空调器		反光镜		室内镜		门窗玻璃	
刮水器		喇叭		车门拉手		靠垫座套	
脚垫		遮阳板		轴头亮盖		千斤顶	
备胎		随车工具		前车牌号		后车牌号	
运营牌		徽标		前商标		左后商标	
中后商标		右后商标					

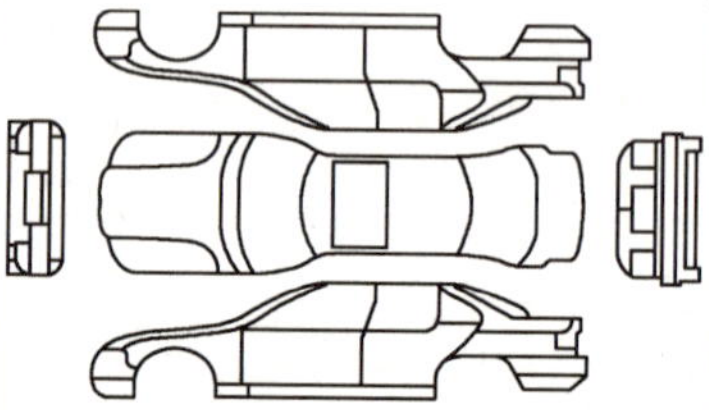

存油 E ┗┻┻┻┻┻┻┻┻┛ F

序号	维修项目	施工内容	工时	工时费	收费类别

工时费（估）：　　　　　　　　　配件金额（估）：　　　　　　　合计金额（估）：

备注：

※根据汽车维修行业管理部门规定：

小修或日常修保修期：三天或 500km；

发动机总成大修保修期：三个月或 10000km；

其他总成大修保修期：一个月或 5000km。

经办人：__________

※零件损坏是否更换　□是 □否

本人对本单以上内容已经确认，并愿按上述要求进行维修和支付有关费用。

本人已将车内现金、票据以及贵重物品取走。

用户签字：__________

2　信息收集

2.1　蓄电池的结构原理

成绩：

6. 汽车电源系统包括________、________、________、________或________等。

汽车电源有两个：________和________。蓄电池、发电机与汽车用电设备都是________的。发动机起动或停转时，由________供给电能；发动机正常工作时，发电机向用电设备供电并向蓄电池________。

7. 蓄电池作为汽车的电源之一，在什么情况下向用电设备供电？

(1) ____

(2) ____

(3) ____

8. 汽车用蓄电池为________型蓄电池，主要由________、________、________、________、________、________等部件组成。正极板的活性物质为________，呈棕褐色；负极板上的活性物质为________，呈深灰色。蓄电池的工作原理就是________与电能的相互转化。当蓄电池与外界直流电源相连而将________转化为________储存起来时，称为充电过程。蓄电池放电时，正、负极板的活性物质都逐渐变为________，消耗电解液中的硫酸而产生水，使电解液的密度不断________。

9. 认真阅读学习资料后，将下表补齐。

蓄电池的结构组成		
序号	部件名称	作　　用
1		
2	隔板	
3	电解液	
4		
5		将单格电池串联起来，提高整个蓄电池的端电压
6		

2 信息收集

2.2 蓄电池的正确使用与维护

成绩：

10. 电池的容量是指一完全充足电的蓄电池，在允许的放电范围内所输出的电量，它标志着蓄电池的________，容量越________则蓄电池的放电能力越强。蓄电池的容量与放电电流、电解液的温度及________等因素有关，电解液温度降低会使蓄电池输出的容量________（减小/增大）。电解液密度一般在________ g/cm^3，一般蓄电池容量分________和起动容量。型号为6—QA—105的蓄电池的额定容量为________ A·h。

11. 拆装、搬运蓄电池应________，蓄电池在车上固定要________，以防行车时颠簸受损。接线柱和电线连接要牢固，出现氧化物时应及时清除，并涂上________。

12. 电解液的腐蚀性极强，溅到皮肤上或眼睛里会受伤。如果电解液溅到眼睛，应立即用____________________冲洗，然后请医生处置。

13. 蓄电池电解液为什么不可用工业用硫酸和普通水配制，请说明理由？

____

____

____

14. 对蓄电池进行检查，将检查结果填入表中。

序号	检查内容	使用工具	标准值	实际值	原因	补救措施
1						
2						
3						
4						

2　信息收集

2.3　交流发电机的结构原理

成绩：

15. 发电机是汽车的主要电源，其功用是在发动机正常运转时，向________供电，同时向________充电。汽车用发电机可分为________发电机和________发电机，目前所有汽车均采用________发电机。

16. 请将图中交流发电机的种类补充完整。

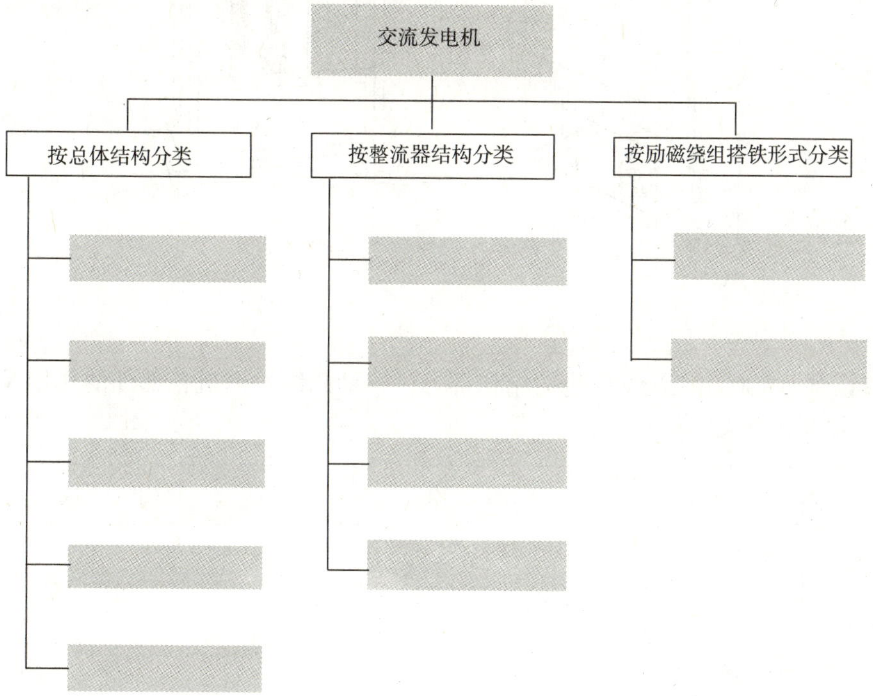

17. 交流发电机主要由________、________、________和________四部分组成。

18. 看图填写交流发电机各组成部件的名称。

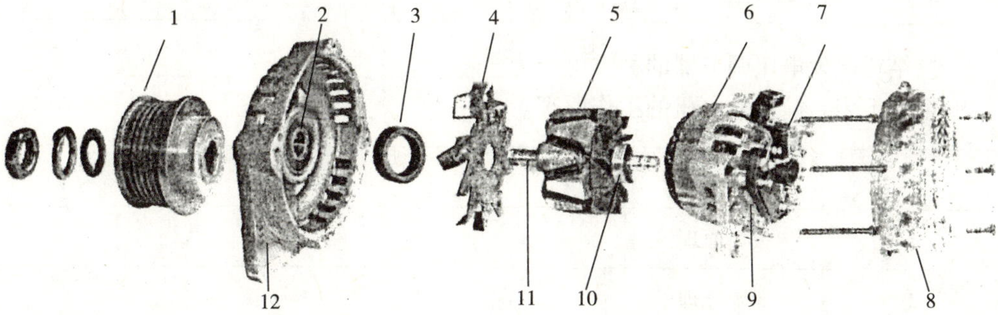

1—________________。　5—________________。　9—________________。
2—________________。　6—________________。　10—________________。
3—________________。　7—________________。　11—________________。
4—________________。　8—________________。　12—________________。

19. 图中 *F* 表示导线 *AB* 运动方向，应用________定则判定 *AB* 中感应电流的方向，判定结果是 *A* ________ *B*（用箭头表示），并用彩笔在图中画出 *AB* 中感应电流的方向。

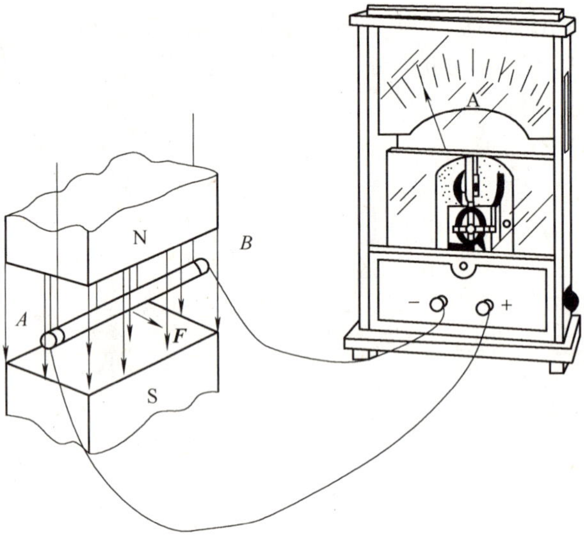

20. 阅读学习资料中交流发电机的结构部分，归纳总结发电机各部件的作用及各部件的组成并填写在下表中。

序号	部件名称	作　　用	组　　成
1	转子		
2	定子		
3	整流器		
4	端盖		
5	电压调节器		

21. 按结构原理电压调节器的种类可分为________、________、________。

22. 填写下表，简述发电机的工作原理。

序　号	名　称	内　　容
1	发电原理	
2	整流原理	
3	励磁方式	
4	晶体管式电压调压器工作原理	

23. 看下图回答问题。图示测量的是________，用万用表的________挡，如测得值为0，表明________；如测得值为∞，表明________。

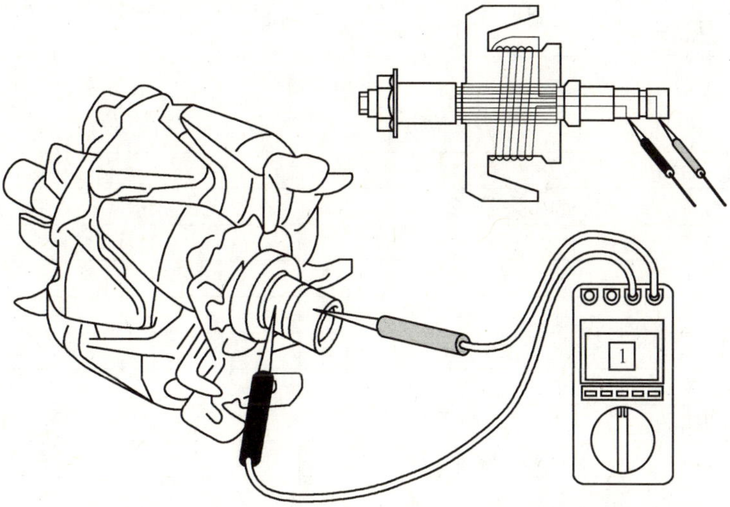

2 信息收集

2.4 交流发电机的拆装与检测

成绩：

24. 根据实习车的车型，查阅厂家维修手册，分组制订发动机拆装及检测工作计划。

小组成员及分工	组长：	记录员：	安全员：	展示员：
	卫生员：	质检员：	联络员：	其他：

就车检测发电机的电压

序号	检查内容及步骤	工具名称	检查工具是否完好

从汽车上拆卸发电机

序号	拆卸步骤	使用工具	注意事项
1			
2			
3			
4			
5			

发电机的分解

序号	拆卸步骤	使用工具	注意事项
1			
2			
3			
4			
5			
6			
7			

发电机的解体检测

序号	检测内容及流程	使用工具	注意事项
1			
2			
3			
4			
5			

计划审核（教师）	年 月 日 签字：		
检测中出现的问题		经验总结及改进措施	
结论和维修建议			

25. 分组拆装交流发电机并结合必备知识中图 3-8 进行结构认知，将认知情况填在表中。

序号	部件名称	教师讲解	学生自查	教师考查	备　注
1	带轮				
2	轴承				
3	止推垫片				
4	电子扇				
5	定子				
6	转子				
7	电刷				
8	前端盖				
9	轴				
10	轴承				
11	电压调节器				
12	后端盖				

填表说明：
1）“教师讲解”——请同学在听完教师讲解后，在相应的格内打“✓”。
2）“学生自查”——请同学在自查完后，在相应的格内打“✓”。
3）“教师考查”——请老师在考查完后，在相应的格内打“✓”或减分。

26. 发电机检测实验数据记录单。

（1）定子检测

序号	表笔位置	万用表量程	电阻值	检测结果判定
1				
2				
3				

（2）转子检测

序号	表笔位置	万用表量程	电阻值	检测结果判定
1				
2				

（3）整流器检测

序号	方向 1	方向 2	检测结果判定
1			
2			
3			
4			
5			
6			

27. 分组拆检交流发电机并按下面的标准进行考核。

序号	作业项目	评分指标	配分	评分标准	得分
1	按步骤进行拆装	步骤正确，拆装规范	30	步骤错一次，扣 2 分	
2	万用表的使用	能正确熟练使用万用表	5	不能正确使用，扣 5 分	
3	工具使用	正确规范熟练使用工具	5	使用工具不熟练，扣 3 分	
4	检测内容及方法	检测内容齐全，检测方法正确	30	检测内容少一项，扣 5 分，检测方法不正确，一次扣 5 分	
5	部件认知	能够正确认知发电机组成部件	20	认错一次扣 3 分	
6	安全生产	按操作规程文明生产，无事故发生	5	损坏实习用品及工具，扣 5 分。不文明语言，一次扣 2 分	
7	整理	整理工作场地	5	没能整理场地，扣 5 分	
8	分数总计		100		
9	评价：				

28. 进行交流发电机的性能测试，将测试数据记录在表中。

发电机型号	检测内容 / 实训项目		电压/V	电流/A	转速（r/min）
	空载试验	标准值			
		实测值			
	负载试验	标准值			
		实测值			

3　制订计划	成绩：

29. 电源系统的故障主要是以是否能充电来表现的，主要有________、________、________、________等故障。

30. 阅读本单元“必备知识”中不充电故障现象的原因分析及故障诊断的内容，理顺思路，用框图表示出诊断流程。

31. 下图为丰田发动机充电系统电路原理图，在图中画出充电指示灯及发电机励磁绕组的电流回路。

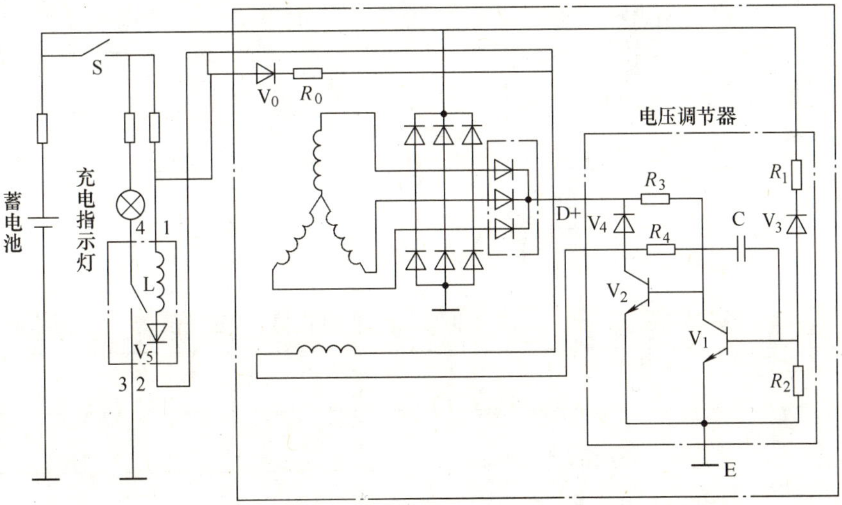

32. 阅读“必备知识”中充电系统电路识读相关资料，画出桑塔纳2000充电系统局部放大电路图。

33. 分组制订“充电指示灯不熄灭”故障诊断与排除工作计划。

故障现象描述	
可能故障原因分析	
根据故障现象画出局部电路图	
小组成员及分工	组长： 记录员： 安全员： 展示员： 卫生员： 质检员： 联络员： 其他：
安全防护的内容	
检测维修工具	

序号	工具名称	数量	工具清点	检查工具是否完好

检测流程	
准备工作	

序号	检查或检测内容	注意事项	理论值	实测值	检测结果分析
1					
2					
3					
4					

计划审核（教师）	年 月 日 签字：		
检测中出现的问题	经验总结及改进措施		
结论和维修建议			

4　实施

成绩：

34. 在车辆上找出发电机及蓄电池，辨认蓄电池的正负极接线柱、交流发电机 B＋、D＋等接线柱。

序号			自查	教师查
1	蓄电池	＋极		
2		－极		
3	发电机	B＋		
4		D＋		

35. 按照本组制订的工作计划进行故障检测与维修，将检测过程及结果记录到工作计划的表格中。

36. 根据检测结果分析故障原因。

____

____

5　质量检查

成绩：

37. 查询工厂信息管理系统，进行备件和人员工资测算后，将其记录在《××汽车维修服务有限公司任务委托书》的相关位置。

38. 车辆维修结束，进行功能检查并将修复后的车辆及相关物品交付给班组长，作为修理工需要交付哪些物品？写出交付车辆过程中需要注意的事项。

____

____

____

____

6 评价与反馈	成绩：

39. 在“蓄电池不能正常充电”学习过程中你有哪些收获，总结一下。

序号	项目	总结内容
1	感激对你学习帮助最多的同学	
2	你帮助过哪位同学	
3	实习反思	
4	本单元知识点总结	

学习单元四

起动机失灵

起动机失灵学习要求

企业工作任务	
顾客描述起动困难，起动机无力，即使使用新的蓄电池和发电机也无法起动。	
工作流程	**可能故障原因**
1. 顾客描述：车辆起动困难，起动机无力，即使使用新的蓄电池和发电机也无法起动。 2. 收集车辆和顾客信息（填写任务委托书）。 3. 确定任务委托。 4. 确认顾客对车辆的故障现象描述。 5. 学习并掌握起动系统相关知识。 6. 制订故障检修计划。 7. 通过相关的检测界定故障范围。 8. 完成更换或者修理起动机的费用的计算。 9. 排除故障。 10. 起动系统维修后的功能检查。 11. 将车辆移交给组长。	1. 电磁开关损坏。 2. 电刷磨损过度。 3. 点火开关处接触部分（起动触点）有损坏。 4. 连接线路损坏。
学习目标	
1. 通过与顾客的交流沟通，确认车主对车辆故障现象的描述，填写任务委托书。	

2. 认知起动系统的构造及其各部件的功能。学会分析、描述车辆起动系统的功能，能形象描述起动系统的工作过程。

3. 学会与上级、同事进行沟通，注意维护顾客利益的重要性，对工作要有一个积极的工作态度，要对整个工作过程负责。

4. 学会使用维修手册收集相关资料。

5. 掌握检修起动系统相关的技术规范、规定和标准，并规范操作。

6. 学会对起动系统的电器元件进行性能检测，在维修服务中需要培养安全和质量意识。

7. 在检测并排除起动系统故障、试驾及验收车辆时，应如实的履行工作安全和环境保护的规定，爱护工具设备，维护实训场地的清洁。

8. 学会测算备件和人员工资的成本。

9. 对起动系统的检测和维修工作进行详细记录，说明工作种类和工作量。

教学内容

技能类	综合类
1. 正确起动汽车（观察故障现象）。 2. 绘制起动系统的连接电路。 3. 拆装、检测起动机。 4. 对起动系统电路及连接部件进行性能检测。 5. 车辆的功能检查。 6. 学会测算备件和人员工资的成本。	1. 按照汽车生产商的规定（维修手册）检修起动系统及组件。 2. 起动系统的分类及组成。 3. 起动系统的作用及工作原理。 4. 起动机的认知。 5. 汽车起动机的构造和相关组件的功能（电磁开关、转子、励磁绕组、单向离合器等）。 6. 起动系统电路及起动机的性能检测。 7. 备件和人员工资的成本测算，包括消费清单（结算价单）、成本核算（工时、材料）。

建议学时

26 学时

教学资源

1. 四辆有故障的车辆。
2. 拆卸下来的起动机。
3. 相关的电路图、检测报告和检测计划。
4. 含有备件清单的车间信息系统。
5. 万用表。

起动机失灵工作页

1　接受工作任务	成绩：

1. 企业工作任务：顾客描述起动困难，起动机无力，即使使用新的蓄电池和发电机也无法起动。

2. 确认故障车辆身份信息，将工作结果填写到《××汽车维修服务有限公司任务委托书》上。

3. 在实习车上确认故障现象，起动车辆的安全防护内容包括____________________，故障现象为____。
（发动机是否能起动，起动机是否工作），可能的故障原因是____________________。

××汽车维修服务有限公司任务委托书

地址：

电话：　　　　　　　　　　传真：　　　　　　　　　　日期：

客户名称				业务单号			
地址				车牌号码			
联系电话		联系人		车型			
发动机号		行驶里程		颜色		维修方式	
VIN 号		存油		预计完工日期			

随车附件	有 ✓　无 ×　损 ○							
	前照灯		转向灯		制动灯		示宽灯	
	牌照灯		车内灯		收录机		天线	
	点烟器		烟缸		电子扇		摇把	
	空调器		反光镜		室内镜		门窗玻璃	
	刮水器		喇叭		车门拉手		靠垫座套	
	脚垫		遮阳板		轴头亮盖		千斤顶	
	备胎		随车工具		前车牌号		后车牌号	
	运营牌		徽标		前商标		左后商标	
	中后商标		右后商标					

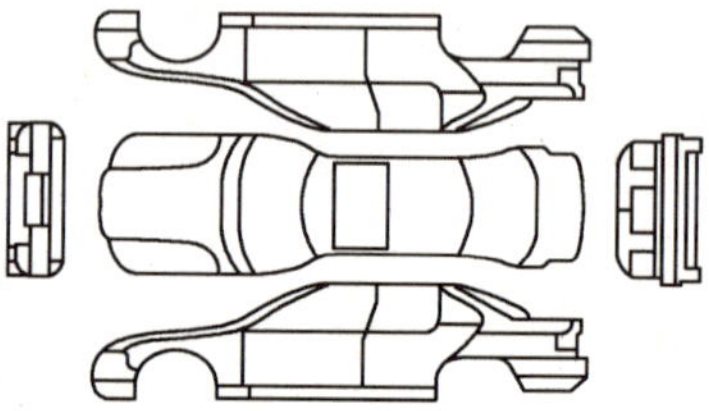

存油　E　　　　F

序号	维修项目	施工内容	工时	工时费	收费类别

工时费（估）：　　　　　　配件金额（估）：　　　　　　合计金额（估）：

备注：

※根据汽车维修行业管理部门规定：

小修或日常修保修期：三天或500km；

发动机总成大修保修期：三个月或10000km；

其他总成大修保修期：一个月或5000km。

经办人：__________

※零件损坏是否更换　□是　□否

本人对本单以上内容已经确认，并愿按上述要求进行维修和支付有关费用。

本人已将车内现金、票据以及贵重物品取走。

用户签字：__________

2　信息收集

2.1　起动系统的组成及作用

成绩：

4. 发动机从停止转入工作状态，必须借助________带动曲柄连杆机构运动，完成可燃混合气的压缩，才能开始点火燃烧或自燃。发动机的起动系统的作用是____。

5. 发动机的起动方式常采用________、________、________等多种方式起动。电力起动是起动机在________和起动继电器的控制下，将蓄电池的电能转化为________，带动发动机飞轮齿圈使曲轴转动，完成发动机的起动。

6. 看图填写汽车起动系统各组成的名称。

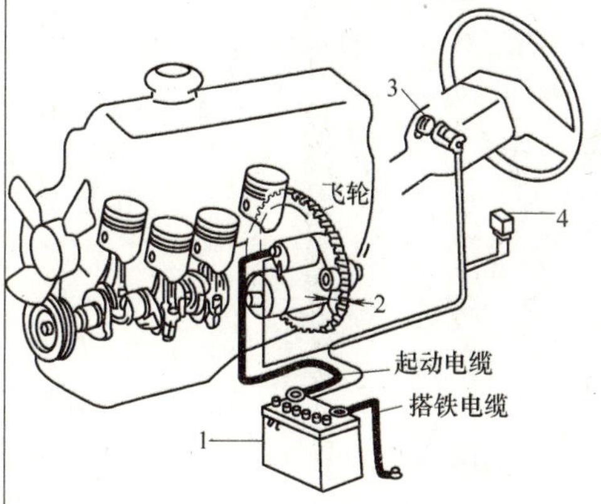

1—____________　　2—____________

3—____________　　4—____________

7. 下图为带起动继电器的控制电路原理图，装起动继电器的目的是________________________________。起动继电器有四个接线柱，分别标有起动机、蓄电池、搭铁和点火开关。点火开关与搭铁接线柱之间是继电器的________，起动机和蓄电池接线柱之间是继电器的________。接线时，“点火开关”接线柱接点火开关的________挡，“蓄电池”接线柱接________，“搭铁”接线柱接________，“起动机”接线柱接起动机电磁开关上________接线柱。发动机起动时，将点火开关起动挡接通，继电器的________通电，使触点闭合，电源的电流回路为________________________________。

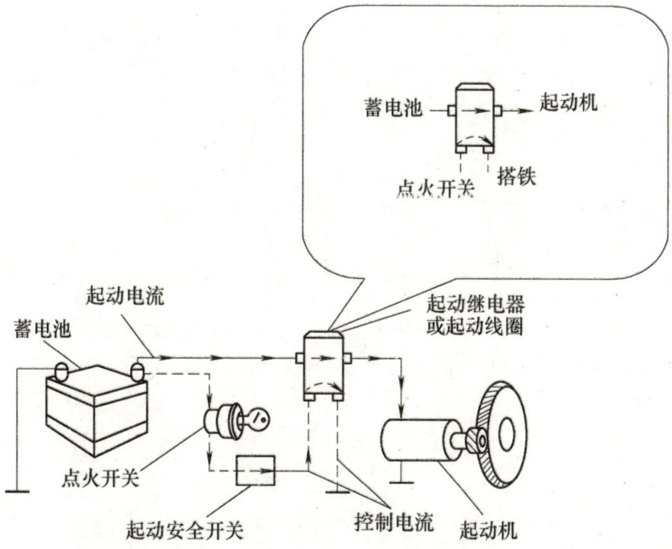

8. 根据6、7题中起动系统的结构示意图在实习车上认知起动系统各零部件并叙述电流回路。

认知起动系统	学生自查	教师讲解	教师考查
1.			
2.			
3.			
4.			

9. 按控制方式不同，起动机可分为机械控制式和________；按传动机构啮入方式不同，可分为________、________、________、________；按电动机磁场产生的方式不同，可分为________、________。“串励”是指________与________串联。

10. 起动机型号 QD27E 代表的含义是____________________。

2 信息收集 2.2 起动机的结构	成绩：

11. 起动机是起动系统的主要组成部分，一般由________、________、________等部分组成。根据各部分的外观图完成下表的填写。

图 片	名 称	作 用	组 成
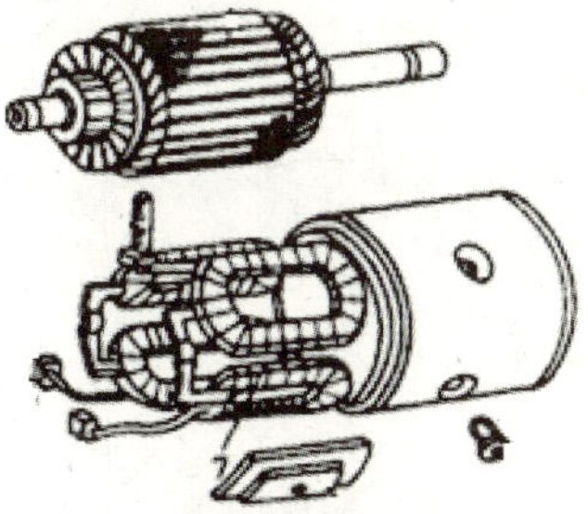			

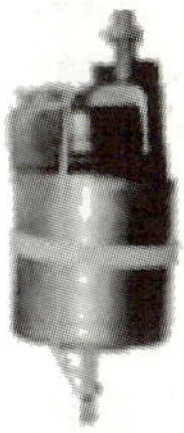			

12. 参考必备知识相关内容，将下图中起动机各组成的名称填写在对应序号的横线上。

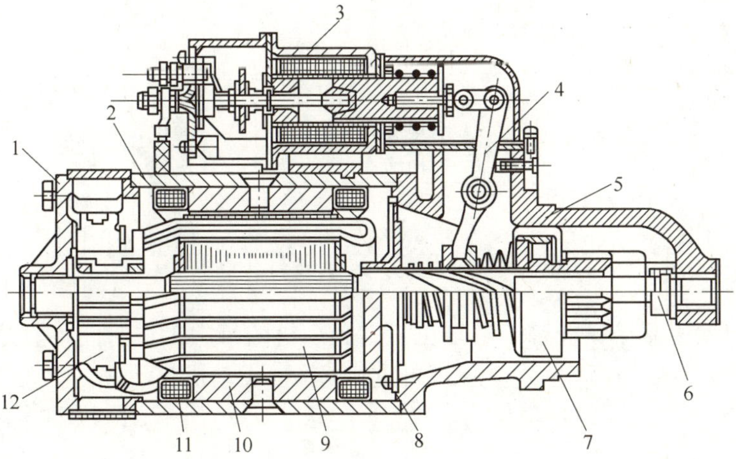

1—________
2—________
3—________
4—________
5—________
6—________
7—________
8—________
9—________
10—________
11—________
12—________

2 信息收集 2.3 起动机的工作原理	成绩：

13. 直流电动机的基本工作原理是通电的导体在磁场中会受电磁力作用，电磁力的方向遵循________定则。在图 a 中标出通电导线受力的方向，在图 b 中标出通电导线框旋转的方向，在图 c 中用红色笔标出 ab 间电流方向，蓝色笔标出 ab 受力方向，黑色笔标出导线框 $abcd$ 旋转方向。

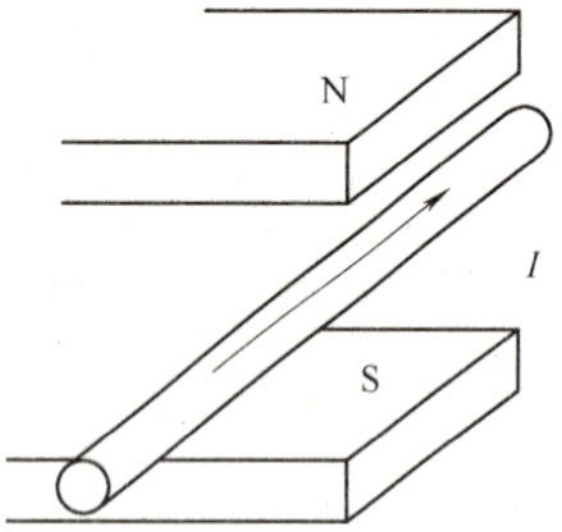

a)

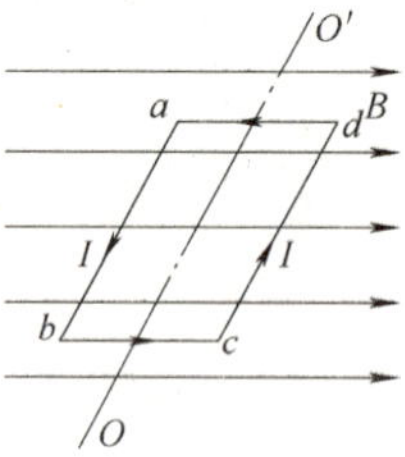

b)

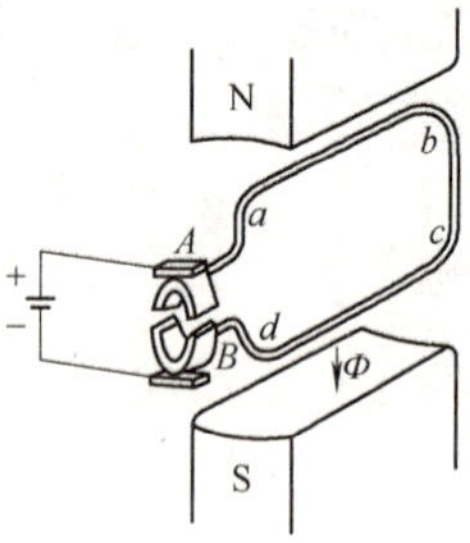

c)

14. 下表中描述了当点火开关接通起动电路后起动机的工作情况，结合起动系统原理图填写下表（即在相应关键词处画✓），并叙述起动系统工作过程。

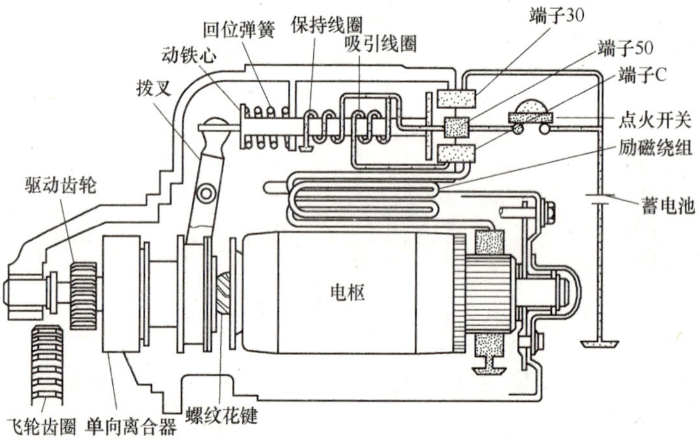

起动系统原理图

	刚接通点火开关起动挡	接触片与触点接合	断开点火开关起动挡
吸引线圈	有电（无电）	有电（无电）	有电（无电）
保持线圈	有电（无电）	有电（无电）	有电（无电）
接触盘	左移（右移）	左移（右移）	左移（右移）
电动机	工作（不工作）	工作（不工作）	工作（不工作）
驱动齿轮	转动（左移）（右移）	转动（左移）（右移）	转动（左移）（右移）

15. 起动发动机时，应将变速器操纵杆置于空挡位置，起动机的每次工作时间不宜超过________s；若起动失败后，应等约________s 后再重新起动。发动机起动后，要立即松开________，使起动机停止工作，以免损坏____________和____________，减小单向离合器不必要的磨损。

2　信息收集

2.4　起动机的拆装与检测

成绩：

16. 分组制订起动机拆装及检测工作计划。

小组成员及分工	组长： 卫生员：	记录员： 质检员：	安全员： 联络员：	展示员： 其他：

拆装及检测维修工具

序号	工具名称	数量	工具清点	检查工具是否完好

拆分步骤

序号	拆卸部件	注意事项
1		
2		
3		
4		
5		

检测流程

序号	检查或检测内容	注意事项	理论值	实测值	检测结果分析
1					
2					
3					
4					

计划审核（教师）	年　　月　　日　　签字：		
检测中出现的问题		经验总结及改进措施	
结论和维修建议			

17. 分组拆装起动机，认知起动机零部件并将认知情况记录到下表中。

认知起动机	学生自查	教师讲解	教师考查
1. 起动机电磁开关			
2. 电刷支架			
3. 电刷			
4. 励磁绕组			
5. 换向器			
6. 电枢			
7. 中间支撑板			
8. 驱动齿轮			
9. 拨叉			
10. 单向离合器			

18. 分组拆检起动机并按下面的标准进行考核。

序号	作业项目	评分指标	配分	评分标准	得分
1	按步骤进行拆装	步骤正确，安装规范	30	步骤错一次扣2分	
2	万用表的使用	能正确熟练使用万用表	5	不能正确使用扣5分	
3	工具使用	能正确、规范、熟练地使用工具	5	使用工具不正确、不规范、不熟练均扣3分	
4	检测内容及方法	检测内容齐全，检测方法正确	30	检测内容少一项扣5分，检测方法错一次扣5分	
5	部件认知	能够正确认知起动机组成部件	20	错一次扣3分	
6	安全生产	按操作规程文明生产，无事故发生	5	损坏实习用品及工具扣5分，不文明语言一次扣2分	
7	整理	整理工作场地	5	没能整理场地扣5分	
8	分数总计		100		
9	评价：				

19. 看图描述从发动机上拆卸起动机的过程。

步骤	图　　片	文字描述
1	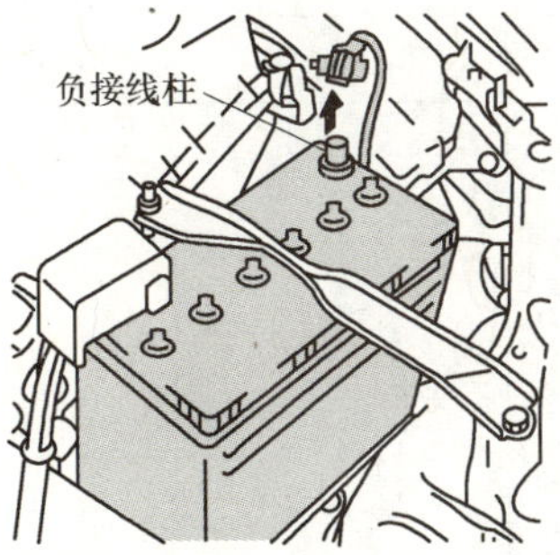	
2	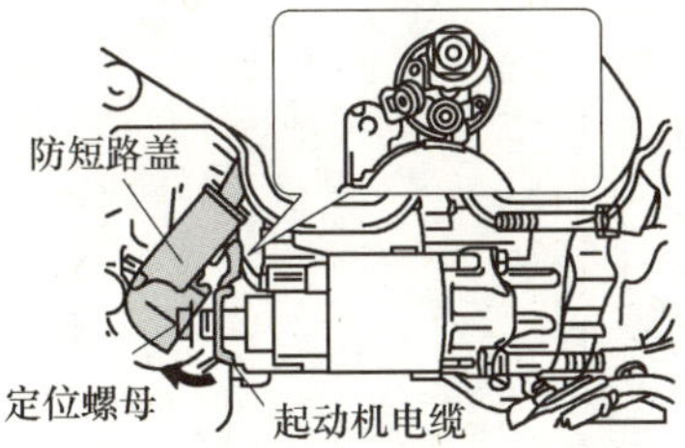	
3	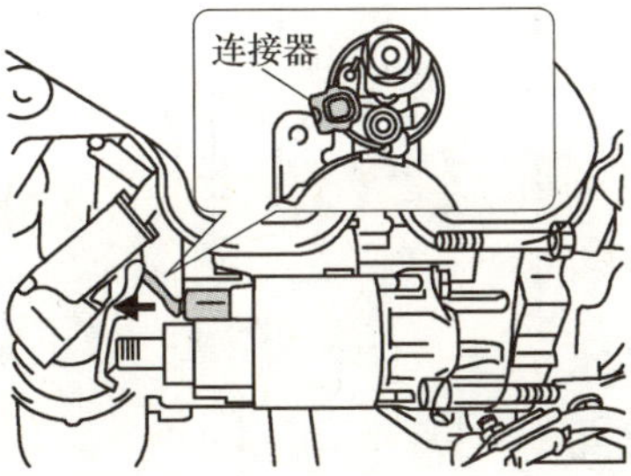	
4	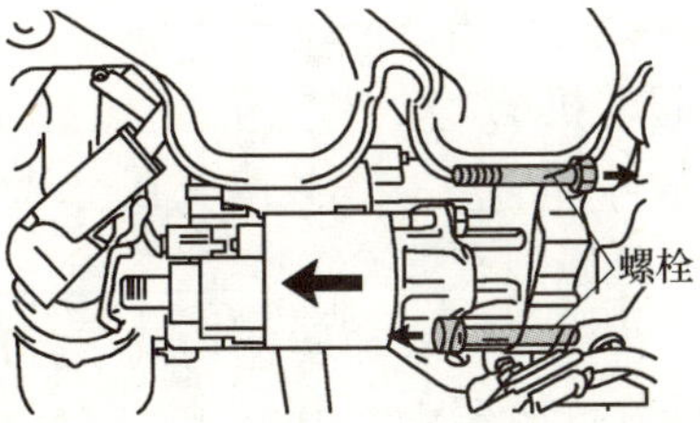	

2 信息收集

2.5 起动机的试验

成绩：

20. 对起动机进行通电测试并将测试情况填写在表中。

功能测试	线路连接（连线画出）	测试结果	可能的故障原因
吸引线圈功能测试	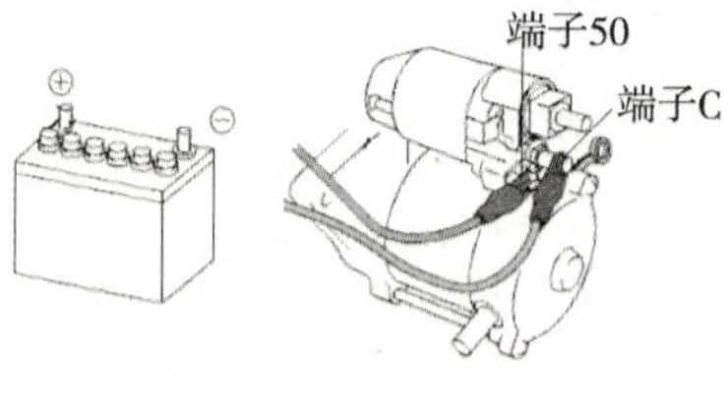		
保持线圈功能测试	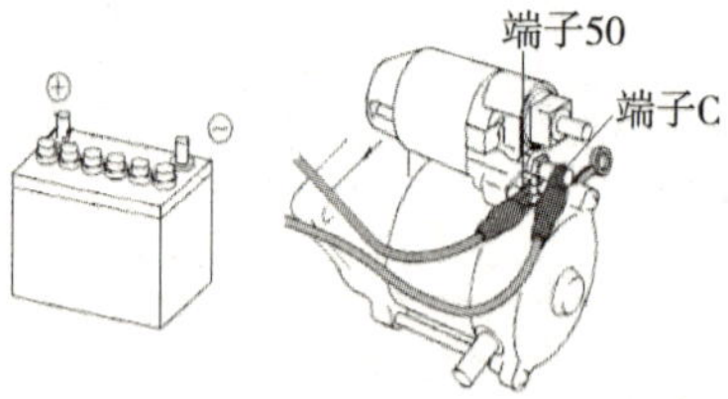		
驱动齿轮复位测试	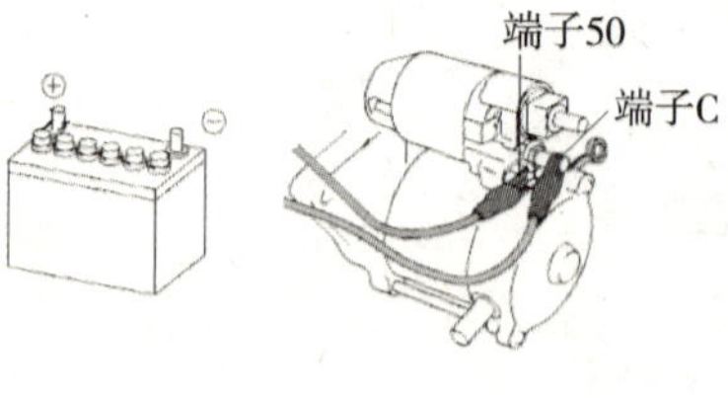		

21. 起动机空载试验的目的是通过试验测量起动机的________和________，并与标准值比较，从而判断起动机内部是否有________故障和________故障。在空载试验中，若出现电流大而转速低的现象，说明____________，原因有____。若出现电流和转速均低于标准值而蓄电池电压正常时，说明____________________。空载试验每次不得超过________ min。

22. 起动机的全制动试验（又称制动转矩试验）必须选用空载试验性能良好的起动机。试验的目的是通过全制动试验测量起动机在完全制动时所消耗的________和________，并与标准值比较，以判断起动机____________是否正常，____________是否打滑。全制动试验每次不得超过________ s。若测得的电流大而转矩小，说明____________，若电流和转矩均低于标准值，说明____________________。

23. 对起动机进行空载试验并将试验数据记录在下表中。

起动机型号：				
项目	额定电压/V	额定功率/kW	转速/（r/min）	电流/A
标准值				
实测值				
结果分析				

24. 对起动机进行全制动试验并将试验数据记录在下表中。

起动机型号：			
项目	电压/V	电流/A	转矩/N·m
标准值			
实测值			
结果分析			

2　信息收集

2.6　起动系统的控制电路

成绩：

25. 参考“必备知识”画出帕萨特 B5 起动系统局部电路放大图，并用箭头表示出起动系统的电流通路。

2　信息收集

2.7　起动系统常见故障检测

成绩：

26. 阅读以下起动系统常见故障检测及维修步骤用框图表示诊断流程。

（1）蓄电池上接线柱是否连接牢靠，接线柱是否有氧化现象。

（2）检查蓄电池内电量是否充足，蓄电池本身是否有故障。

方法：可用蓄电池检测仪检查蓄电池的技术状态，方法如下：用高率放电计的正接柱接蓄电池正极，负接柱接蓄电池负极，按下红色按钮（不能超过 5s，否则会损坏蓄电池及仪表），如果指针停留在绿色区域，且保持不动，则蓄电池无故障，且电量充足；如果指针停留在黄色区域，且保持不动，则蓄电池无故障，但应该充电；如果指针停留在红色区域，且保持不动，则蓄电池严重亏电，必须马上充电；如果指针摆动严重，则说明蓄电池损坏，应该更换。

（3）用一导线短接起动机上接蓄电池的接线柱和上端接继电器的接线柱，如起动机能起动，则表明继电器或外部电路有故障，可用一导线搭接继电器上的接线柱，可确定是继电器故障，还是线路有故障（写出实际判断结果）。

（4）用一导线短接起动机上接蓄电池的接线柱和其旁边接起动机内电动机的接线柱，如起动机转，则表明起动机内电动机部分无故障，故障在起动机上部的操纵机构（吸力包）；如起动机仍然不转，则故障在电动机部分。

起动系统常见的故障有________，________，________，________。起动机不转的故障可以归纳为三类，即________、________、________故障。故障的排除要遵循________原则。

2　信息收集

2.8　起动系统模拟线路的连接及检测

成绩：

27. 将下面的起动电路补充完整。

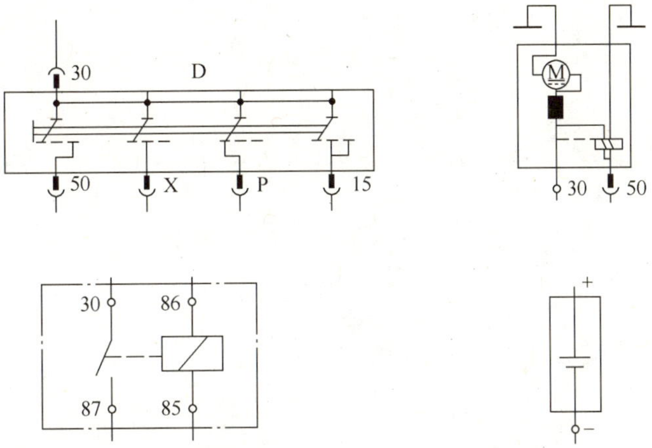

28. 结合27题电路图在线路板上做起动系统线路连接练习，连接好后经教师检查合格后，方可打开点火开关起动起动机。如起动机不转请查找故障原因并在下表中记录检测过程。

在蓄电池储电正常的情况下，用螺钉旋具将电磁开关的30号端子与C端子接通，若起动机不转，则说明________有故障；若起动机空转正常，说明________或________有故障。用导线将蓄电池正极与电磁开关50号端子接通（时间不超过3～5s），如起动机不转，说明________有故障；如起动机转动，则说明________有故障。

线路连接				
自查	学生签字：	教师查	教师签字：	
检测过程记录				
步骤	检测内容	工具	检测结果	结果分析

## 3 制订计划	成绩：

29. 根据车辆实际的故障现象，制订针对该故障的维修工作计划（请按照下表的提示制订故障维修工作计划）。

故障现象描述	
可能故障原因分析	
根据故障现象画出局部电路图：	
小组成员及分工	组长： 记录员： 安全员： 展示员： 卫生员： 质检员： 联络员： 其他：
安全防护的内容	

检测维修工具				
序号	工具名称	数量	工具清点	检查工具是否完好

检测流程					
准备工作					
序号	检查或检测内容	注意事项	理论值	实测值	检测结果分析
1					
2					
3					
4					

计划审核（教师）	年 月 日 签字：		
检测中出现的问题		经验总结及改进措施	
结论和维修建议			

4　实施　　成绩：

30. 在车辆上找出电路故障元件。

序号	部件名称	自查	教师查
1			
2			
3			
4			

31. 按照本组制订的工作计划进行故障检测，将检测过程及结果记录下来。

序号	检查或检测内容	理论值	实测值	检测结果分析
1				
2				
3				
4				

32. 根据检测结果分析故障原因。

5　质量检查	成绩：

33. 查询工厂管理信息系统，进行备件和人员工资测算后，将其记录在《××汽车维修服务有限公司任务委托书》的相关位置。

34. 请学生代表模拟维修工将修复后的车辆交付给维修班组长的过程，其他学生对整个交车过程进行评价，将评价结果记录在下表中。

序号	评价要素	评价结果（文字描述）	
		维修工人	班组长
1	要交接的相关物品和维修资料是否准备齐全		
2	维修过程的说明是否清楚		
3	观察检查故障现象是否已排除		
4	维修费用说明是否清楚明了		
5	检查车况，在维修记录单上签字		
6	语言表达能力，交付过程礼貌文明用语		
7	应变能力		
整个交车过程的综合评价	☆☆☆☆☆	是否可以交车	

6　评价与反馈	成绩：

35. 对自己在本单元的学习过程进行反思与客观评价。

序号	项目	总结内容
1	感激对你学习帮助最多的同学	
2	你帮助过哪位同学	
3	实习反思	
4	本单元知识点总结	

学习单元五
安装附加车灯

安装附加车灯学习要求

企业工作任务	
顾客委托：在越野车的车顶安装附加车灯。	
工作流程	**可能故障原因**
1. 顾客委托：在越野车的车顶安装附加车灯。 2. 确定工作量和工作计划。 3. 依据法律规定调查其可行性。 4. 定做车顶的固定架。 5. 材料需求清单（成本核算）。 6. 拧上支撑架。 7. 安装连接线。 8. 按照厂家要求安装附加车灯。 9. 进行功能检查。 10. 记录。 11. 装配完成后将车辆移交给顾客。	
学习目标	
1. 根据工厂的工作任务单安排对汽车进行附加车灯加装。 2. 使用通用的信息（手册）或电子信息系统获取加装信息。 3. 了解车灯改装的相关法规。	

4. 在车灯改装相关法规允许的前提下，根据客户需求合理制订改装方案并选择灯具及辅料。
5. 在分析附加车灯加装的基本线路时查看原车电路图和其他技术材料。
6. 按照劳动生产流程、技术和经济上的要点来做一个车顶射灯加装工作计划。
7. 学员对加装车顶射灯相关的重要系统进行检查并改装。
8. 选择适合的辅助电路工具。
9. 在机动车和实验室测量相关电子参数，同时使用表格和曲线图来评价测量数值和信号。
10. 对实习设备工具、车辆、仪器认真负责。
11. 通过小组工作培养团队能力。
12. 与顾客、上级、同事进行沟通并对工作情况进行说明。
13. 遵守用电安全、生产条例，避免出现意外事故。
14. 对工作结果进行记录并展示。

教学内容

技能类	综合类
1. 在车顶安装行李架（支撑车灯）。 2. 安装连接线。 3. 按照厂家要求安装附加车灯。 4. 进行附加车灯功能检查。	1. 负载电流的计算。 2. 导线类型的选取。 3. 灯具的种类。 4. 灯系电路的特点。 5. 企业经济性核算。 6. 成本核算（维修，比较计算）。 7. 材料需求清单（成本核算）。

建议学时

25 学时

教学资源

1. 一辆越野车。
2. 万用表 6 块。
3. 电路图。
4. 附加车灯 6 个、电线、插头、继电器、剥线钳。
5. 手钻。
6. 车灯调节设备。
7. 用于照明设施的实验设备。

安装附加车灯工作页

1　接受工作任务	成绩：

1. 企业工作任务。顾客委托，在越野车的车顶安装附加车灯。

2. 确认车辆身份信息，将工作结果填写到《××汽车维修服务有限公司任务委托书》上。

××汽车维修服务有限公司任务委托书

地址：

电话：　　　　传真：　　　　日期：

客户名称				业务单号			
地址				车牌号码			
联系电话		联系人		车型			
发动机号		行驶里程		颜色		维修方式	
VIN 号		存油		预计完工日期			

随车附件	有 ✓　无 ×　损 ○							
	前照灯		转向灯		制动灯		示宽灯	
	牌照灯		车内灯		收录机		天线	
	点烟器		烟缸		电子扇		摇把	
	空调器		反光镜		室内镜		门窗玻璃	
	刮水器		喇叭		车门拉手		靠垫座套	
	脚垫		遮阳板		轴头亮盖		千斤顶	
	备胎		随车工具		前车牌号		后车牌号	
	运营牌		徽标		前商标		左后商标	
	中后商标		右后商标					

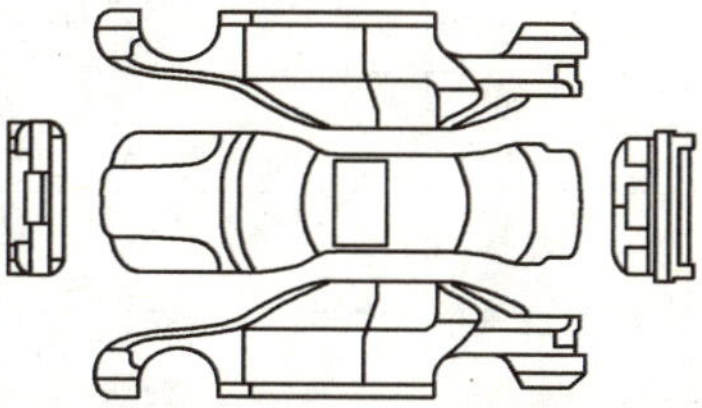

存油 E F

序号	维修项目	施工内容	工时	工时费	收费类别

工时费（估）：	配件金额（估）：	合计金额（估）：
备注：		

※根据汽车维修行业管理部门规定：

小修或日常修保修期：三天或500km；

发动机总成大修保修期：三个月或10000km；

其他总成大修保修期：一个月或5000km。

经办人：____________

※零件损坏是否更换　□是　□否

本人对本单以上内容已经确认，并愿按上述要求进行维修和支付有关费用。

本人已将车内现金、票据以及贵重物品取走。

用户签字：____________

3. 在汽修企业管理软件中输入员工信息，将任务委托书中的客户信息录入到软件管理系统中。

2 信息收集

2.1 查询车灯改装相关法律文件

成绩：

4. 参考相关资料或上互联网查询安装附加车灯的相关法规并将查询结果写在横线上。

____

____

____

____。

2 信息收集

2.2 附加车灯的种类及特点

成绩：

5. 简述附加车灯灯具的种类及特点。

序号	灯具种类	灯具特点（简单描述）

2 信息收集 2.3 确定改装方案	成绩：

6. 汽车线束常用的导线通常使用________导线，绝缘皮为________绝缘材料。线束用导线要有________、________、________、________、________、________、阻燃等特性。

7. 导线的选取首先应根据电器元件功率的大小计算流通导线的________，长时间工作的用电设备可选择实际载流量________的导线，短时间工作的用电设备可选用实际载流量________的导线。也可按经验公式：________________来计算导线的横截面积，或参考允许流通电流与导线截面积关系经验理论值表进行选取。

8. 轿车灯系电路主要受________、________和相关继电器的控制。对于采用CAN—BUS的车辆来说，部分灯光受________ 的控制。

9. 小组讨论影响辅助灯具使用效果的因素？安装质量差引起的不良后果是什么？

____

____

____

____

10. 分组展示利用网络搜集的安装汽车附加车灯的案例并对本案例进行分析。

序号	要　点	
1	灯具种类	
2	附加车灯的安装位置	
3	附加车灯控制开关及安装位置	
4	是否符合车灯改装法规	
5	改装工艺	
6	附加车灯的使用效果	

11. 根据客户要求，初步确定改装方案并就本方案与客户进行沟通。

选择的灯具种类是________________________，车灯安装位置选定在________________________。预估费用为________________元。

画出加装附加车灯的电路简图。

2 信息收集 2.4 模拟线路的连接	成绩：

12. 继电器的检测。

静态测量：用万用表的电阻挡测量，85 与 86 之间的电阻为________Ω，30 与 87 之间的电阻值为________Ω。

动态测量：给继电器________号端子与________号端子接 12V 电压，测量________号端子与________号端子间的电阻，测量值为________Ω，继电器是________（好的/坏的）。

在第 11 题附加车灯的电路简图中继电器 30 号端子接________，87 号端子接________，85 号端子接________，86 号端子接________。

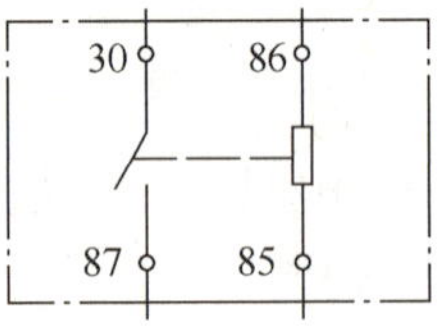

13. 用万用表判断出点火开关的各接线柱并回答下面的问题。

（1）点火开关的作用是________________________，点火开关有____个接线柱，分别标有____、____、____和____。

（2）连线表示点火开关在不同挡位时各接线柱的导通情况。

挡位 接线柱	OFF	ACC	ON	ST
1				
2				
3				
4				

（3）使用万用表的欧姆挡，测量任意两个接线柱的电阻，可来判断开关的通与断。

通：电阻为具体值。

断：电阻为∞，万用表上显示 1。

将测量过程及结果记录在下面横线上。

____

____

____

____

____

14. 为使接线牢固、美观，接线步骤为：十字交叉，打一个结，两股拧成一股，________，用绝缘胶布包好。

15. 分组按第 11 题电路图连接模拟电路并按考核标准进行考核。

附加车灯电路连接考核表

序号	考核内容	要　求	配分	扣　分	得分
1	时间	10 ~ 20min	10 分	每超过 3min 扣 5 分，扣完为止。超时到 10min 此项没分	
2	画电路图	不能有错误	20 分	有一处错误扣 5 分	
3	连接电路	独立连接电路，把熔断器、继电器、灯泡、开关正确连接到电路中	20 分	发现求助别人一次扣 5 分，发现两次将视为不合格。少用一个元件扣 5 分。错接一个零件扣 5 分	
4	剥线、接线、缠线	剥线、接线、缠线规范	20 分	一处不符合规范扣 5 分	
5	安全性	不能有断路、短路	10 分	有一处安全隐患扣 5 分，发现一处断路、短路分别扣 5 分，三处断路、短路视为不合格，此项没分	
6	工具使用	能正确使用工具	10 分	使用不规范，一次扣 5 分	
7	5S	整理好工作场地	10 分	未整理的扣 1 ~ 10 分	

3 制订计划	成绩：

16. 查询相关汽车维修手册，找出原车前照灯电路，画出局部放大图。

17. 在相关维修手册中查询安装车灯处相关部件的尺寸，将查询到的数据记录下来（可附图说明）。

18. 在车上测量安装车灯处相关部件的尺寸并画出实测尺寸草图。

19. 根据实测尺寸，给出附加车灯的固定架（行李架）的尺寸、材料和色彩，设计附加车灯灯光开关的安装位置，确定布线方案等，小组合作制订详细的加装计划，填写在下表中。

顾客委托描述				
小组成员及分工	组长： 卫生员：	记录员： 质检员：	安全员： 联络员：	展示员： 其他：
安全防护的内容				
附加车灯 电路简图				
安装附加车灯方案				
灯具的选择	个数： 种类：			

（续）

附加车灯开关安装位置	画草图或用文字简单描述出来：
车灯固定架	颜色： 材料： 规格尺寸：（画草图表示）
布线方案	画草图或文字简单描述出来：

所需材料及工具清单

序号	名称	数量	规格	备注
1				
2				
3				
4				
5				
6				
计划审核（教师）	年　月　日　　签字：			

20. 分组展示安装附加车灯的工作计划，对内容不全面和不合理的地方进行讨论、补充或说明，然后各组完善本组工作计划。

不合理之处	改进方案

4 实施	成绩：

21. 参考维修资料按所制订的计划，实施附加车灯安装并记录安装过程。

序号	安装步骤	使用工具	备注
1			
2			
3			
4			
5			
6			
7			

22. 在小组实习结束后，请将本小组的实习情况填写在下表。

序号	姓名	组内职责	完成情况评价
1			
2			
3			
4			
5			
6			

5　质量检查	成绩：

23. 加装完附加车灯后，进行功能检查，对检查情况进行记录。

24. 利用维修企业相关软件进行成本核算，列出费用明细，复制并打印出来，贴在下面的空白处。

贴费用细处

6　评价与反馈	成绩：

25. 在“加装附加车灯”学习过程中你有哪些收获，总结在下面横线上。

学习单元六 电子扇失灵

电子扇失灵学习要求

企业工作任务

一辆故障车辆，顾客描述该车在城里行驶时汽车发动机过热，希望维修师傅能帮忙解决这个问题。

工作流程	可能故障原因
1. 顾客描述：在城里行驶时汽车发动机过热。 2. 收集车辆与顾客信息。 3. 确定工作委托书。 4. 确认故障现象。 5. 学习掌握电子扇的功能和温控开关的工作原理。 6. 分析电路图。 7. 制订工作计划，确定故障点。 8. 查明备件需求与费用。 9. 完成维修工作。 10. 记录。 11. 在怠速时进行功能检查。 12. 交付车辆。	1. 温控开关损坏。 2. 电子扇电动机反应迟钝或损坏。 3. 继电器损坏。 4. 线路断路。

学习目标

1. 通过与顾客沟通，完成工作委托书的填写，同时掌握与顾客沟通的技巧。

2. 根据顾客的故障描述，在车上确认故障现象，并注意确认故障时的安全防护，还要注意冷却液的烫伤和电子扇突然起动造成的伤害。

3. 学生通过故障现象界定故障范围：冷却系统故障—电子扇失灵。

4. 掌握电子扇的作用和温控开关的工作原理。

5. 进一步掌握基本的电工原理（电压、电流、电阻、电流的作用、电压和电流的种类、欧姆定律、串联电路、并联电路、简单的混合电路、继电器）。

6. 使用电路图和其他技术材料分析电子扇的基本线路，并绘制电子扇电路图。

7. 通过使用通用的信息（手册）或电子信息系统在车上找出电子扇电路的主要组成部件。

8. 在实验室测量电子扇电路的相关电子参数，同时使用表格和曲线图来评价测量数值。

9. 按照劳动生产流程、技术和经济上的要点制订电子扇失灵检修工作计划。

10. 选择检验和测量仪器，并用其对电子扇电路进行检查和维修。

11. 对工作结果进行记录，并通过将测算出的数值和生产商理论值的比较，对工作结果进行评价。

12. 对实习设备工具、车辆、仪器、环境、人身安全认真负责。

13. 通过小组工作培养团队能力。

14. 与顾客、上级和同事进行沟通并对工作情况进行说明。

15. 遵守用电安全、生产条例，避免出现意外事故。

16. 对工作结果进行演示。

教学内容

技能类

1. 绘制电子扇线路图。
2. 安装电子扇组件、线路和线路接口。
3. 温控开关的检测。
4. 使用万用表检测电子扇电路。
5. 确定电子扇电路的故障。
6. 电子扇电路主要部件的认知、拆装、维修。

综合类

1. 电压、电流、电阻、电流的作用、电压和电流的种类（导体、绝缘体、半导体）欧姆定律、串联电路、并联电路、简单的混合电路、继电器。
2. 热敏电阻。
3. 电子扇电路图、框图、示意图和功能列表。
4. 评价分析测量数据和信号。
5. 温控开关的作用和工作原理。
6. 电子扇的作用和工作原理。
7. 演示文档。
8. 备件列表和材料清单。

建议学时

25 学时

教学资源

1. 四辆有故障的车辆。
2. 电子扇电路图。
3. 带有备件清单的车间信息系统。
4. 万用表。

电子扇失灵工作页

1　接受工作任务	成绩：

1. 企业工作任务：一辆故障车辆，顾客描述该车在城里行驶时汽车发动机过热，希望维修师傅能帮忙解决这个问题。

2. 我们通过哪些方式可以知道汽车发动机是否过热？发动机的正常工作温度是多少？

____

____

____

____

3. 作为前台接待人员，需要客户出示的资料包括：______________，你希望与顾客沟通哪些问题：______________，请写出接待客户的程序及注意事项。

____

____

____

____

4. 请两名学生分别扮演前台接待人员和客户，模拟接车过程，其他同学观察并记录其优点以及需要改进的地方。

优点	需改进的地方

5. 确认故障车辆身份信息，将工作结果填写到《××汽车维修服务有限公司任务委托书》上。

6. 准备两辆实习车，一辆没有故障现象，一辆有电子扇失灵故障现象，请学生分组观察两辆实习车，确认故障现象并填写在下表中。

故障现象	可能的故障原因

××汽车维修服务有限公司任务委托书

地址：

电话：　　　　　　　　　　　　传真：　　　　　　　　　　日期：

客户名称				业务单号			
地址				车牌号码			
联系电话		联系人		车型			
发动机号		行驶里程		颜色		维修方式	
VIN 号		存油		预计完工日期			

随车附件	有 ✓　无 ×　损 ○							
	前照灯		转向灯		制动灯		示宽灯	
	牌照灯		车内灯		收录机		天线	
	点烟器		烟缸		电子扇		摇把	
	空调器		反光镜		室内镜		门窗玻璃	
	刮水器		喇叭		车门拉手		靠垫座套	
	脚垫		遮阳板		轴头亮盖		千斤顶	
	备胎		随车工具		前车牌号		后车牌号	
	运营牌		徽标		前商标		左后商标	
	中后商标		右后商标					

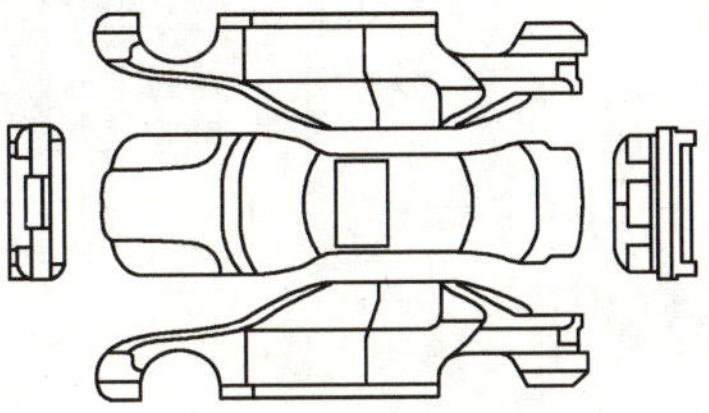

存油　E　　　　F

序号	维修项目	施工内容	工时	工时费	收费类别

工时费（估）：　　　　　　　　　　配件金额（估）：　　　　　　合计金额（估）：

备注：

※根据汽车维修行业管理部门规定：

小修或日常修保修期：三天或500km；

发动机总成大修保修期：三个月或10000km；

其他总成大修保修期：一个月或5000km。

经办人：________

※零件损坏是否更换　　□是　□否

本人对本单以上内容已经确认，并愿按上述要求进行维修和支付有关费用。

本人已将车内现金、票据及贵重物品取走。

用户签字：________

2 信息收集

2.1 电子扇的作用、结构

成绩：

7. 下图为冷却系统示意图，认真读图后，完成下表的填写。

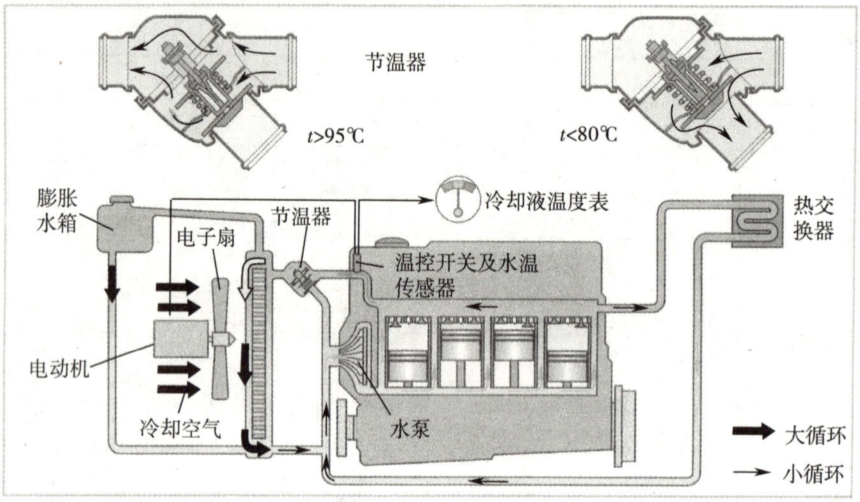

序号	名称	作用	是否是故障点
1			
2			
3			
4			
5			
6			
7			

8. 现代汽车广泛采用电子扇，电子扇电动机的速度也可以根据________________进行多级换挡或者无级调节。在发动机关闭后电子扇的冷却空气流可以保持，从而避免了由于发动机关闭后的后续加热导致的过热。

9. 常用电子扇的线路主要由________________、________________、________________和________________等组成。

10. 电动机的电路图形符号为：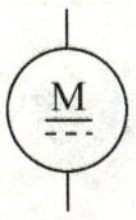，蓄电池的电路图形符号为：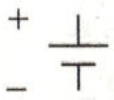，开关 F 的电路图形符号为：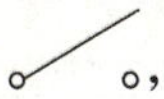，熔断器的电路图形符号为：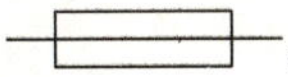。

（1）在电路图中画上导线，使其成为完整的电路图；

（2）在每个电路符号旁边标注代表其的字母。

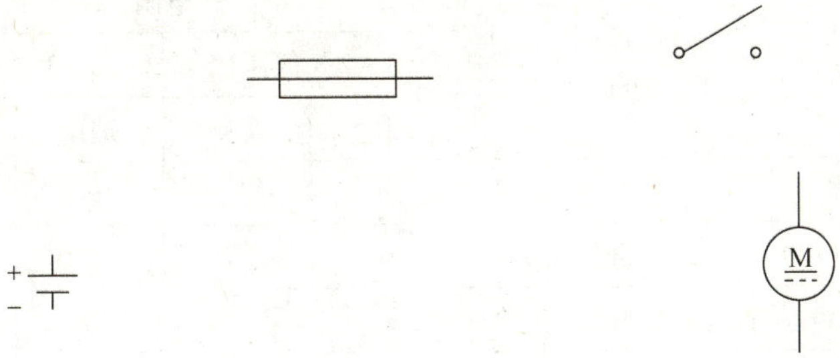

11. 右图为____________实物图，其作用是____________。

工作原理是：____________________。

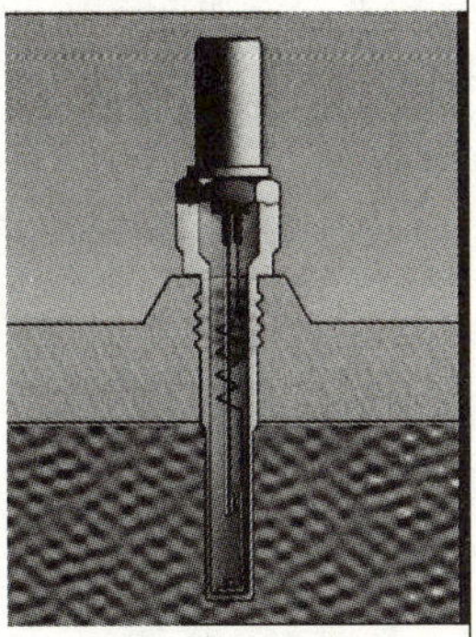

12. 画出温控开关电路图形符号。

13. 将电路图补充完整（注意电路相交点的画法）。

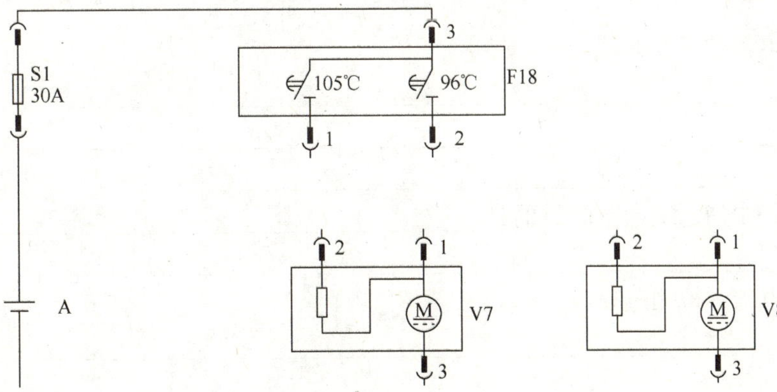

2 信息收集

2.2 温控开关的检测

成绩：

14. 检测温控开关需要的工具＿＿＿＿＿＿＿＿＿＿＿＿＿＿＿＿＿＿，在下表中记录检测结果。

序号	温度	低速触点	高速触点	电阻				判断
				3～2（低速）		3～1（高速）		
				理论	实测	理论	实测	
1	常温	打开	打开	∞		∞		
2	加热至93～98℃	闭合	打开	0		∞		
3	加热至105℃左右	打开	闭合	∞		0		
4	加热至93～98℃	闭合	打开	0		∞		
5	降至88～93℃	打开	打开	∞		∞		

15. 将加了继电器的电子扇电路图补充完整。

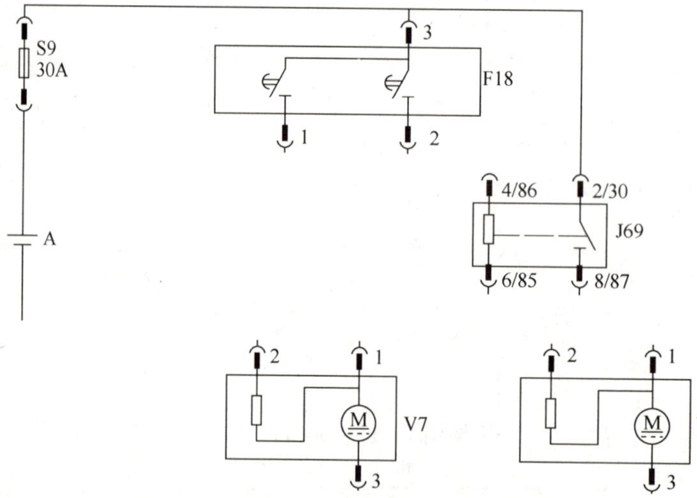

请写出继电器的工作原理。

＿＿＿＿＿＿＿＿＿＿＿＿＿＿＿＿＿＿＿＿＿＿＿＿＿＿＿＿＿＿

＿＿＿＿＿＿＿＿＿＿＿＿＿＿＿＿＿＿＿＿＿＿＿＿＿＿＿＿＿＿

＿＿＿＿＿＿＿＿＿＿＿＿＿＿＿＿＿＿＿＿

电子扇电路中加入继电器的目的是＿＿＿＿＿＿＿＿＿＿＿＿＿＿＿＿＿＿＿＿

＿＿＿＿＿＿＿＿＿＿＿＿＿＿＿＿＿＿＿＿＿＿＿＿＿＿＿＿。

请记录继电器的检测过程。

＿＿＿＿＿＿＿＿＿＿＿＿＿＿＿＿＿＿＿＿＿＿＿＿＿＿＿＿＿＿

＿＿＿＿＿＿＿＿＿＿＿＿＿＿＿＿＿＿＿＿

2　信息收集 **2.3　电子扇电路识读**	**成绩：**

16. 下图为捷达轿车电子扇相关线路图，图中 S19 位于中央接线盒熔断器的第__________号位置，允许通过的最大电流是__________安培（A）；F18 表示____________________，其作用是______________________________________。

（1）请用彩笔在图中标出电子扇电路。

（2）绘制电子扇局部电路图。

（3）对电子扇失灵的故障原因进行分析，并将可能的故障点标在绘制的电子扇局部电路图中。

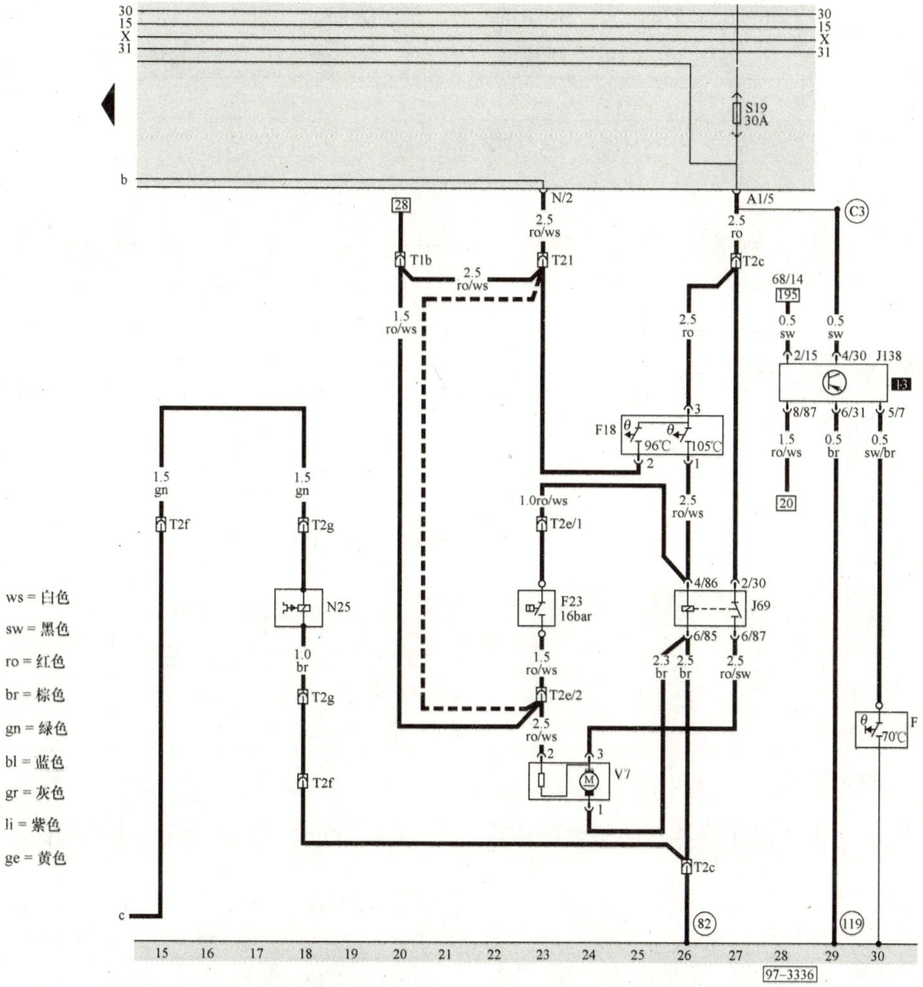

F18 — 散热器风扇热敏开关
F23 — 空调管路上的高压开关
J69 — 起动继电器
J138 — 散热器风扇控制单元
N25 — 空调电磁离合器
N1b — 单孔插接件
T2c — 2孔插接件、发动机舱前
T2e — 2孔插接件、发动机舱前
T2f — 2孔插接件、发动机舱前
T2g — 2孔插接件、发动机舱前
T2l — 2孔插接件、发动机舱前
V7 — 散热器风扇
F87 — 风扇起动温度开关
(82) — 接地端、左前线束内

3 制订计划 成绩：

17. 分组制订电子扇失灵故障诊断与排除工作计划。

<table>
<tr><td>故障现象描述</td><td colspan="4"></td></tr>
<tr><td>可能故障原因分析</td><td colspan="4"></td></tr>
<tr><td colspan="5">参考实习车电路图，根据故障现象画出局部电路图。</td></tr>
<tr><td>小组成员及分工</td><td colspan="4">组长：　记录员：　安全员：　展示员：
卫生员：　质检员　联络员：　其他：</td></tr>
<tr><td>安全防护的内容</td><td colspan="4"></td></tr>
<tr><td colspan="5">检测维修工具</td></tr>
<tr><td>序号</td><td>工具名称</td><td colspan="2">数量</td><td>检查工具是否完好</td></tr>
<tr><td></td><td></td><td colspan="2"></td><td></td></tr>
<tr><td></td><td></td><td colspan="2"></td><td></td></tr>
<tr><td colspan="5">检测流程</td></tr>
<tr><td>准备工作</td><td colspan="4"></td></tr>
<tr><td>检查或检测内容</td><td>注意事项</td><td>理论值</td><td>实测值</td><td>检测结果分析</td></tr>
<tr><td>1</td><td></td><td></td><td></td><td></td></tr>
<tr><td>2</td><td></td><td></td><td></td><td></td></tr>
<tr><td>3</td><td></td><td></td><td></td><td></td></tr>
<tr><td>4</td><td></td><td></td><td></td><td></td></tr>
<tr><td>计划审核（教师）</td><td colspan="4">年　月　日　签字：</td></tr>
<tr><td>检测中出现的问题</td><td></td><td>经验总结及改进措施</td><td colspan="2"></td></tr>
<tr><td>结论和维修建议</td><td colspan="4"></td></tr>
</table>

18. 展示工作计划并对各组展示情况作出评价，然后修改完善本组的工作计划。

评价表

序号	评价要素	分值	实得分				
			1组	2组	3组	4组	5组
1	人员分工作情况	10					
2	局部电路图的质量	10					
3	检测流程的合理性	10					
4	展示过程是否流畅	10					

4　实施　　　　成绩：

19. 参考维修手册在实习车上找到电子扇电路控制系统的主要部件，并对其安装位置进行准确的描述。

序号	部件名称	安装位置描述

20. 按照本组制订的工作计划进行故障检测与排除，将检测过程及结果记录到工作计划的表格中。

21. 根据检测结果分析故障原因。

____

____

____

____

5　质量检查　　　　成绩：

22. 小组实习结束后，请将本小组的实习情况填写在下表。

序号	姓名	组内职责	完成情况评价
1			
2			
3			
4			
5			
6			

6 评价与反馈

成绩：

23. 对本单元的学习过程进行总结。

序号	要　　素	简 单 描 述
1	本单元名称	
2	本单元中的知识点	
3	实习体会及收获	
4	对在本单元学习中帮助过你的同学说一句感谢的话	
5	在本单元学习中你给哪些同学提供了哪一方面的帮助	

24. 查询工厂管理信息系统，进行备件和人员工资测算后，将其记录在《××汽车维修服务有限公司任务委托书》的相关位置。

附录　桑塔纳 2000GSi 电路图（部分）

交流发电机、蓄电池、起动机、点火开关

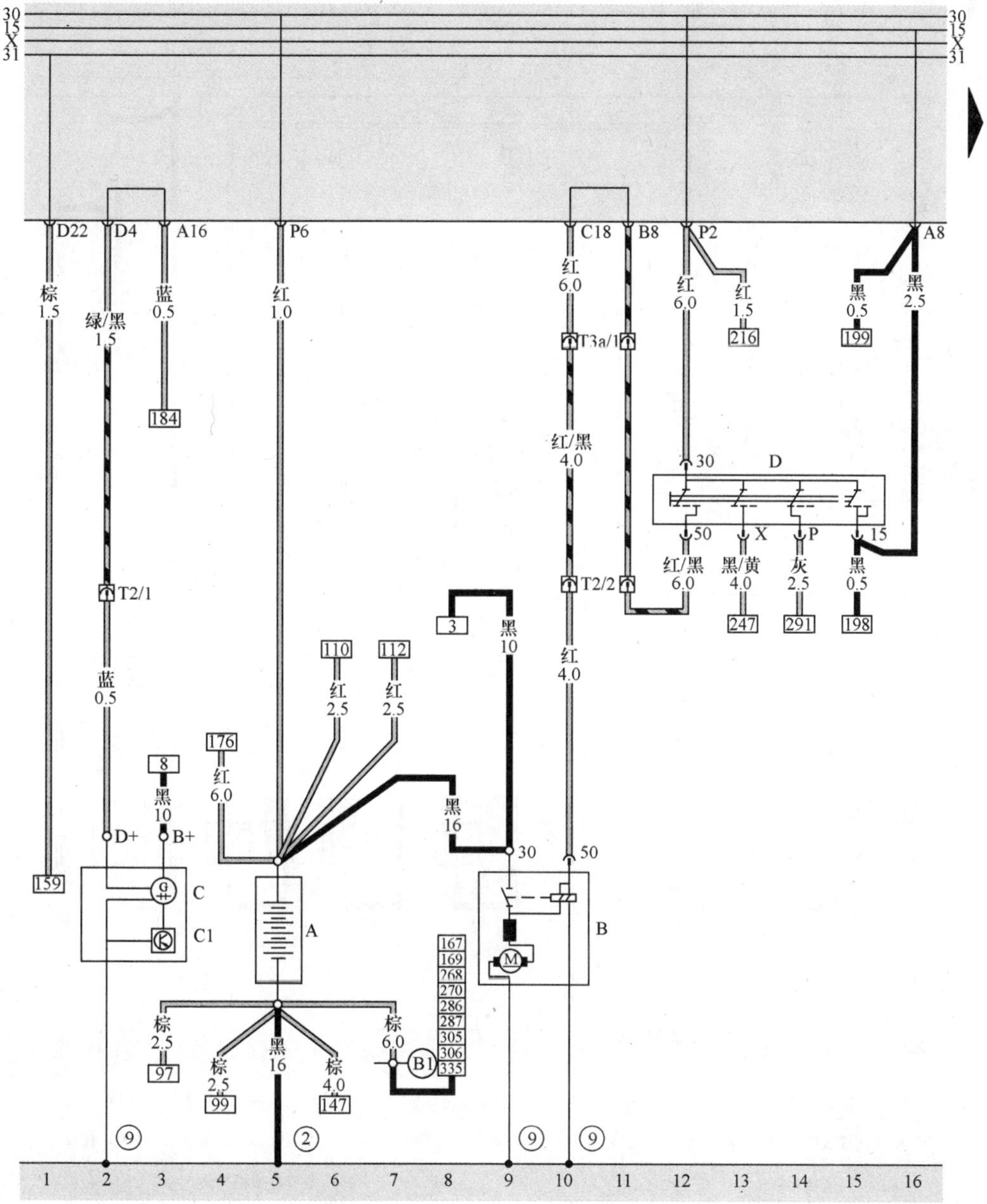

A—蓄电池
B—起动机
C—交流发电机
C1—调压器
D—点火开关
T2—发动机线束与发电机线束插头连接，2针，在发动机舱中间支架上

T3a—发动机线束与前照灯线束插头连接，3针，在中央接线盒后面
②—接地点，在蓄电池支架上
⑨—自身接地
(B1)—接地连接线，在前照灯线束内

组合仪表、收放机、自动天线

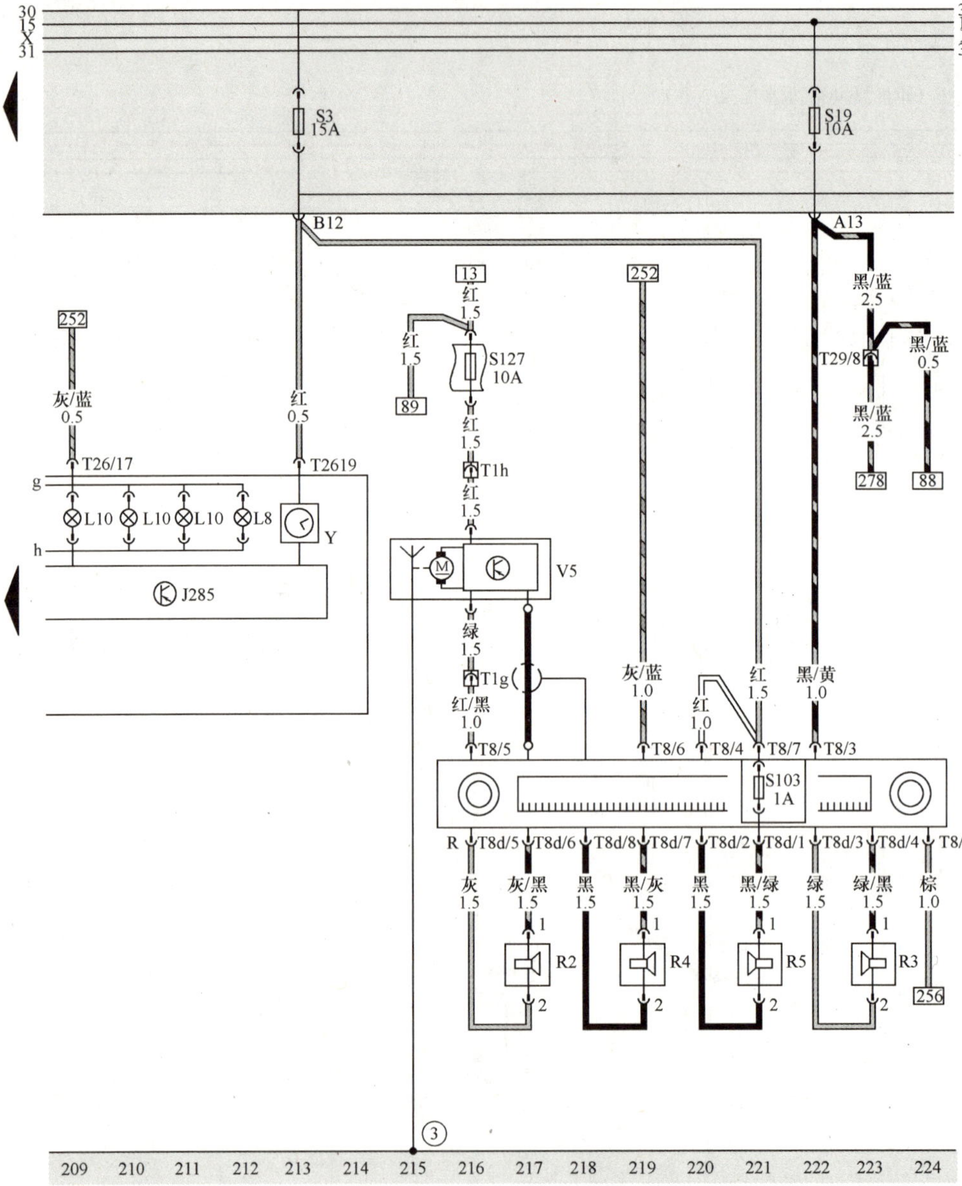

J285—组合仪表控制器
L8—数字钟照明灯
L10—仪表照明灯
R—收放机
R2—左前扬声器
R3—右前扬声器
R4—左后扬声器
R5—右后扬声器
S3—点烟器、集控门锁、数字钟、内顶灯、后阅读灯、行李箱灯、遮阳板灯熔断器，15A
S19—收放机、转向灯、防盗器控制单元熔断器，10A
S103—收放机熔断器 (停车时)，10A
S127—自动天线熔断器，10A
T1g—仪表板线束与自动天线插头连接,1针，在收放机后面
T1h—仪表板线束与自动天线插头连接，1针，在收放机后面
T8—仪表板线束与收放机插头连接，8针，在收放机后面
T8d—扬声器线束与收放机插头连接，8针，在收放机后面
T26—仪表板线束与组合仪表插头连接，26针，在组合仪表上方
T29—仪表板线束与仪表板开关线束插头连接，29针，在组合仪表下方
V5—自动天线
Y—数字钟
③—接地点，在自动天线附近车身上

内顶灯、遮阳板灯、后阅读灯、行李箱照明灯

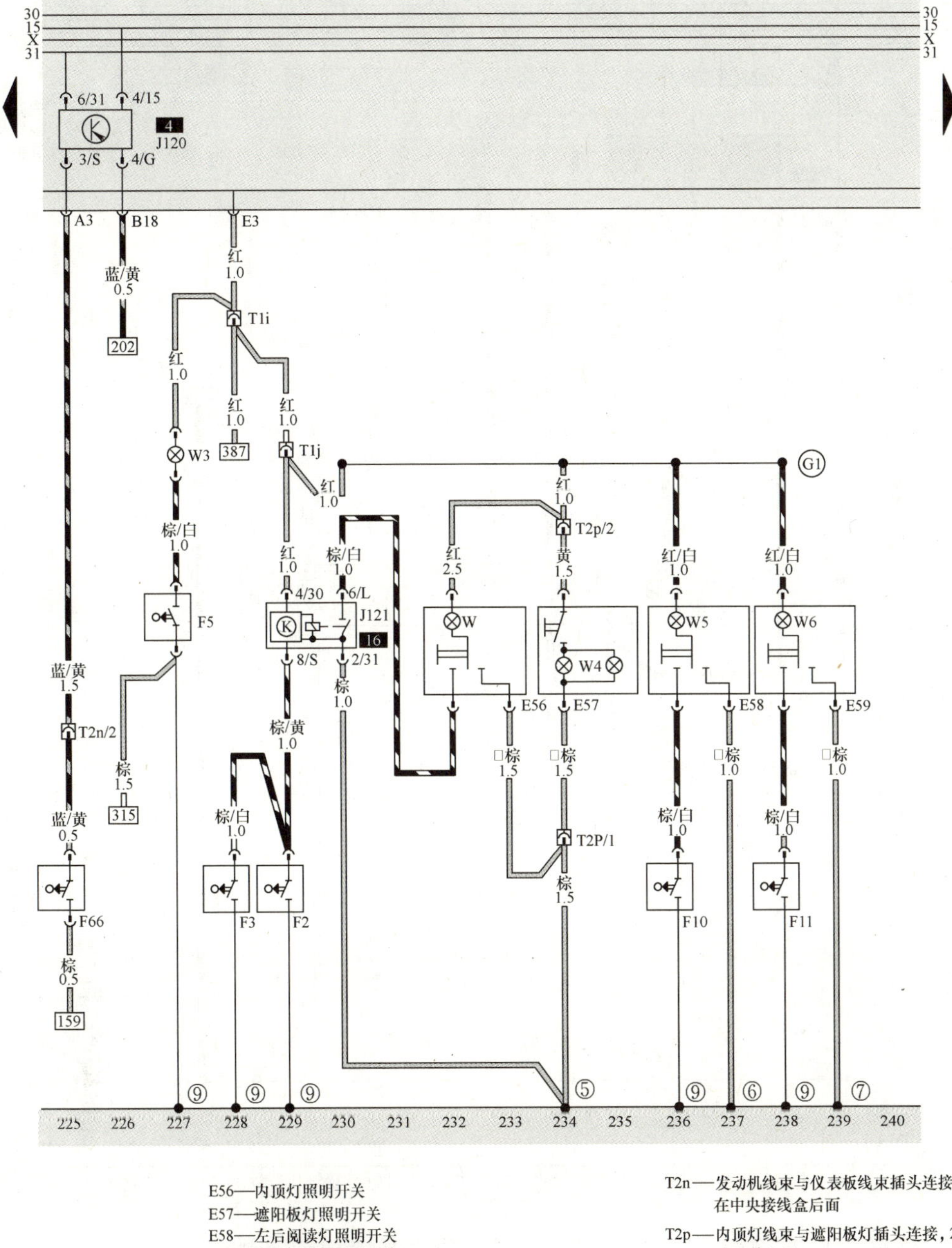

E56—内顶灯照明开关
E57—遮阳板灯照明开关
E58—左后阅读灯照明开关
E59—右后阅读灯照明开关
F2—左前门上内顶灯接触开关
F3—右前门上内顶灯接触开关
F5—行李箱照明灯接触开关
F10—左后阅读灯接触开关
F11—右后阅读灯接触开关
F66—冷却液不足警告灯开关
J120—冷却液液位控制器
J121—内顶灯延时继电器
T1i—集控门锁线束与尾部线束插头连接，1针，在中央接线盒后面
T1j—集控门锁线束与内顶灯线束插头连接，1针，在中央接线盒后面
T2n—发动机线束与仪表板线束插头连接，2针，在中央接线盒后面
T2p—内顶灯线束与遮阳板灯插头连接，2针，在车顶前右侧
W—内顶灯
W3—行李箱照明灯
W4—遮阳板灯
W5—左后阅读灯
W6—右后阅读灯
⑤—接地点，在中央接线盒左侧星形接地爪上
⑥—接地点，在左后阅读灯前方车顶上
⑦—接地点，在右后阅读灯前方车顶上
⑨—自身接地
(G1)—正极连接线，在内顶灯线束内

灯光开关、点烟器

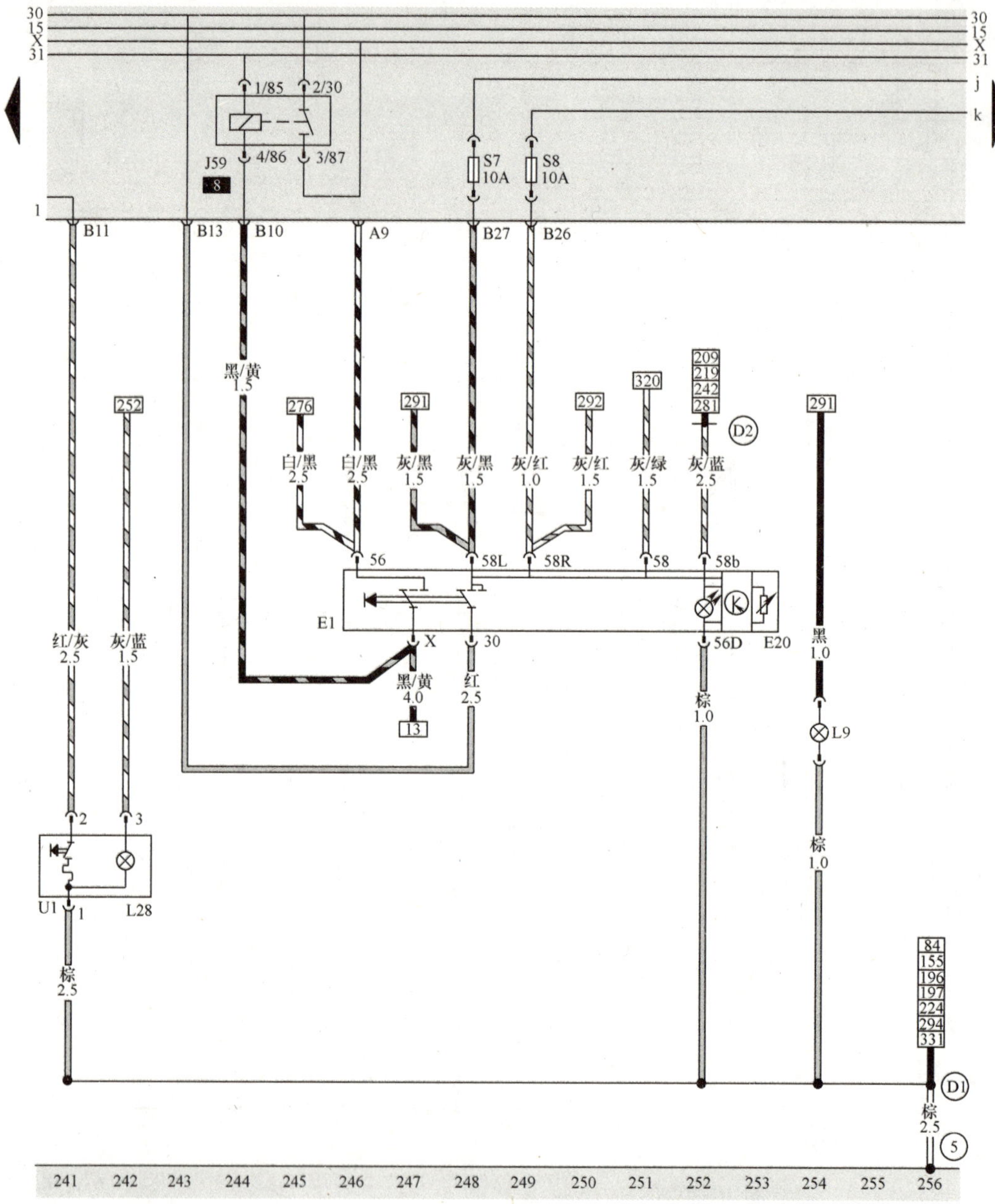

E1—灯光开关
E20—仪表板照明调节器
J59—X-接触继电器
L9—灯光开关照明灯
L28—点烟器照明灯
S7—左尾灯、左前停车灯熔断器，10A
S8—右尾灯、右前停车灯、发动机舱照明灯熔断器，10A
U1—点烟器
⑤—接地点，在中央接线盒左侧星形接地爪上
(D1)—接地连接线，在仪表板线束内
(D2)—连接线，在仪表板线束内

前照灯、停车灯、后转向灯、尾灯、制动灯、发动机舱照明灯

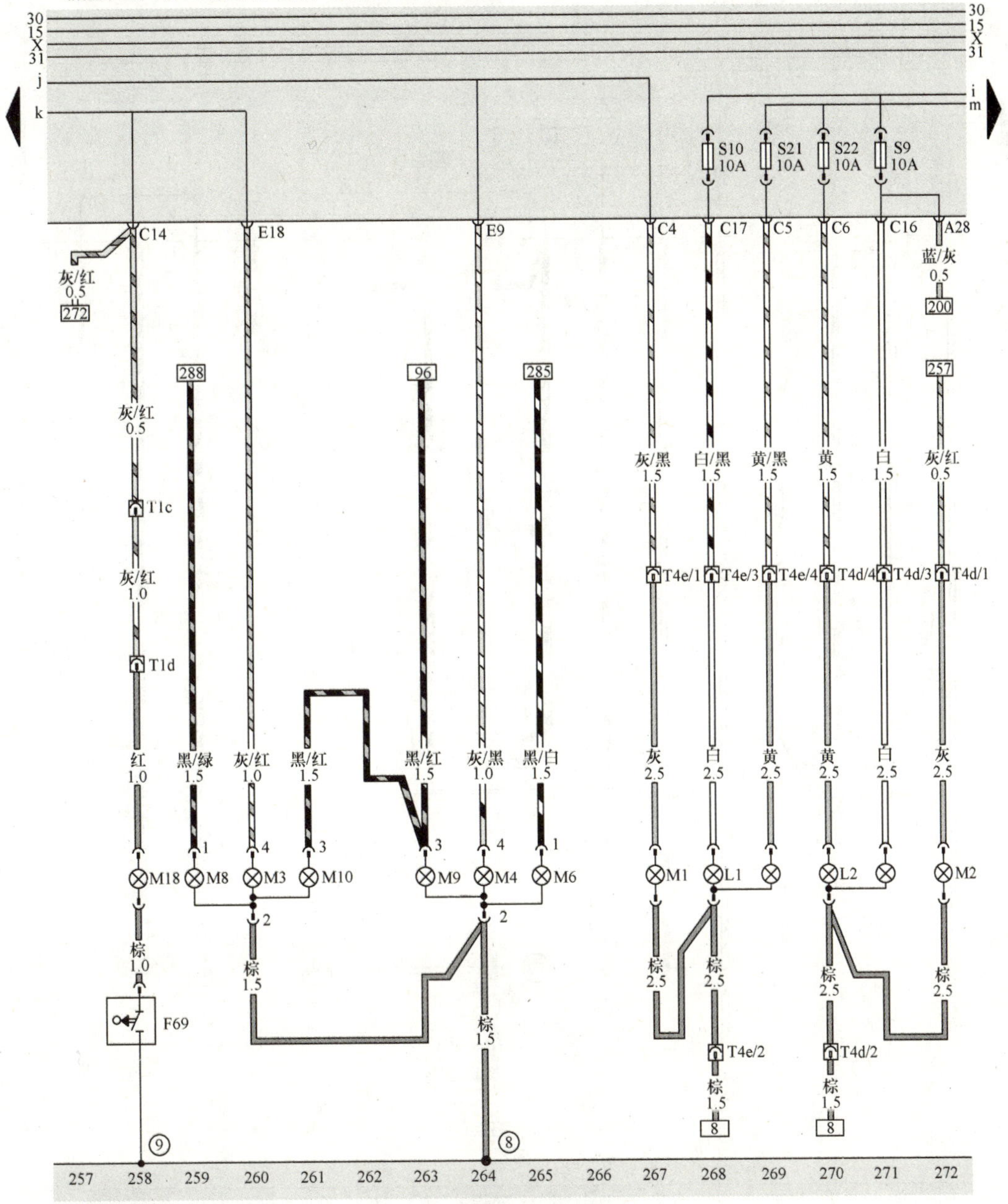

F69—发动机舱照明灯接触开关
L1—左前照灯
L2—右前照灯
M1—左停车灯
M2—右停车灯
M3—右尾灯
M4—左尾灯
M6—左后转向灯
M8—右后转向灯
M9—左制动灯
M10—右制动灯
M18—发动机舱照明灯
S9—右前照灯(远光)熔断器，10A
S10—左前照灯(远光)熔断器，10A
S21—左前照灯(近光)熔断器，10A
S22—右前照灯(近光)熔断器，10A
T1c—前照灯线束与发动机线束插头连接，1针，在中央接线盒后面
T1d—发动机线束与发动机舱照明灯电线插头连接，1针，在刮水器电动机前
T4d—前照灯线束与右前照灯插头连接，4针，在右前照灯上
T4e—前照灯线束与左前照灯插头连接，4针，在左前照灯上
⑧—接地点，在左组合后灯左侧车身上
⑨—自身接地

变光开关、报警灯开关、前转向灯

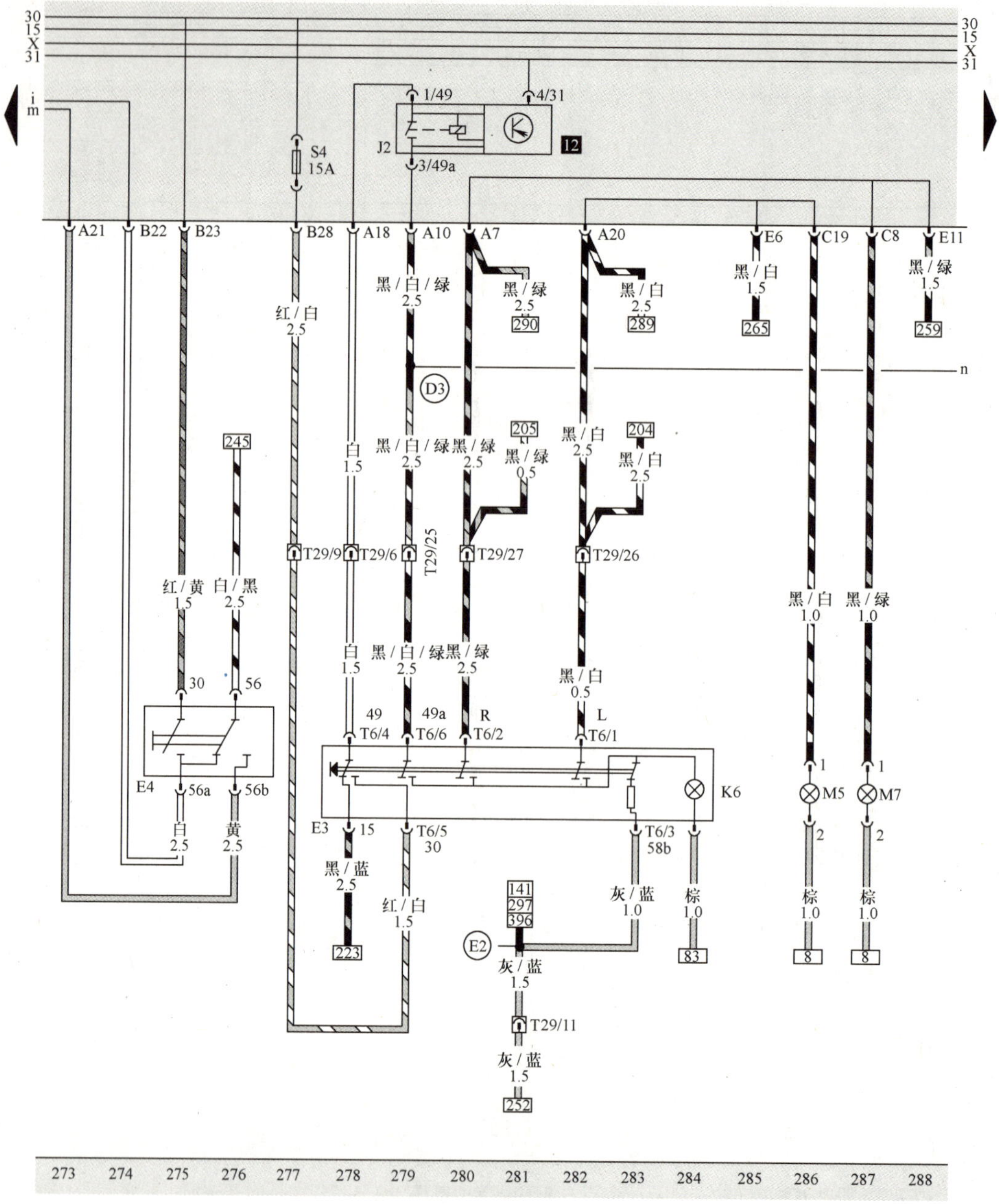

E3 — 报警灯开关
E4 — 变光开关
J2 — 转向灯继电器
K6 — 报警闪光指示灯
M5 — 左前转向灯
M7 — 右前转向灯
S4 — 报警灯熔断器，15A
T6 — 仪表板开关线束与报警灯开关插头连接，6针，在报警灯开关上
T29 — 仪表板线束与仪表板开关线束插头连接，29针，在组合仪表下方
(D3) — 正极连接线，在仪表板线束内
(E2) — 连接线，在仪表板开关线束内

转向灯开关、停车灯开关、雾灯开关、双音喇叭

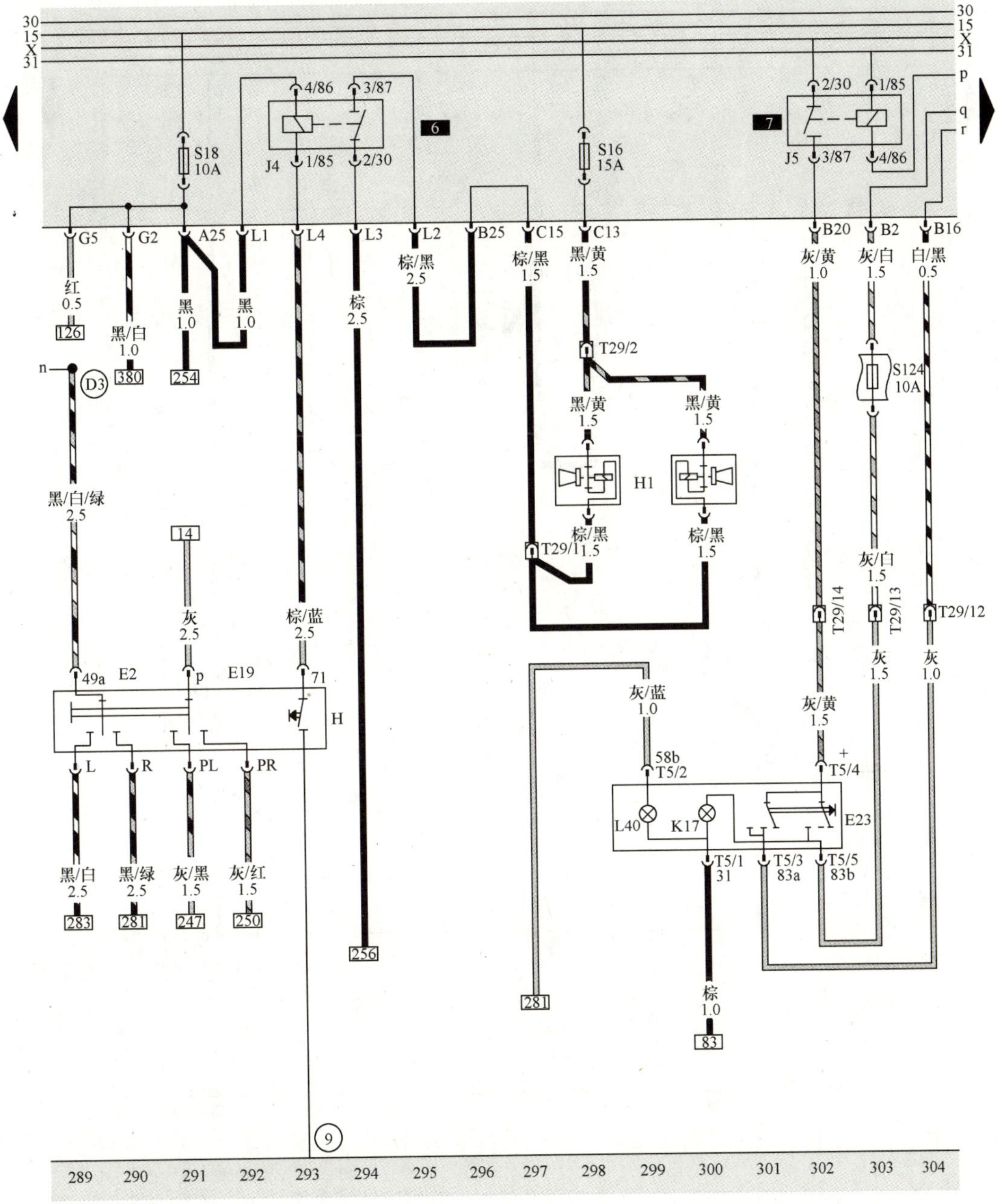

E2 — 转向灯开关
E19 — 停车灯开关
E23 — 雾灯开关
H — 双音喇叭开关
H1 — 双音喇叭
J4 — 喇叭继电器
J5 — 雾灯继电器
K17 — 雾灯指示灯
L40 — 雾灯开关照明灯
S16 — 喇叭熔断器，15A
S18 — 喇叭继电器、灯光开关、ABS 警告灯熔断器，10A
S124 — 后雾灯熔断器，10A
T2q — 前照灯线束与喇叭线束插头连接，2 针，在喇叭上方
T5 — 仪表板开关线束与雾灯开关插头连接，5 针，在雾灯开关上
T29 — 仪表板线束与仪表板开关线束插头连接，29 针，在组合仪表下方
⑨ — 自身接地
(D3) — 正极连接线，在仪表板线束内

雾灯、倒车灯、牌照灯、杂物箱照明灯、车速传感器

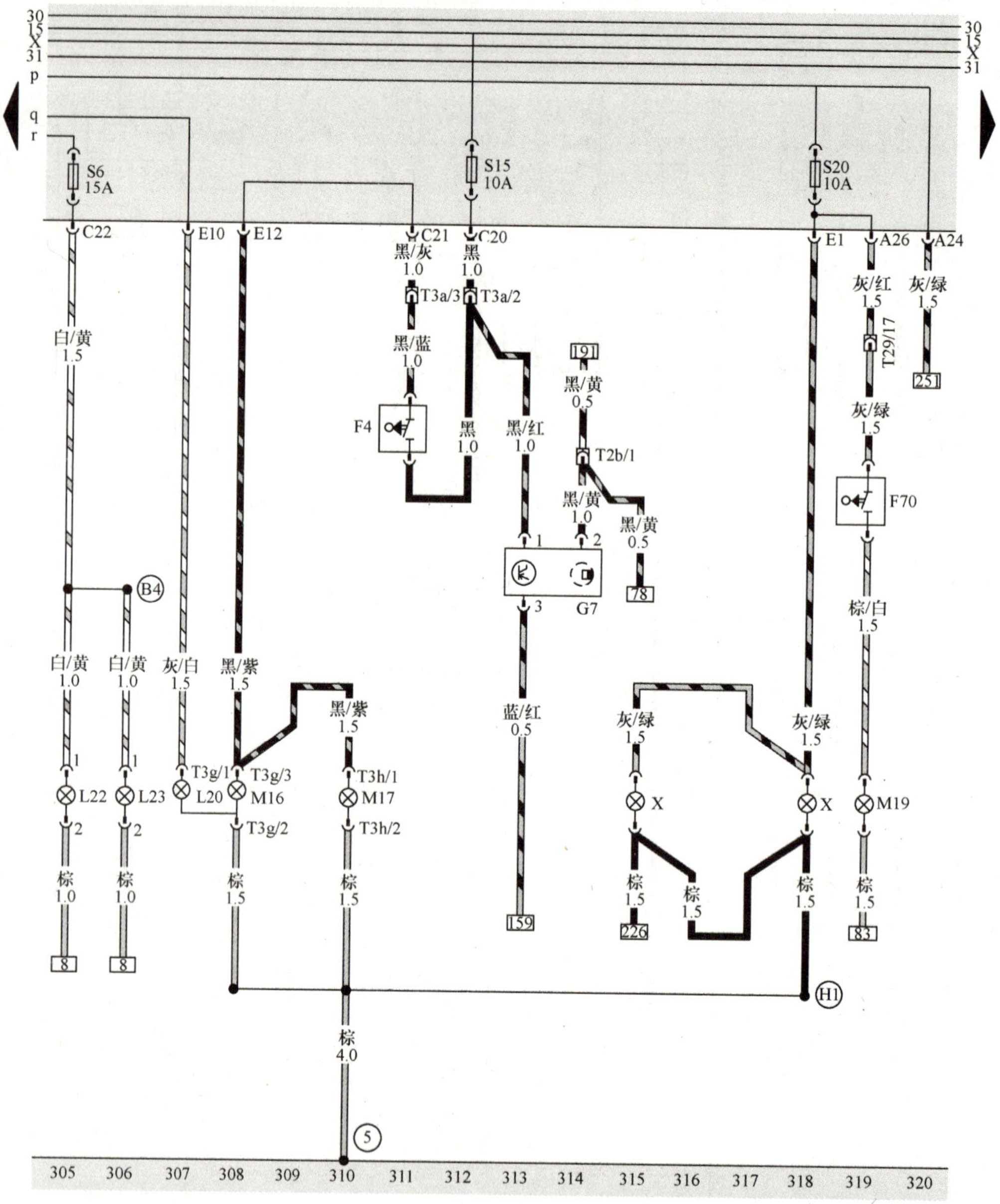

F4 — 倒车灯开关
F70 — 杂物箱照明灯接触开关
G7 — 车速传感器
L20 — 后雾灯
L22 — 左前雾灯
L23 — 右前雾灯
M16 — 左倒车灯
M17 — 右倒车灯
M19 — 杂物箱照明灯
S6 — 前雾灯熔断器，15A
S15 — 倒车灯、车速传感器熔断器，10A
S20 — 牌照灯、杂物箱照明灯熔断器，10A
T2b — 发动机线束与仪表板线束插头连接，2针，在中央接线盒后面
T3a — 发动机线束与前照灯线束插头连接，3针，在中央接线盒后面
T3g — 尾部线束与左倒车灯插头连接，3针，在左倒车灯上
T3h — 尾部线束与右倒车灯插头连接，3针，在左倒车灯上
T29 — 仪表板线束与仪表板开关线束插头连接，29针，在组合仪表下方
X — 牌照灯
⑤ — 接地点，在中央接线盒左侧星形接地爪上
B4 — 正极连接线，在前照灯线束内
H1 — 接地连接线，在尾部线束内

参考文献

[1] 纪光兰．汽车电器设备构造与维修［M］．北京：机械工业出版社，2009.

[2] 喻勇．汽车电气设备构造与检修［M］．广州：华南理工大学出版社，2010.

[3] 杨维俊，胡博浩．怎样维修汽车电器设备［M］．北京：机械工业出版社，2008.

[4] 丰田汽车公司．汽车维修教程第二级（下）汽车电气设备维修［M］．北京：高等教育出版社，2006.

[5] 高志胜，徐胜云．天津威驰轿车维修手册［M］．北京：人民交通出版社，2003.

[6] 李桐．新编桑塔纳系列轿车结构与使用维修［M］．北京：金盾出版社，2003.

职业教育汽车运用与维修专业工作过程系统化课程系列教材

汽车电子和电气系统的检测与维修必备知识

组　编　北京市昌平职业学校
主　编　宿军迪
副主编　王　亮
参　编　付立军　孙凤霞　王立君

机 械 工 业 出 版 社

目 录

学习单元一

照明设备的检测与维修

1　接受客户委托

1.1　与客户的沟通

企业的成功取决于客户的满意度，而赢得新客户的成本是维护老客户成本的6倍，所以，如何在留住老客户的同时又发展新客户，积极地与客户沟通非常重要。成功的合作与沟通首先要有积极的个人态度。积极的个人态度作为建立良好的客户关系的前提，可以通过形象、身体语言和声调等体现。在与客户交流时身体语言是重要的组成部分，在谈话过程中有许多身体信号，这些信号便是身体语言，其能够对对方产生正面或负面的影响。脸部表情、手势以及眼神交流是可以清楚地给客户传达信息的三种身体语言元素；另外，还有谈话人之间的距离以及身体姿势在身体语言里也具有重要意义。客户进行业务咨询时要积极倾听且不打断他们的谈话，在了解客户的情绪与需求后，再向客户提供符合其需求的建议。

1.2　接车谈话

通过接车谈话我们要了解客户以及车辆信息，确定维修工作任务。我们可以按照如下方式与客户进行沟通。

1）向客户致以友好的问候，认真、积极、耐心地倾听客户意见，询问客户要求。

2）询问客户姓名、车牌号和行驶里程数。

3）请客户出示机动车行驶证。

4）检查车辆识别号，确认车辆。

5）确认车辆故障现象。询问客户是否还有其他要求，与客户一起确定维修保养工作范围。

6）确定交车日期。

7）填写接车单，让客户确认委托内容并签字，提醒客户将车内贵重物品带走。

8）询问客户的电话号码，以便进行回访。

1.3 汽车年检的相关内容

汽车年检主要检查车辆制动性能、发动机动力、灯光、喇叭、刮水器。其中关于灯光的检查在GB 7258—2004/XG 3—2008《机动车运行安全技术条件》国家标准第3号修改单中要求：机动车的灯具应安装牢靠、完好有效，不允许因机动车振动而松脱、损坏、失去作用或改变光照方向；所有灯具的开关应安装牢固、开关自如，不允许因机动车振动而自行开关，开关的位置应便于驾驶员操纵；除转向信号灯、危险警告信号及消防车、救护车、工程救险车和警车安装使用的标准灯具外，其他外部灯具不允许闪烁；机动车（手扶拖拉机运输机组除外）的前位灯、后位灯、示廓灯（若安装）、侧标志灯（若安装）、挂车标志灯（若安装）、牌照灯和仪表灯应能同时启闭，当前照灯关闭和发动机熄火时仍应能点亮；汽车和挂车的电路连接应保证前位灯、后位灯、示廓灯（若安装）、侧标志灯（若安装）和牌照灯只能同时打开或关闭，但当前位灯、反位灯、侧标志灯作为驻车灯使用（复合或混合）时，则上述情况不适用。

机动车的前后转向信号灯、危险警告信号及制动灯白天在距其100m处应能观察到其工作状况，侧转向信号灯白天在距30m处应能观察到其工作状况，前后位灯、示廓灯、挂车标志灯夜间好天气时在距其300m处应能观察到其工作状况，后牌照灯夜间好天气时在距其20m处应能看清牌照号码。制动灯的发光强度应明显大于后位灯。仪表板上应设置仪表灯，仪表灯点亮时，应能照清仪表板上所有的仪表且不会导致眩目。

汽车（三轮汽车除外）和轮式拖拉机运输机组均应具有危险警告信号装置，其操纵装置不应受灯光总开关的控制。对于牵引挂车的汽车，危险警告信号控制开关也应能打开挂车上的所有转向信号灯，即使在发动机不工作的情况下，仍应能发出危险警告信号。危险警告信号和转向信号灯的闪光频率应为1.5Hz±0.5Hz，起动时间不应大于1.5s。

在正常使用条件下，机动车前照灯光束照射位置应保持稳定。所有前照灯的近光都不允许引起眩目。机动车每只前照灯的远光光束发光强度应达到表1-1的要求。测试时，其电源系统应处于充电状态。

表1-1 前照灯远光光束发光强度最小值要求 （单位：cd/m^2）

机动车类型		检查项目					
		新注册车			在用车		
		一灯制	两灯制	四灯制①	一灯制	两灯制	四灯制①
三轮汽车		8 000	6 000	—	6 000	5 000	—
最高设计车速小于70km/h的汽车		—	10 000	8 000	—	8 000	6 000
其他汽车		—	18 000	15 000	—	15 000	12 000
摩托车		10 000	8 000	—	8 000	6 000	—
轻便摩托车		4 000	—	—	3 000	—	—
拖拉机运输机组	标定功率>18kW	—	8 000	—	—	6 000	—
	标定功率≤18kW	6 000②	6 000	—	5 000②	5 000	—

① 四灯制是指前照灯具有四个远光光束。采用四灯制的机动车其中两只对称的灯达到两灯制的要求时视为合格。

② 允许手扶拖拉机运输机组只装用一只前照灯。

在检验前照灯近光光束照射位置时，前照灯在距离 10m 的屏幕上进行照射，乘用车前照灯近光光束明暗截止线转角或中点的高度应为 0.7～0.9H（H 为前照灯基准中心高度），其他机动车（拖拉机运输机组除外）应为 0.6～0.8H。机动车（装用一只前照灯的机动车除外）前照灯近光光束水平方向位置向左偏移量不允许超过 170mm，向右偏移量不允许超过 350mm。

在检验前照灯远光光束及远光单光束灯照射位置时，前照灯在距离 10m 的屏幕上进行照射，要求在屏幕光束中心离地高度，乘用车为 0.9～1.0H，其他机动车为 0.8～0.95H；机动车（装用一只前照灯的机动车除外）前照灯远光光束水平位置要求，左灯向左偏移量不允许超过 170mm，向右偏移量不允许超过 350mm；右灯向左或向右偏移量均不允许超过 350mm。机动车安全技术检验时宜采用前照灯检测仪检验前照灯光束照射位置。

2　电路基础知识

2.1　电流

导体中电荷的定向移动形成了电流，电流的表示符号为“I”，单位为“A（安培）”，电流可以通过电流表来测量。电路中有电流通过时，电路中的各种用电设备才能正常工作。当电流通过时，电路中的各种用电设备，包括电源和导线都会产生一些与不通电时不一样的现象，这些现象被称为电流的效应。

1. 电流的效应

电流有三种效应：热效应、磁效应和化学效应，如图 1-1～图 1-3 所示。

图 1-1　电流的热效应

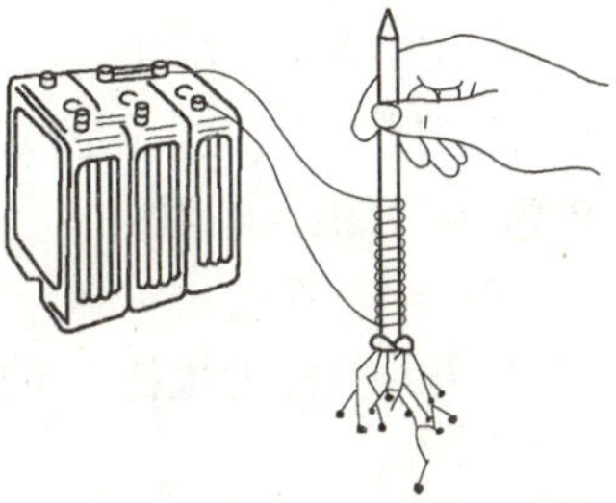

图 1-2　电流的磁效应

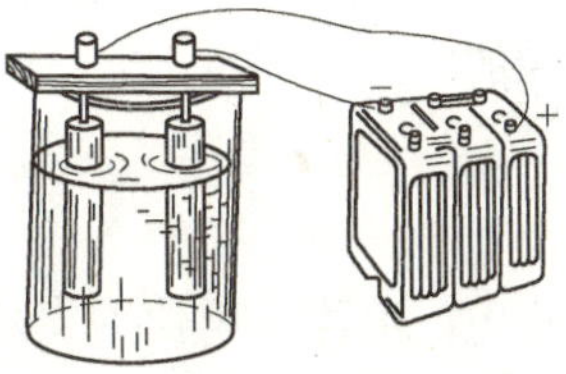

图 1-3　电流的化学效应

热效应：当电流经过灯泡时，灯丝就会发热并发光，这就是电流的热效应。

磁效应：通电导线周围会产生磁场，这种现象称为电流的磁效应。

化学效应：在稀硫酸等酸性溶液中，置入两块极板并通电，极板表面有气泡产生，表明液体中有电流通过，这就是电流的化学效应。

2. 电流的分类

根据电流的大小和方向的变化方式的不同，可以将电流分成交流电流、直流电流和脉冲电流。

交流电流：大小和方向都随时间的变化而变化的电流。

直流电流：大小和方向都不发生变化的电流。

脉冲电流：大小随时间变化，方向不变的电流。

2.2 电压

在电路中，任意两点间的电位差称为电压，也就是电场力将单位正电荷从一点移到另一点的能力。如果没有电压，导体中就不会有电流流过。电压的表示符号为“U”，单位为“V（伏特）”，电压可以通过电压表进行测量。

与电流的分类方法相同，根据电压的大小和方向的变化方式的不同，可以将电压分成交流电压、直流电压和脉冲电压。

2.3 电阻

电子在导体中流动时遇到的阻力称为电阻。电阻用符号“R”表示，单位为“Ω（欧姆）”。任何物质都有电阻，根据物质电阻的大小，可以将物体分为导体、半导体和绝缘体三种。通常用电阻率来表示各种物质的电阻特性。规定某种材料制成的长1m、横截面积是$1mm^2$的在常温下（20℃）导线的电阻，叫做这种材料的电阻率。电阻率的单位是Ω·m（欧姆·米）。

导体：容易导电的物体叫做导体，其电阻率一般为$10^{-6}\sim10^{-3}$Ω·m，如铜、铝等。

半导体：导电能力介于导体与绝缘体之间的物体叫做半导体，其电阻率一般为$10^{-3}\sim10^{8}$Ω·m，如硅、锗等。

绝缘体：不容易导电的物体叫做绝缘体，其电阻率一般为$10^{8}\sim10^{20}$Ω·m，如胶木、云母等。

2.4 欧姆定律

1827年德国物理学家欧姆经过实验得出结论：在纯电阻电路中，导体中的电流I与导体两端的电压U成正比，与导体的电阻R成反比，这就是欧姆定律，用公式表示为：

电流 = 电压/电阻；

即：

$$I = U/R;$$

式中，电流的单位为安培（A），电压的单位为伏特（V），电阻的单位为欧姆（Ω）。

2.5 电路的组成

电路至少应包括三要素：电源、导线、负载（用电设备），如图1-4所示。用导线将

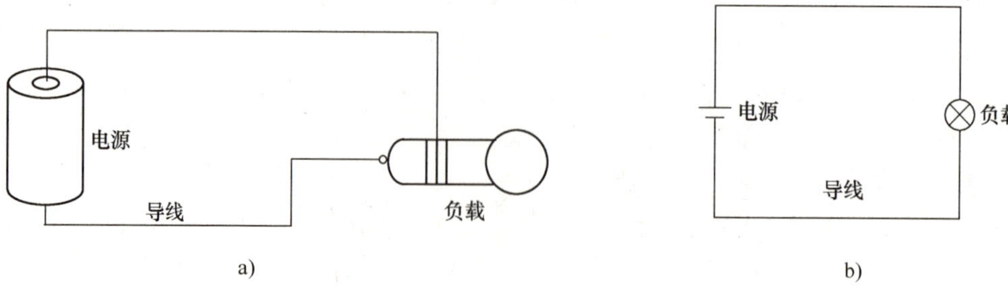

图1-4 电路的三要素

a）实物图 b）电路图

电源正极、负极和灯泡连接起来所形成回路称为电路。

电路通常以两种方式存在，一种为开路或断路，如图 1-5 所示；另一种为通路，如图 1-4 所示。

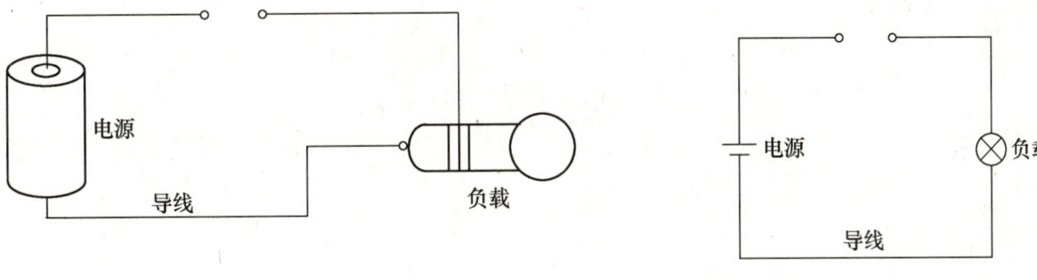

a)　　　　b)

图 1-5　开路电路

a）实物图　b）电路图

为了实现对电路的通、断控制，在电路中还应该具有一个电路开关。所以，一个完整的电路应该包括：电源、导线、负载（用电设备）、电路开关，如图 1-6 所示。

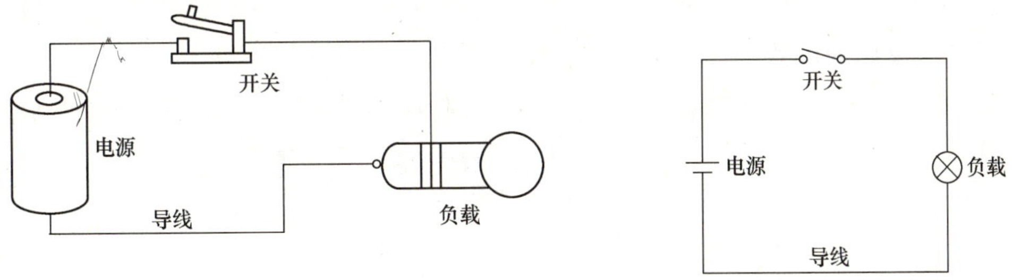

a)　　　　b)

图 1-6　电路的组成

a）实物图　b）电路图

2.6　电路的基本连接方法

2.6.1　电阻的串联

串联的作用是分压。当某元件的允许工作电压小于总电压时，需要串联其他的元件。例如额定电压为 2.4V 的发光二极管就需要一个串联电阻，使其在 12V 的车用电网中也能使用。

在如图 1-7 串联电路中有以下规律：

1）通过所有电阻的电流相同。

$I = I_1 = I_2 = I_3 = \cdots$

2）总电压是所有分电压之和。

$U = U_1 + U_2 + U_3 + \cdots$

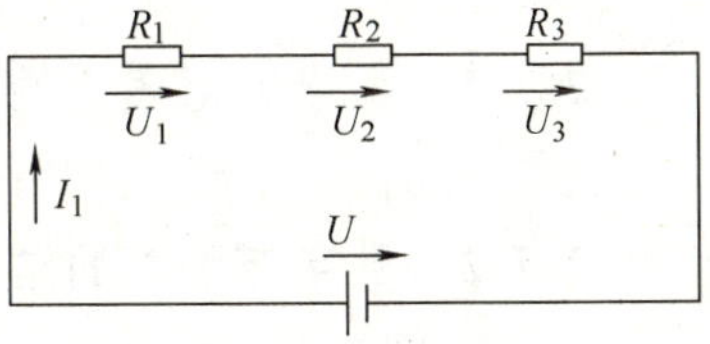

图 1-7　串联电路

3）分电压间的比值与分电阻间的比值相同（分压作用）。

$U_1 : U_2 : U_3 = R_1 : R_2 : R_3$

4）总电阻是所有分电阻之和。

$R = R_1 + R_2 + R_3 + \cdots$

2.6.2 电阻的并联

并联的作用是分流，使所有的用电器都处于相同的电压中。从电源流出的总电流 I 根据各电阻的大小分流，即小电阻经过的电流较大，大电阻经过的电流较小。

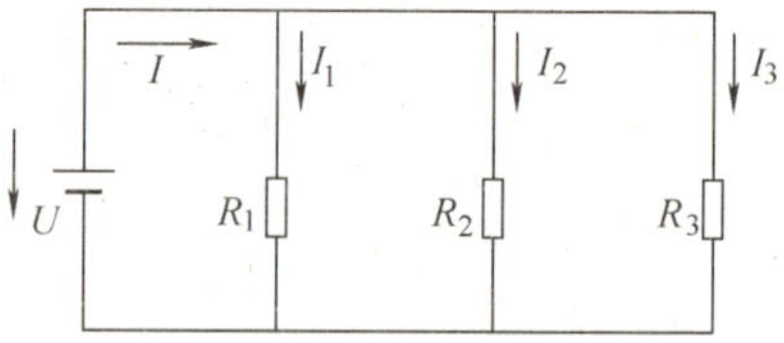

图 1-8　并联电路

在汽车中用电器普遍以并联方式连接在电源两端，例如照明设备的灯泡。

在如图 1-8 并联电路中有以下规律。

1）所有电阻处于相同的电压下。

$U = U_1 = U_2 = U_3 = \cdots$

2）总电流是所有分电流之和（分流作用）。

$I = I_1 + I_2 + I_3 + \cdots$

3）总电阻的倒数是所有分电阻倒数之和，总电阻总是比最小的分电阻还要小。

$$\frac{1}{R} = \frac{1}{R_1} + \frac{1}{R_2} + \frac{1}{R_3} + \cdots$$

2.6.3 电阻的混联

人们将电阻既并联又串联的电路称为混联电路或组合电路。串联电路和并联电路的规律在混联电路中都适用。为了计算整个电路，必须将电路逐步地简化。为此必须将并联或串联电阻合并看作所谓的等效电阻。如图 1-9 所示，将电阻 R_2 和 R_3 合并看作为等效电阻 $R_{2/3}$。

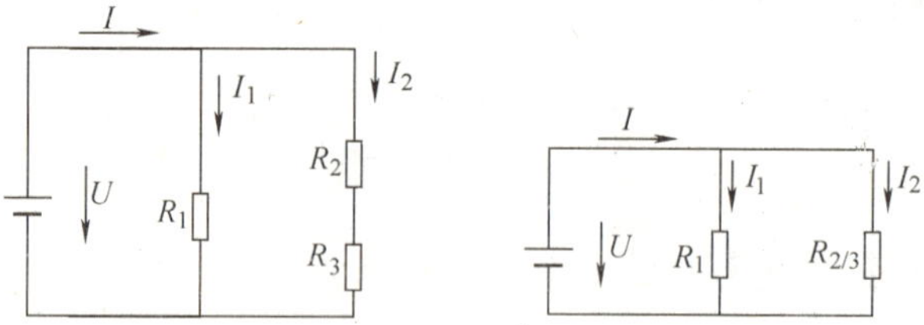

图 1-9　混联电路

2.7 用万用表测电压、电阻、电流

2.7.1 数字万用表上的电气符号

数字万用表上的电气符号及其含义，如图 1-10 所示。

2.7.2 数字万用表的结构

数字万用表的结构如图 1-11 所示。

DWELL	闭合角	TACH	转速
	直流		二极管
	交流		蜂鸣通断
	电池不足		双重绝缘
	警告提示		高压危险
	接地		AC或DC
DUTY	占空比	CYL	发动机缸数
MC	制造计量器具许可证		
CE	符合欧洲共同体安全标准		

图 1-10　数字万用表上的电气符号

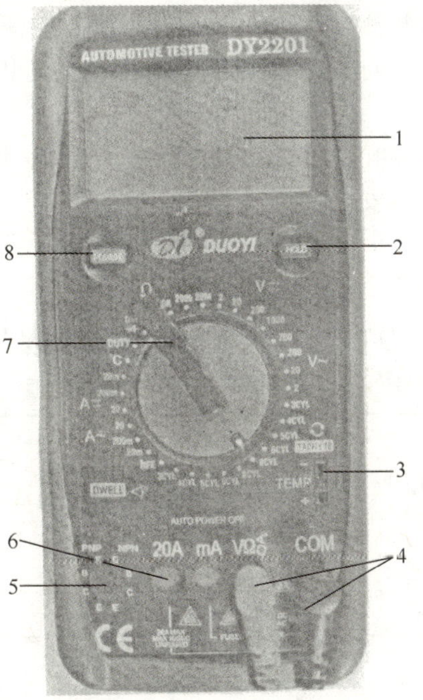

图 1-11　数字万用表的结构

1—LCD 显示器　2—数据保持开关　3—温度测试插座　4—表笔插孔（COM 和 VΩ）
5—三极管测试插座　6—表笔插孔挡板　7—功能/量程旋钮开关　8—电源开关

2.7.3　数字万用表操作说明

将 POWER 钮按下，如果电池不足，则显示屏左上方会显示电池不足符号，需要换电池。

1. 直流电压（DCV）的测量

（1）测量步骤

1）将功能/量程旋钮开关置于 DCV 量程范围内，量程范围见表 1-2。

表 1-2　直流电压（DCV）量程范围

量程	准确度	分辨力
2V	±（0.5%+3）	0.001V
20V		0.01V
200V		0.1V
1000V	±（1.0%+5）	1V

输入阻抗：10MΩ。

过载保护：1000V 直流或交流有效值。

2）将黑色表笔插入 COM 插孔，红表笔插入显露的表笔插孔（VΩ% 插孔）。并将表笔并接在被测负载或信号源上，仪表在显示电压读数的同时会指示出红表笔的极性。

（2）注意事项

1）在测量之前，若不知被测电压的范围，应将功能/量程旋钮开关置于最高量程挡。

2）当只显示最高位“1”时，说明被测电压已超过使用的量程，应该用更高量程测量。

3）不要测量高于 1000V 的电压，虽然有可能显示读数，但可能会损坏万用表。

4）测量高压时应特别注意安全。

2. 交流电压（ACV）的测量

（1）测量步骤

1）将功能/量程旋钮开关置于 ACV 量程，量程范围见表 1-3。

表 1-3　交流电压（ACV）量程范围

量程	准确度	分辨力
2V	±（1.0%+5）	0.001V
20V		0.01V
200V		0.1V
700V	±（1.2%+5）	1V

输入阻抗：10MΩ。

频率响应：40～400Hz。

测试点：60Hz/50Hz。

过载保护：1000V 直流或交流有效值。

显示：平均值（正弦波有效值）。

2）将黑色表笔插入 COM 插孔，红表笔插入显露表笔插孔（VΩ% 插孔）。并将表笔并接在被测负载或信号源上。

（2）注意事项

1）参见直流电压DCV测量注意事项。

2）不要测量高于700V的电压，虽然有可能显示读数，但可能会损坏万用表。

3. 直流电流（DCA）测量

（1）测量步骤

1）拔出表笔，将功能/量程旋钮开关置于DCA量程范围，量程范围见表1-4。

表1-4　直流电流（DCA）量程范围

量程	准确度	分辨力
20mA	±（1.0% +3）	0.01mA
200mA	±（1.5% +5）	0.1mA
20A	±（2.0% +10）	0.01A

过载保护：0.2A/250V熔体（20A挡无熔体）。

最大输入电流：20A（不超过15s）。

测量电压降：满量程电压降200mV。

2）将黑色表笔插入COM插孔，红表笔插入显露表笔插孔（mA插孔或20A插孔），并将测试表笔串接到被测电路中，仪表显示电流读数的同时会指示出红表笔的极性。

（2）注意事项

1）测量前，若不知被测电流的范围，应将功能/量程旋钮开关置于最高量程挡。

2）当只显示最高位时，说明被测电流已超过使用的量程，应改用更高量程测量。

3）mA插孔输入时，若过载，则会熔断表内熔体，须予以更换。熔体的规格为0.2A/250V。

4）20A插孔输入时，最大电流20A的通过时间不要超过15s，因为20A挡无熔体。

4. 交流电流（ACA）测量

（1）测量步骤

1）拔出表笔，将功能/量程旋钮开关置于ACA量程范围，量程范围见表1-5。

表1-5　交流电流（ACA）量程范围

量程	准确度	分辨力
20mA	±（1.2% +5）	0.01mA
200mA	±（2.0% +5）	0.1mA
20A	±（3.0% +10）	0.01A

过载保护：0.2A/250V熔体（20A挡无熔体）。

最大输入电流：20A（不超过15s）。

测量电压降：满量程电压降200mV。

频率范围：40～400Hz。

测试点：60Hz/50Hz。

显示：平均值（正弦波有效值）。

2）将黑色表笔插入 COM 插孔，红表笔插入显露表笔插孔（mA 插孔或 20A 插孔），测试表笔串接到被测电路中。

（2）注意事项

参看直流电流 DCA 测量注意事项。

5. 电阻（Ω）的测量

（1）测量步骤

1）将功能/量程旋钮开关置于（Ω）量程范围，量程范围见表 1-6。

表 1-6　电阻（Ω）量程范围

量程	准确度	分辨力
200Ω	±（1.0% +5）	0.01Ω
20kΩ	±（1.0% +2）	0.01kΩ
200kΩ		0.1kΩ
20MΩ	±（1.0% +5）	0.01 MΩ

过载保护：250V 直流或交流有效值。

开路电压：<700mV。

2）将黑色表笔插入 COM 插孔，红表笔插入显露表笔插孔（VΩ% 插孔），并将测试表笔跨接在被测电阻两端。

（2）注意事项

1）当两表笔开路时，仪表处于测量状态，只显示最高位“1”。

2）当被测电阻在 1MΩ 以上时，本表需数秒后才能稳定读数，对于高电阻测量这是正常的。

3）测量电阻时，应关闭被测电路的电源，并使被测电路中电容放完电，才能进行测量。

6. 占空比（Duty）的测量

1）将功能/量程旋钮开关置于 Duty，量程范围见表 1-7。

表 1-7　占空比（Duty）量程范围

量程	准确度
0.1% ~99.9%	±（1.5% +5）

过载保护：250V 直流或交流有效值。

2）将黑色表笔插入 COM 插孔，红表笔或电缆芯插入显露表笔插孔（VΩ% 插孔）。

7. 温度测量

1）测量温度时，把功能/量程旋钮开关置于℃挡，并将热电偶的冷端（插头）插入仪表的温度测量插座中，注意“+、-”极性。热电偶的热端（测量端）置于测温点，从仪表显示屏上读取温度值，读数单位为摄氏度（℃），量程范围见表 1-8。

表 1-8　温度量程范围

量程	准确度	分辨力
-40～0℃	±（5.0%+5）	1℃
0～400℃	±（1.0%+3）	1℃
400～1000℃	±（2.0%+4）	1℃

2）注意事项：当热电偶插入温度测量插座后，自动显示被测温度；未插入热电偶或当热电偶开路时，显示环境温度。

8. 晶体管（hFE）参数测试

1）将功能/量程旋钮开关置于 hFE 挡，量程范围见表 1-9。

表 1-9　晶体管（hFE）量程范围

量程	说明	测试条件
hFE	可测 NPN 型或 PNP 型晶体管 hFE 参数，显示范围：0～1000	I_b 约 10μA，Vcc 约 2.8V

2）先认定晶体管是 NPN 型还是 PNP 型，然后将被测管 E、B、C 三脚插入仪表相应的插孔内。

3）仪表显示的是 hFE 近似值，测量条件为：基极电流约 10μA，Vcc 约 2.8V。

9. 二极管测量

（1）测量步骤

1）将功能/量程旋钮开关置于▷|挡（可进行二极管通断测试），量程范围见表 1-10。

表 1-10　二极管测量量程范围

量程	分辨力	说明	测试条件
▷|	1mV	显示近似二极管正向导通压降	正向直流电流约 1mA 反向直流电压约 2.8V
(((•	—	被测线路电阻＜70Ω 时，机内蜂鸣器响	开路电压约 2.8V

过载保护：250V 直流或交流有效值。

2）将黑色表笔插入 COM 插孔，红表笔插入显露表笔插孔（VΩ%▷|插孔，注意红表笔为内电源“+”极），将测试表笔跨接在被测二极管两端，仪表显示二极管正向压降，单位“V”；当二极管反接时显示超量程。

（2）注意事项

1）当两表笔开路时，显示超量程（仅显示最高位“1”）。

2）通过被测器件的电流约为 1mA。

10. 通断测试

（1）测试步骤

1）功能/量程旋钮开关置于(((●挡（见二极管的量程表）。

2）将黑色表笔插入 COM 插孔，红表笔插入显露表笔插孔（VΩ%℃插孔），将测试表笔跨接在待查线路的两端。

3）被检查的两点之间的电阻值小于 70Ω 时，蜂鸣器会发出“嘀”声响作为指示。

（2）注意事项

1）被测线路必须在切断电源状态下检查，线路带电将导致仪表错误判断。

2）数据保持功能。按下 HOLD 键，仪表显示“H”符号，此时测量数据被锁定，便于读数、记录。再按 HOLD 键使其复位，“H”符号消失，仪表恢复测量状态。

3）自动关机功能。仪表在开机状态下，时间超过约 15min，将自动切断电源，进入睡眠状态，这时仪表仅有约 10μA 电流。若要重新开启电源，请连续按动“Power”开关两次。

11. 闭合角测量

1）根据所测发动机缸数，将功能/量程旋钮开关置于所需“DWELL”量程上，量程范围见表 1-11。

表 1-11　闭合角测量量程范围

气缸数	量程	准确度	分辨力
3CYL	0 ~ 120.0°	±（1.2% +2）	0.1°
4CYL	0 ~ 90.0°		
5CYL	0 ~ 72.0°		
6CYL	0 ~ 60.0°		
8CYL	0 ~ 45.0°		

2）将黑色表笔插入 COM 插孔，红表笔插入显露表笔插孔（VΩ%℃插孔）。

3）将黑表笔搭铁或接蓄电池负极，红表笔接分电器低压接线柱或点火线圈“-”端。

4）转动发动机，即可读得闭合角。

12. 转速测量

1）根据所测发动机缸数，将功能/量程旋钮开关置于所需“TACH”量程上，量程范围见表 1-12。

表 1-12　转速测量量程范围

气缸数	量程	准确度	分辨力
3CYL	500 ~ 10000r/min	±（1.2% +2）	10r/min
4CYL			
5CYL			
6CYL			
8CYL			

2）将黑色表笔插入 COM 插孔，红表笔插入显露表笔插孔（VΩ% 插孔）。

3）将黑表笔搭铁或接蓄电池负极，红表笔接分电器低压接线柱或点火线圈“－”端。

4）转动发动机，将仪表读出的数据乘以 10，即为发动机转速，单位为转/分，即 RPM。

2.7.4　数字万用表的维护保养

数字汽车万用表是一只精密的电子仪表，应该注意维护保养。

1）不要接到高于 1000V 直流电压或 700V 交流电压上去。

2）旋动功能/量程旋钮开关之前，注意拔出表笔，以免损坏机械保护机构。

3）更换电池须在拔去表笔及关闭电源开关后进行。

4）仪表长期不用应取出电池，放在干燥、通风的地方。

5）使用前请按照使用说明书检查表体及附件是否完好、齐全。

3　汽车电路基础

为了使汽车上的电器设备正常工作，应该按照它们各自的工作特性及相互间的内在联系，用导线和车体把电源、电路保护装置、控制器件及用电设备等装置连接起来，构成能使电流流通的路径，这种路径称为汽车电路。如图 1-12 所示，其为汽车制动灯电路。

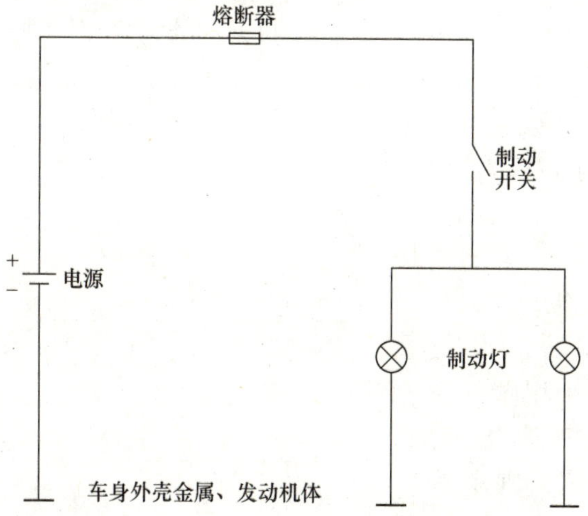

图 1-12　汽车制动灯电路

想一想：在图 1-12 中，车身外壳金属、发动机体起什么作用？

3.1　汽车电路的组成

（1）电源　汽车上装有两个电源，即蓄电池和发电机。其作用是保证汽车各用电设备在不同情况都能正常工作。

（2）电路保护装置　电路保护装置主要包括：熔断器（熔体）、电路继电器、易熔线等，其在电路中起保护作用。当电路中流过超过规定的电流时，其可切断电路，防止烧坏电路中的连接导线和用电设备，并把故障控制在最小范围内。

（3）控制器件　传统的控制器件包括：各种手动开关、压力开关、温控开关、继电器等，此外，在现代汽车上还大量使用电子控制器件，包括简单的电子模块（如电子式电压调节器等）和微电脑形式的电子控制单元（如发动机电控单元、自动变速器电控单元等）。电子控制器件和传统开关在电路上的主要区别是，电子控制器件需要单独的工作电源及需要配用各种形式的传感器。

（4）用电设备　用电设备是指汽车上的各种用电器，包括：电动机、电磁阀、灯泡、仪表、各种电子控制器件和部分传感器等。

（5）导线　导线用于将以上各种装置连接起来构成电路。汽车上的导线主要包括常用的低压导线、点火系的高压导线，以及车体（用来代替部分从用电器返回电源的导线）。

想一想：为什么要用车体代替部分从用电器返回电源的导线？车体应该与电源的哪一极连接？

3.2　汽车电路的基本特点

（1）低压　汽车电气系统的标准电压有 12V、24V 两种，轿车普遍采用 12V，而重型柴油车多采用 24V。对于发电装置而言，12V 系统的额定电压为 14V，24V 系统的额定电压为 28V。低压系统的主要优点是安全。蓄电池的单格数少，对减少蓄电池的质量和尺寸有利。

（2）直流　现代汽车发动机是靠电力起动机起动的，直流串励式电动机必须由蓄电池供给直流电，而蓄电池充电又必须用直流电源，所以汽车电气系统为直流系统。

（3）单线制　从电源到用电设备只用一根导线连接，用汽车底盘、发动机等金属机体作为另一根共用导线的连接方法叫做单线制。单线制用线少、线路简化清晰，安装和检修方便，且电器部件也不需要与车体绝缘，所以现代汽车普遍采用单线制。

（4）负极搭铁　采用单线制时，蓄电池的负极接到车体上，称为“负极搭铁”。反之，则称为“正极搭铁”。负极搭铁，有利于火花塞点火，对车架金属的化学腐蚀作用较轻，对无线电的干扰少。现在国内外汽车均统一采用负极搭铁。

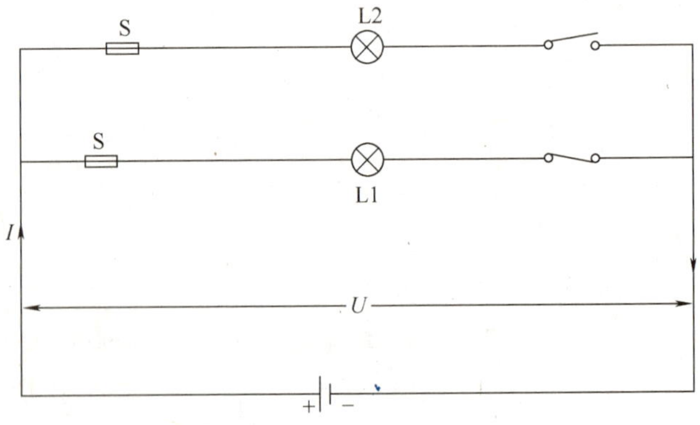

图 1-13　汽车电路的并联特点

（5）并联　为了让用电设备能独立工作，互不干扰，各用电器均采用并联连接的方式，每条电路均有自己的控制器件和熔断器，如图 1-13 所示。控制器件保证每条电路的独立工作，熔断器是用来防止因电路短路或超载而引起导线及用电器的损坏。

3.3　汽车电路的类型

汽车电路根据各自的功能不同，一般可分为电源电路、搭铁电路及控制电路。

（1）电源电路　电源电路主要是为电器部件提供电源，又可称为电器部件的“相线”。如图1-14中所示的*AB*段即电动机的电源电路。

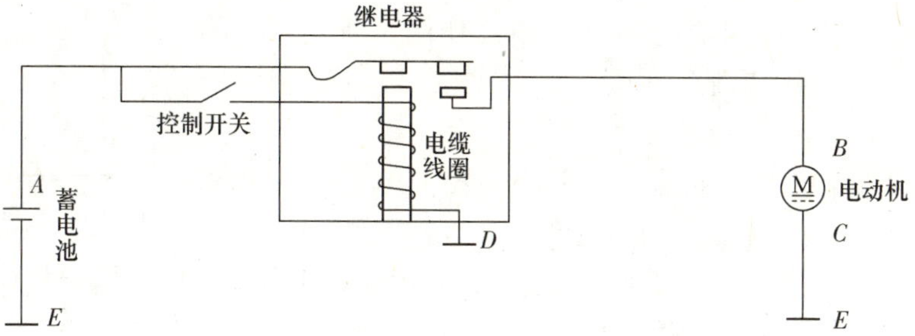

图1-14　电动机电路

（2）搭铁电路　搭铁电路主要是为电器部件提供电源回路。如图1-14所示，*CE*段即为电动机的搭铁电路。

（3）控制电路　控制电路主要是控制电器部件是否工作。如图1-14所示，*AD*段即为电动机的控制电路。根据控制件与用电部件之间是否使用继电器，控制电路可分为直接控制电路和间接控制电路。

1）直接控制电路是最简单、最基本的电路，如图1-15所示。这种控制电路中不使用继电器，控制器件与用电器串联，直接控制用电器。

2）间接控制电路就是在控制器件与用电部件之间使用继电器或电子控制器的电路，如图1-14所示的电路。

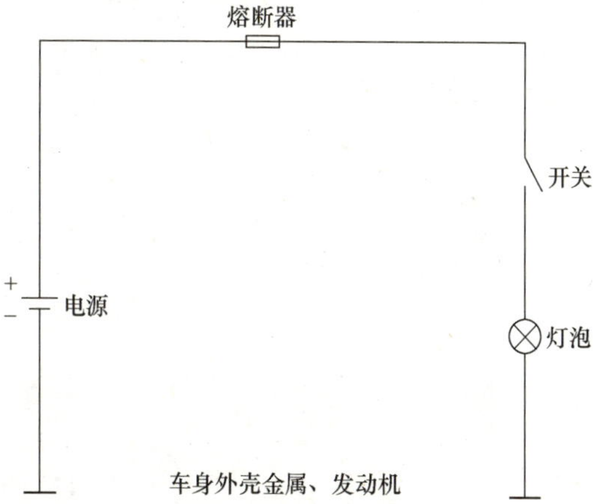

图1-15　直接控制电路

此外，根据控制器件的不同，还可将汽车电路分成电子控制电路和非电子控制电路。

3.4　汽车电路的基础元件及图形符号

3.4.1　电阻

在电路中所说的电阻是电阻器的简称，其图形符号为“—□—”。电阻器是在电路中限制电流或将电能转变为热能等的电器，按其阻值是否可变，可分为两类。阻值不能改变的称为固定电阻器，简称固定电阻；阻值可变的称为可变电阻器或电位器，也可简称为可变电阻。

3.4.2　电感

电感的图形符号为“⌒⌒⌒”，电感（电感器）是用漆包线、纱包线或塑皮线等在绝缘骨架或磁心、铁心上绕成的一组串联的同轴线匝。电感的主要作用是对交流信号进行隔离、滤波或与电容器、电阻器等组成谐振电路。电感包括自感与互感。

3.4.3 电容

电容的图形符号为“⊣⊢”，在两个导体之间夹上一层绝缘物质（也称电介质）所构成的电器元件称为电容器，简称电容。电容器是容纳电荷的电器元件。如图 1-16 所示，使电容器带电称为充电，使充电后的电容器失去电荷称为放电。电容器在单位电压作用下所能储存的电荷量称为该电容器的电容，用字母“C 表示”，单位为“F（法拉）”。

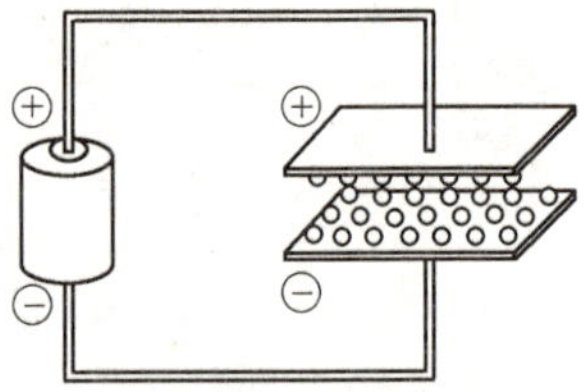

图 1-16 电容的充电放电

1）电容器的充电特性如图 1-17 所示。在充电电路接通瞬间，充电电流很大，电容器相当于短路。在充电过程中，电容器具有一个电荷积累的过程，其上的充电电压不可能产生跃变，而是按指数规律随时间增长而趋于稳定值，指数曲线开始变化较快，而后逐渐缓慢变化，经过一段时间后，即可认为达到稳定状态。当电路达到稳定状态时，充电电流很小，电容器相当于断路。

2）电容器的放电特性。在放电电路接通瞬间，放电电流很大，电容器相当于短路。在放电过程中，电容器上的电压不可能产生跃变，而是按指数规律随时间增长而逐渐衰减，直到电容器中存储的电量释放完毕为止。

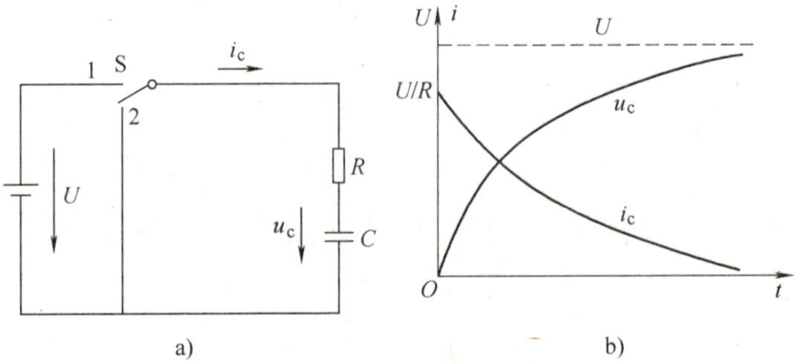

图 1-17 电容的充电特性

a）电容器充电电路 b）充电特性

除上述的储存电能的功能外，电容器的另一种主要特性是阻止直流电流通过。利用这些特性，电容器在汽车电路中有许多用途，例如消除汽车噪声，或作为一个电源或一个开关。

3.4.4 二极管

半导体二极管的图形符号为“—▷|—”，其是最简单、最基本的电子元件，在汽车上应用十分广泛。常见的种类有：普通二极管、发光二极管、光敏二极管、电压调整二极管等。汽车发电机上用的三相桥式整流电路就是由二极管构成的。

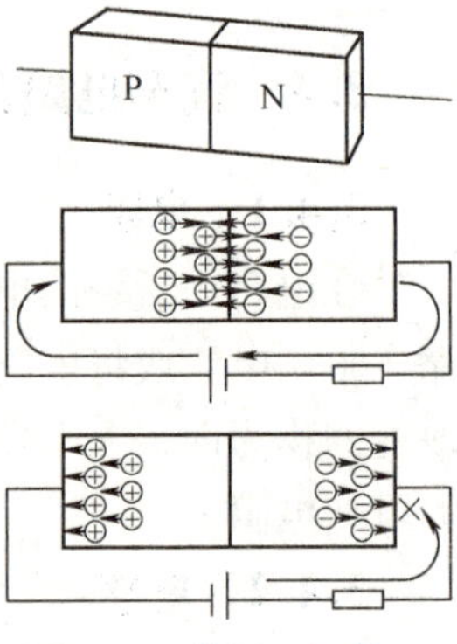

图 1-18 普通二极管

1. 普通二极管

普通二极管具有单向导电性，如图 1-18 所示，即当二极管加正向电压时处于导通状态，允许通过较大的电流，其正向电阻很小；当二极管加反向电压时处于截止状态，允许通过的电流很小，其反向电阻很大。当反向电压增大到某一值时，反向电流将突然增大，这种现象称为击穿，此时的电压称为反向击穿电压。二极管发生反向击穿后，由于其反向电流突然增大，可能导致 PN 结烧坏，因此在二极管工作时，所加的反向电压值应小于其反向击穿电压。二极管在电子电路中常用作整流、检波和开关元件。

2. 电压调整二极管

电压调整二极管的图形符号为“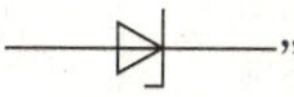”其仍然是二极管，只不过它是一种特殊工艺制成的，可以在特定条件下反向导通，在反向击穿状态下工作。它具有稳定电压的作用，广泛用于稳压设备和电子电路中，如汽车交流发电机电子调节器和电子点火器等。

3. 发光二极管

如图 1-19 所示，发光二极管和普通二极管一样，是 PN 结二极管。当发光二极管正向导通时，它可以发出各种颜色的光，如：红、黄、绿。发光二极管用于汽车的高位制动灯和指示灯。发光二极管有以下特性：

1）比普通灯泡发热小，寿命长。

2）以低功率消耗发出亮光。

3）只需较低电压便可工作（反应速度快）。

3.4.5　晶体管

具有两个 PN 结的半导体器件称为半导体晶体管。晶体管有 NPN 型和 PNP 型两种，其结构及电路符号如图 1-20 所示。

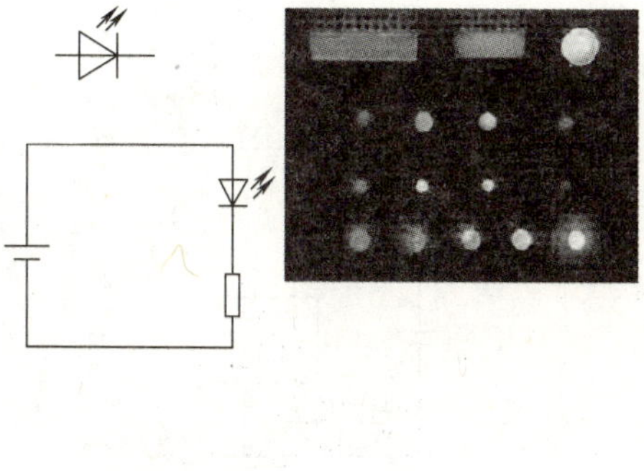

图 1-19　发光二极管

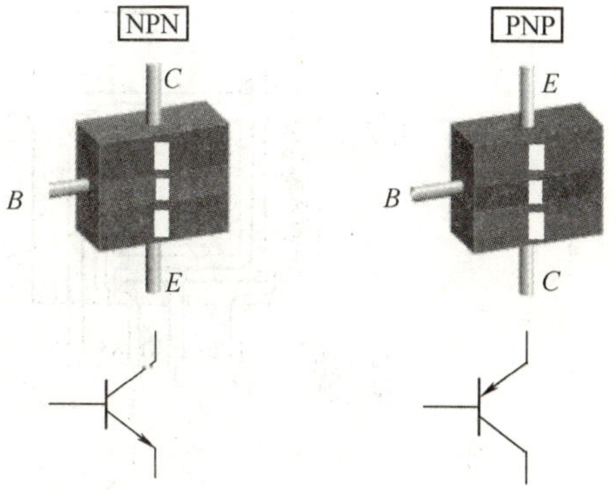

图 1-20　晶体管

晶体管具有放大作用和开关作用，汽车上常用的是开关作用，在汽车电子调节器、点火器、燃油喷射控制器等控制电路中晶体管被大量使用。

1. 晶体管的基本工作原理

在 NPN 型的晶体管中，当电流 I_B 从 B 极流到 E 极时，电流 I_C 从 C 极流到 E 极。

在 PNP 型的晶体管中，当电流 I_B 从 E 极流到 B 极时，电流 I_C 从 E 极流到 C 极。电流 I_B 叫做基极电流，电流 I_C 叫做集电极电流。只有在 I_B 流通时，I_C 才会流通。

2. 晶体管的开关作用

在晶体管中没有 I_B 流动就没有 I_C 流动，因此可根据基极电流的开和关来控制集电极电流的开和关，这就是三极管的开关作用。

3. 晶体管的放大作用

基极电流 I_B 发生微小变化时，集电极电流 I_C 将发生很大变化，这种以较小电流控制较大电流的作用，就是晶体管的放大作用。

3.4.6 继电器

继电器在汽车电路中起保护和自动控制作用。继电器有功能型和电路控制型两类，如闪光继电器、刮水器间歇继电器属功能继电器；电路控制型继电器在汽车上常见的有卸荷继电器、前照灯继电器、雾灯继电器、起动继电器、空调继电器、扬声器继电器等，其作用是用小电流控制大电流，以减小控制开关触点的电流负荷，保护开关触点不被烧蚀。如图 1-21 所示是继电器的实物图。

图 1-21　继电器实物图

1. 继电器的结构及工作原理

通常使用的继电器是电磁继电器，如图 1-22 所示。它主要由一个带通电线圈的铁心、一个电枢和开关触点组成。电路接通时铁心吸引并操纵开关触点，此时可以使触点断开、闭合或切换。

继电器电路分为控制电路和工作电路。控制电路的电流流过线圈并产生一个磁场，借此使铁心吸引触点，使工作电路接通或断开。

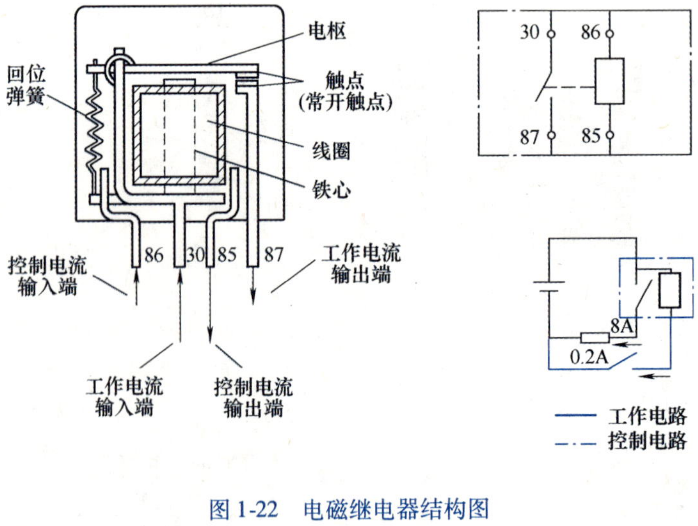

图 1-22　电磁继电器结构图

2. 继电器的类型

继电器按外形分为圆形和方形两种，按端子数目分为 3 端子、4 端子、5 端子等多种，按触点状态分为常开型、常闭型和开闭混合型，如图 1-23 所示。

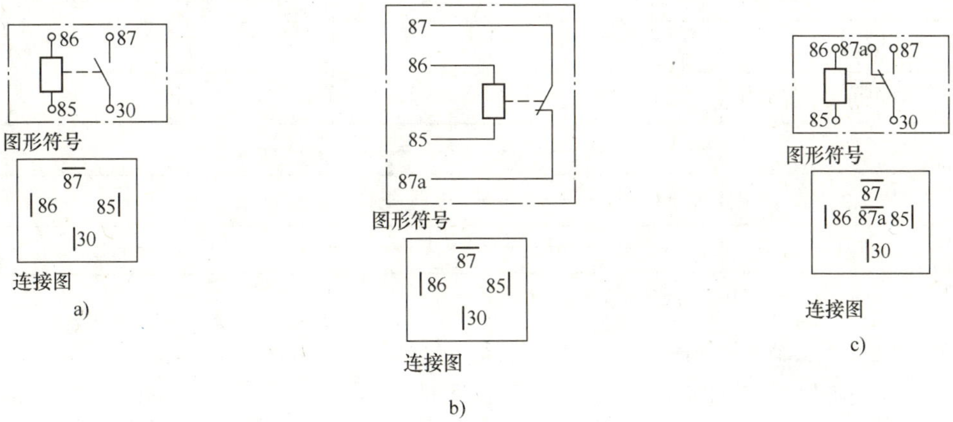

图 1-23　继电器的分类与图形符号

a）作为常开触点使用的继电器　b）作为常闭触点使用的继电器　c）作为开闭混合型触点使用的继电器

3. 闪光继电器

闪光继电器是控制转向信号灯闪烁频率的装置。当汽车要转向时，由驾驶员打开相应的转向灯开关，转向信号灯按一定频率闪烁，以告知前后车辆驾驶员、行人和交通警察。转向信号灯的闪光频率国标中规定为 1～2Hz。常见的闪光继电器有电热式、电容式和电子式三类，其中电子式闪光继电器具有性能稳定、工作可靠等优点，故被广泛应用。

3.4.7　熔断器

熔断器实物图如图 1-24 所示，电路符号为  ，熔断器中的熔体串联在其所保护的电路中。一般情况下，当通过熔体的电流达到额定电流的 1.35 倍时，熔体会在 60s 内熔断。熔体熔断后，必须找到故障原因，彻底排除故障。更换熔断器时，一定要与原规格相同，特别注意，不能使用比规定容量大的熔断器。

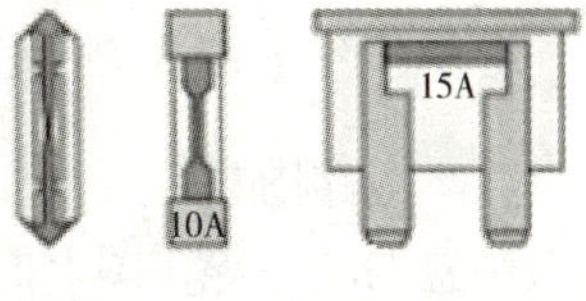

图 1-24　熔断器实物图

3.4.8　开关

1. 开关的作用与类型

汽车电路中的开关很多，开关在电路中起接通/断开电路的控制作用，按操作方式不同分为手动（旋转、推拉、按压）开关、压力开关、温度控制开关、机械控制开关等。需要强调的是，汽车电路中多数开关为复合型开关，具有两个或两个以上的电路通断功能，如点火开关、电子扇开关、灯光开关等。现代汽车上还使用了组合开关，组合开关是将两种或两种以上的开关集装在一起，可使操作更加简便。

2. 点火开关挡位图

在汽车电路图中，用开关挡位图来直观地表示复合开关和组合开关的通断功能。表 1-13为常见的点火开关挡位的表示方法。

表 1-13　点火开关挡位

开关挡位＼接线柱	1（BAT）	2（IG）	3（ACC）	4（ST）
LOCK(−1)				
OFF(0)	○			
ACC(Ⅰ)	○	—	○	
ON(Ⅱ)	○	○	○	
ST(Ⅲ)	○	○	—	○

注：○——○ 表示连接。

3. 点火开关接线柱/开关挡位的对应关系

点火开关各接线柱及其开关挡位的相关说明见表 1-14。

表 1-14　点火开关接线柱与开关挡位相关说明

代号	名称	作　　用
1	电源端子	连接蓄电池与发电机的正极
2	点火接线端子	接点火电路、仪表电路、发电机励磁电路及电子控制装置电源电路等
3	辅助电器端子	连接收放机、电动车窗等辅助电器的控制开关
4	起动接线端子	连接起动电路
LOCK	转向盘锁止挡	从 OFF 位逆转至该挡位，可锁止转向盘
OFF	断开挡	点火开关在该挡位时，2、3、4 号接线端子与 1 号端子均处于断开状态
ACC	辅助电器挡	点火开关在该挡位时，1、3 号端子相连接，使辅助电器电路接通电源
ON	点火挡	点火开关在该挡位时，1、2、3 号端子相连接，使点火电路、仪表电路等接通电源
ST	起动挡	点火开关在该挡位时，1、2、4 号端子相连接，使点火电路、起动电路接通电源

3.5　汽车电路的识图方法

汽车电路图只表明组成汽车电路的各个电气设备的工作原理，如电流走向、电流流过电气装置的顺序等，图上的导线只表明各电气设备及其间的相互联系，而不代表实际安装位置。

汽车电路图中电气装置的布置顺序应从左到右、从上到下。在整体电路的原理图中，供电电源（特别是蓄电池）在左，用电器在右，各局部电路尽量画在一起；“相线”在上，搭铁线在下；在图的上方，有一个说明条框，说明每一部分电路的功能。在局部电路的原理图中，信号输入（或控制端）在左，信号输出端（或驱动端）在右；“相线”在上，搭铁线在下。

3.5.1　识读电路图的一般步骤

1. 化整为零

先看全车电路图，根据电路图上的电气图形符号及文字符号，首先对全车电气设备的概况作全面的了解，然后在全车电路图中把各局部电路一一框划出来。这样做主要有以下两点好处。

1）在同一局部电路中，各电气设备间的联系总是比较紧密的，而与其他局部电路的联系相对松散些，框划出来后，比较容易地看出其特点，便于进行工作原理分析和查找故障。

2）许多汽车的某些局部电路是相同、基本相同或相近的，这样只要略作比较，便可知其异同，从而可以举一反三。

在查找局部电路的过程中，一定要遵守回路原则。各局部电路只有电源和电源总开关（若有的话）是公用的，任何一个用电设备都要自成回路。看电路图时，应先找出电源部分，然后从电源相线到熔断器、开关，再往下找到用电设备，最后经搭铁回到电源负极。

2. 分析各局部电路的工作原理或工作过程以及相互关系

在分析局部电路的工作过程中，应特别注意开关、继电器触点的工作状态。大多数电气设备都是通过开关、继电器触点状态的变化来改变其回路，从而实现不同的电路功能，例如转向信号电路就是通过转向灯开关挡位的置换来接通不同的灯，而发出转向信号。

在电路图上，开关的触点总是处于零位或静态，即开关处于断开状态或继电器线圈处于失电状态。电子开关若初始通电，其初始状态是电路达到稳定工作时的状态；电子开关若初始不通电，其初始状态就是静止时的状态。

为了便于分析，可把局部电路中的某些电气设备的电气图形符号（例如起动机）用较详细的电路来替换，就能把电路工作原理较清楚地表达出来。

3. 通过划分和联系认识整车电路

弄清楚局部电路工作原理后，再来分析各局部电路之间的联系，特别是与电源电路的联系，进而弄清楚整车电路的工作原理。

4. 通过解剖典型电路，达到触类旁通

许多车型的汽车电路原理图，很多部分都是类似或相近的，这样，通过一个具体的例子，举一反三，对照比较，便可以掌握汽车的一些共同的规律，再以这些共性为指导，了解其他型号汽车的电路原理，又可以发现更多的共性以及各种车型之间的差异。

汽车电器的通用性和专业化生产使同一国家汽车的整车电路形式大致相同，如掌握了解放牌汽车电路的特点，就可以大致了解东风、跃进等国产汽车电路的特点；掌握了日产、丰田等汽车电路的特点，就基本了解日本汽车电路的特点；掌握了桑塔纳汽车电路的特点，就大致了解了西欧汽车电路的特点。

因此，抓住几个典型电路，掌握各系统的接线特点和原则，对于了解其他车型的电路大有好处。

3.5.2　识读汽车电路图应注意的问题

1. 认真读几遍图注

图注中会说明汽车所有电气设备的名称及其数码代号。通过读图注可初步了解该汽车都装配了哪些电气设备，然后通过电气设备的数码代号在电路图中找出该电气设备，再进一步找出相互连线、控制关系，这样就可以了解绝大部分电路的特点。

2. 要牢记回路原则

任何一个完整的电路都是由电源、开关、用电设备、导线等组成。电流必须从电源正极出发，经过熔断器、开关、导线等到达用电设备，再经过导线（或搭铁）回到电源负极，才能构成回路，这样的电路才是正确的，否则就存在错误。具体方法可以沿着工作电流的流向，由电源查明用电设备；也可逆着工作电流的方向，由用电设备查向电源。尤其是查寻一些不太熟悉的电路，后者比前者更为方便。

3. 查找电流回路的注意事项

1）从电源正极出发，经某用电器（或再经其他用电器），最后又回到同一电源的正极。由于电源的电位差（电压）仅存在于电源的正负极之间，电源的同一电极是等电位的，没有电压，这种“从正到正”的途径是不会产生电流的。

2）在汽车电路中，发电机和蓄电池都是电源，在寻找回路时，不能混为一谈，不能从一个电源的正极出发，经过若干用电设备后，回到另一个电源的负极，这种做法，不会构成一个真正的通路，也不会产生电流。所以必须强调，回路是指从一个电源的正极出发，经过用电器，回到同一电源的负极。

4. 了解开关在电路中的作用

对多层、多挡、多接线柱的开关要按层、按挡位、按接线柱逐级分析其各层各挡的功能。有的用电装置受两个以上单挡开关（或继电器）的控制；有的受两个以上多挡开关的控制，其工作状态可能比较复杂，如间歇刮水器电路。当开关接线柱较多时，首先抓住从电源出来的一两个接线，再逐个分析与其他各接线柱相连的用电装置处于何种挡位，从而找出控制关系。对于组合开关，在线路图中是画在一起的，而在电路图中又按其功能画在各自的局部电路中，因此建议，在电路图中的组合开关采用一个数码代号，而各个开关用英文下标加以区别；或者用英文符号代表组合开关，而各个开关用数码下标加以区别。在读电路图和车上查线时又要注意它只是组合开关中的一部分。

5. 了解开关、继电器的初始状态

在电路图中，各种开关、继电器都是按初始位置画出的，如按钮未按下，开关未接通，继电器线圈未通电，其触点未闭合（常开触点）或未打开（常闭触点），这种状态称原始状态。但看图不能完全按原始状态分析，否则很难理解电路所表达的工作原理，因为大多数用电设备都是通过开关、按钮、继电器触点的变化而改变回路的，进而实现不同的电路功能。例如，刮水器是通过刮水开关挡位的变化来实现间歇、低速、高速刮水功能的。

6. 了解汽车电路电气图形符号

汽车电路图是利用电气图形符号来表示其构成和工作原理的，因此必须了解电气图形符号的含义，才能看懂电路图。

7. 了解电器装置在电路图中的布置

在电气系统中，有大量电器装置是驱动部分和被驱动部分采用机械连接的，如各种继电器、多层多挡组合开关等。这些电器装置在电路图上表示时，应做到使画面既简单、又便于识图，因此，可采用集中表示法或分开表示法。

8. 了解各局部电路之间的内在联系和相互关系

从整车电路来讲，各局部电路除电源电路公用外，其他部分都是独立的，但它们之间存在着内在联系和相互影响。如起动发动机时，由于起动机瞬间电流很大，导致蓄电池内阻压降增大，其输出电压降低，因而影响其他电路的正常工作；再如发电机输出电压过高，又会造成分电器白金触点烧蚀、灯泡烧坏等。因此，不但要熟悉各局部电路的组成、特点、工

作过程和电流流经的路径，而且还要了解各局部电路之间的联系和相互影响，这是掌握汽车电路的一个重要环节，也是实现准确判断和迅速找出故障部位，排除故障的必要条件。

9. 先易后难

有些汽车电路图的某些局部电路，或局部电路中的某些部分，可能比较复杂，一时难以看懂，可以暂时不顾及，待其他局部电路都看懂后，再来进一步识读这部分电路。另外，任何电路工作都需要电源（蓄电池或发电机），若分析每部分电路都将电源电路画出，显得很繁琐，也没有必要，但又要表示出该电路工作时电源来自何方，为此可将各用电设备的供电电源用符号表示。

4　汽车电路检测

4.1　电路基础元件的检测

4.1.1　熔断器的检测

想确定熔断器是否熔断，只要拆卸怀疑熔断的熔断器，检查熔断器中的元件是否断开即可。如果未断开，但仍有怀疑，可用数字式万用表检查其导通性，如图 1-25 所示，或更换一只相同规格的熔断器试验。用万用表检查其导通性时，将选择开关设定在电阻测量挡/导通挡，把测试表笔放在熔体的端子位置，检查是否出现蜂鸣声。

4.1.2　继电器的检测

1. 现场直观检测

打开点火开关，操纵继电器控制电路的开关，必须听到继电器工作的声音。

2. 继电器的静态检测

用万用表的电阻挡测量，85 与 86 之间的电阻应为继电器线圈的标准值，30 与 87 之间的电阻值应为∞。

3. 继电器的动态检测

如图 1-26 所示，将蓄电池电压接到继电器的 85 端子与 86 端子之间，测量继电器的 30 与 87 之间的电阻，阻值应为 0。

图 1-25　熔断器的测量点

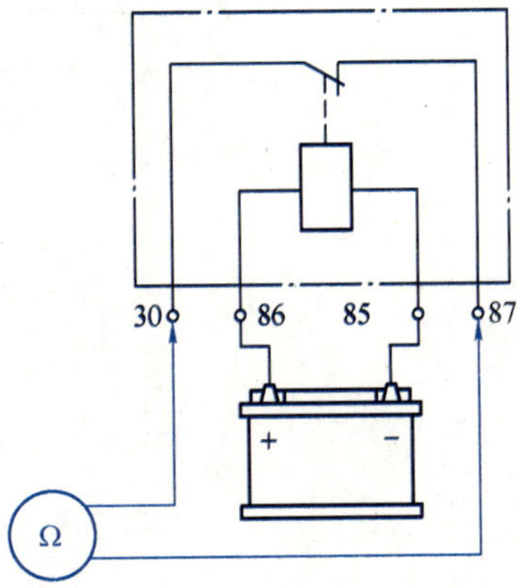

图 1-26　继电器的动态检测

4.2 汽车电路维修基本方法

4.2.1 常见电路故障

汽车电路常见的故障有开路（断路）、短路、搭铁等。

（1）断路　一般由导线折断、导线连接端松脱或接触不良等原因造成。

（2）短路　造成短路的原因有：导线绝缘层破坏并相互接触造成短路；开关、接线盒、灯座等外接线螺钉松脱，造成线头相碰；接线时不慎使两线头相碰；导线头接触金属部分。

（3）搭铁　搭铁的原因是相线直接与金属机体相碰。

4.2.2 汽车电路故障维修方法

根据出现的故障现象，分析可能的故障原因，然后对可能的故障部位逐个进行检测。检测时，对出现故障频率高的部位先行检查，容易检查的可能故障部位先检查。一般的汽车电路故障检查方法如下。

1. 直观检查法

直观检查无需仪器和工具，通过人的视觉“看”、听觉“听”和触觉“摸”等方法诊断所检部位正常与否，对一些显露的可能故障部位是一种简洁有效地故障检查方法。

2. 电压检查法

电压检测法是汽车电路故障检修中最常用的检测手段，它是通过电压表测量相关检测点的电压来诊断电路和部件的通断性。

（1）检查部件与电源之间的线路　可以在部件连接状态下，测量其连接电源的端子对搭铁的直流电压。接通点火开关或其他控制开关，该端子电压应为蓄电池电压，如果测得电压为0V，说明该电源线路有断路故障；如果测得电压偏低（连接状态下测得），说明电源线路连接点有接触不良故障。

（2）检测部件的搭铁线路　在部件连接状态下测量其搭铁端子对搭铁的直流电压。接通点火开关或其他控制开关，该端子电压应为0V，如果测得该端子有蓄电池电压则为搭铁线路断路；如果有一个较小的电压，则说明搭铁不良。

（3）检测部件之间的连接线路　在接通电源时，检测两部件线路连接端子对搭铁的直流电压，两端子的电压应一致。如果测得后一端子的电压为0V，说明该连接线路断路如图1-27所示；如果测得后一端子的电压低于前一端子的电压，则说明该线路连接点接触不良。

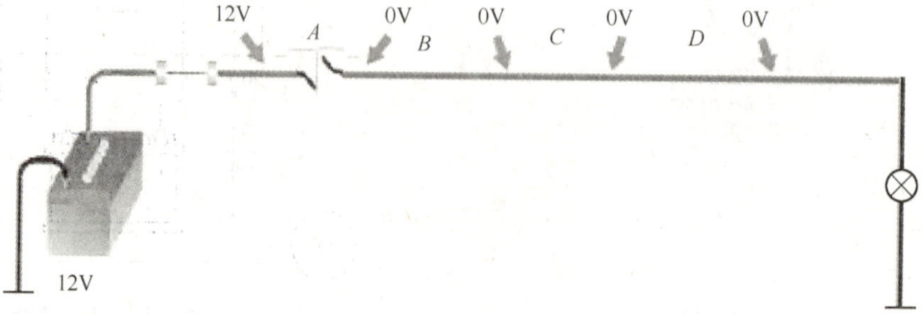

图1-27　故障点的判断

3. 电阻检测法

电阻检测法也是汽车电路故障检修中常见的检测手段，它通过万用表测量相关线路和部件内部的电阻来判断电路和部件是否正常。

(1) 检测部件连接线路通断性　在不通电时断开线路连接，测量线路两连接点之间的电阻，电阻应为0Ω。如果电阻∞，说明电路有断路故障。

(2) 检测部件搭铁良好与否　在不通电时断开线路连接，测量搭铁端子与搭铁之间的电阻，电阻应为0Ω。如果电阻∞，说明未搭铁；如果电阻大于0.2Ω，则说明搭铁线路连接点接触不良。

5　汽车照明装置及照明系统电路

5.1　汽车照明装置

5.1.1　汽车照明装置的组成

汽车上的照明装置主要由前照灯、雾灯、牌照灯、示廓灯、内部照明灯等组成。

5.1.2　汽车照明设备的功能

1）照亮车行道，例如：前照灯（远光、近光）。

2）在黑暗中照出车的轮廓，例如：示宽灯、停车灯和尾灯。

3）告知其他车辆和行人，本车的移动意图，例如：转向灯、制动灯。

4）警示其他车辆和行人，例如：警报闪烁装置。

5.1.3　前照灯的结构及类型

前照灯主要由灯泡、反射镜和配光镜三部分组成，如图1-28所示。

1. 灯泡

前照灯可以使用灯泡的种类主要有：金属灯丝灯、卤素灯、气体放电灯和发光二极管。

(1) 金属灯丝灯　发光体（炽热灯丝，螺旋线）由钨制成，其熔点约为3400℃。工作时螺旋线本身温度就可以达到3000℃，为了防止其在高温下发生氧化（烧毁），并且可以轻易将产生的热量导出，灯泡首先要排气，并冲入少量的氮和氪。

钨是一种冷导体，在低温时电阻较小，当接通电流时，会瞬时形成很高的电流脉冲，可能会损毁螺旋线。在螺旋线温度很高的情况下，钨可能会蒸发并且将灯泡熏黑，光效率会因此减弱。

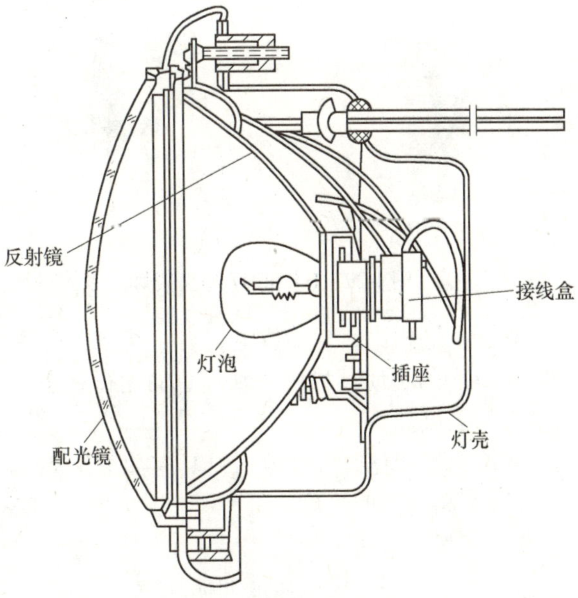

图1-28　前照灯的结构

（2）卤素灯　该种灯具为在填充气中添加卤素（溴、碘）的白炽灯。卤素灯在运作时与金属灯丝灯的区别在于：

1）卤素灯的金属灯丝和玻璃灯泡的温度更高。

2）卤素灯的填充气体的内压更高（最高约 4×10^{6}Pa）。

3）由于金属灯丝的高温，可以得到更高的光效率。

卤素灯的灯泡是用石英玻璃制成的，如图 1-29 所示为 H4 和 H7 型卤素灯。卤素灯的尺寸非常小，因此在运行时，它的温度可以达到 300℃。在金属灯丝灯工作时，蒸发的钨丝微粒在经历了一个化学过程后，又沉积到灯丝最热的位置（循环过程）。而在卤素灯中，玻璃灯泡可以保持洁净，因为在循环过程中，蒸发的钨微粒不会沉积到灯泡上。

为了避免前照灯的强光线使对面来车的驾驶员产生眩目，同时还要保持良好的路面照明，在现代汽车上普遍采用双丝灯泡的前照灯。其中的一根灯丝为远光灯丝，光度较强，灯丝放在反射镜的焦点上；另一根灯丝为近光灯丝，光度较弱，位于焦点的上方或前方。

（3）气体放电灯　气体放电灯由内弧管、电极、灯管套和灯座组成，它的电极位于一个很小的球形玻璃灯泡中，在两个电极之间，高压脉冲在氙气中触发弧光，灯泡内的金属盐蒸发并电离形成火花放电，如图 1-30 所示，此时，它会发出辐射光，并防止电极的侵蚀。用于反射系统的气体放电灯需要色调明暗层次来形成明暗界限。与用于反射系统的气体放电灯相反，用于投射系统的灯在玻璃灯泡上没有色调的明暗层次。

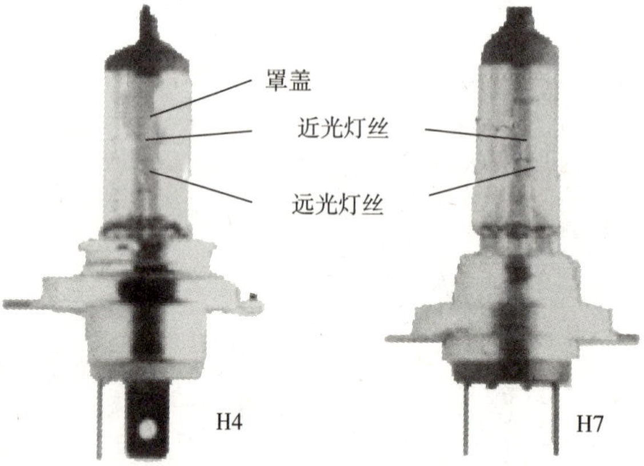

图 1-29　H4 和 H7 型卤素灯

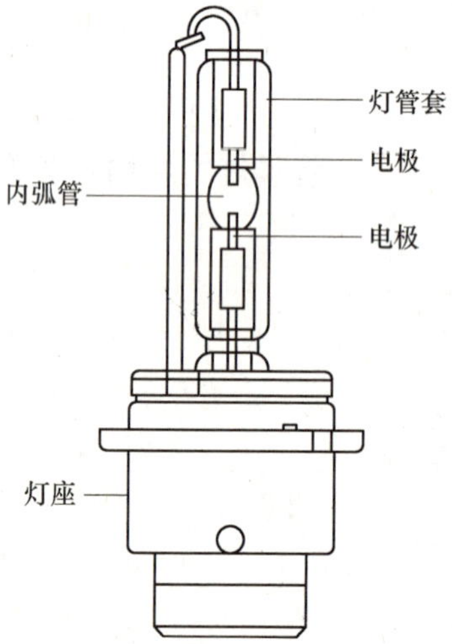

图 1-30　气体放电灯

和卤素灯相比，气体放电灯有一个缺点，它需要 5s 来达到满照明强度，而卤素灯仅需要 0.2s。为了使其尽快达到理想的运行状态，气体放电灯串联的控制仪器在起始阶段增大了灯的电流。

和卤素灯相比，气体放电灯具有如下优势：

1）更高的照明亮度。

2）更低的电流消耗。

3）不依赖于车内电压的照明功率。

4）较低的热量消耗。

5）更长的使用寿命。

6）近似日光的光色。

（4）发光二极管（LED）　根据需要的照明强度和希望得到的光色，可以将一定数量的二极管一起连接到一个部件中。通过多个二极管并联，可以降低整体运行失灵的可能性。发光二极管寿命约为10000h，它尤其适用于制动灯，因为与金属灯丝灯和卤素灯相比，它能在短得多的时间内（约为2ms）达到最大的光功率。

2. 反射镜

反射镜的作用是将灯泡的光线聚合并导向前方。通常其形状为抛物面、椭圆或自由形状。抛物面形反射镜与H4型卤素灯连接，用以形成远光和近光，如图1-31所示。

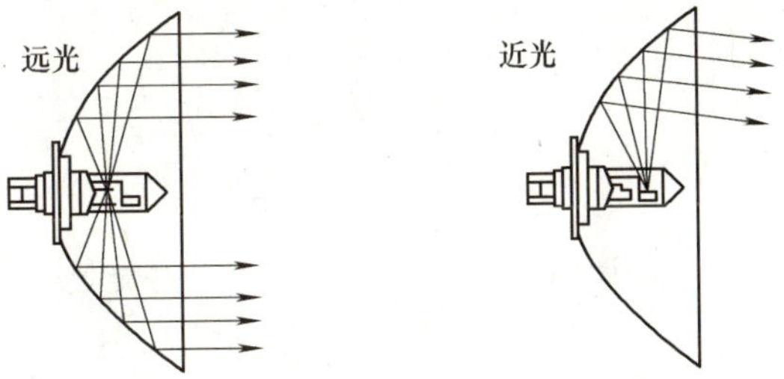

图1-31　远光与近光

（1）远光　前照灯灯丝在抛物面形反射镜的焦点处发光，光被反射，集结成束，并与前照灯灯轴平行射出。因为是成束射出，与没有反射镜的白炽灯相比，带反射镜的白炽灯在照射范围内的光照强度要强一千倍。

（2）近光　前照灯灯丝位于抛物面形反射镜的焦点的前上方。光线与镜轴呈倾斜角度射出。

为避免光向下射出，在近光灯灯丝下方安装了罩盖，该装置防止了光线照射到反射镜的下半部分并向上反射。此外，近光的射线形成了清晰的光路边界即明暗界限。

3. 配光镜

配光镜又称散光玻璃。它是用透光玻璃压制而成，是很多块特殊的棱镜和透镜的组合，其几何形状比较复杂，其作用是将反射镜反射出的平行光束进行折射，使车前路面和路缘具有良好而均匀的照明。

5.1.4　前照灯灯泡的更换

1. 拆卸前照灯灯泡

前照灯灯泡的拆卸步骤见表1-15。

表1-15　前照灯灯泡拆卸步骤

步　骤	图　示
关闭发动机及前照灯，打开发动机舱盖，找到前照灯连接插头，将插头从灯座上拔下来	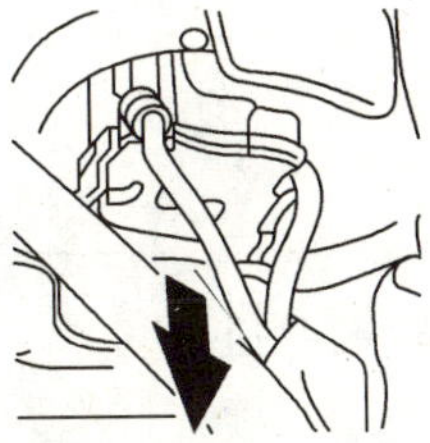

（续）

步　骤	图　示
拿出密封橡胶套	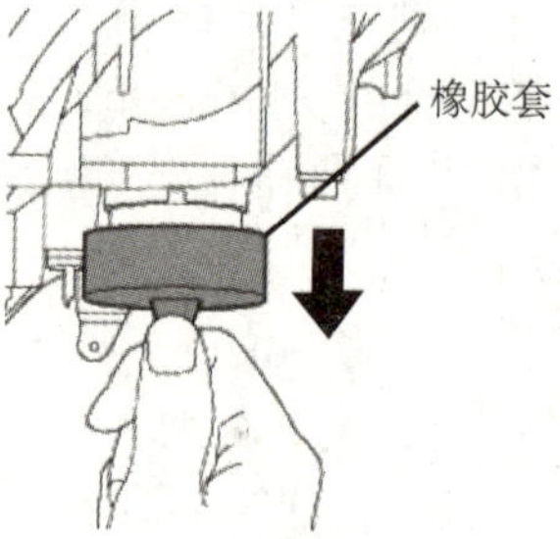
打开锁扣	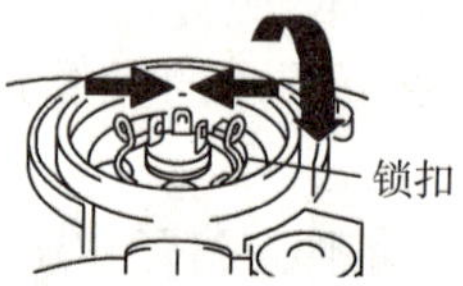
取出灯泡，更换灯泡时不能用手握玻璃管部分，而应握住灯泡底座部分	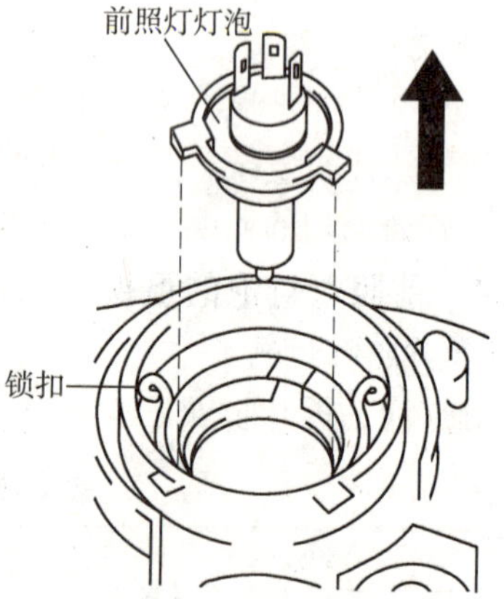 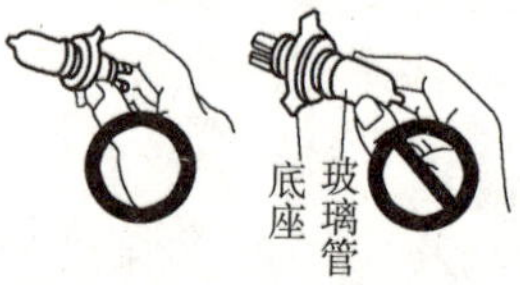

2. 检查灯泡的导通性

如图 1-32 所示，检查灯泡的导通性，如有问题应及时更换。

3. 灯泡的安装

灯泡的安装顺序与拆卸顺序相反，安装时要注意灯泡与灯座的关系，如图 1-33 所示。

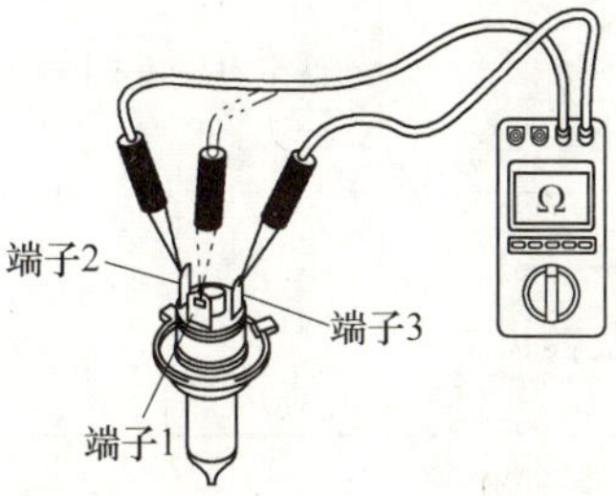

图 1-32　灯泡导通性检查

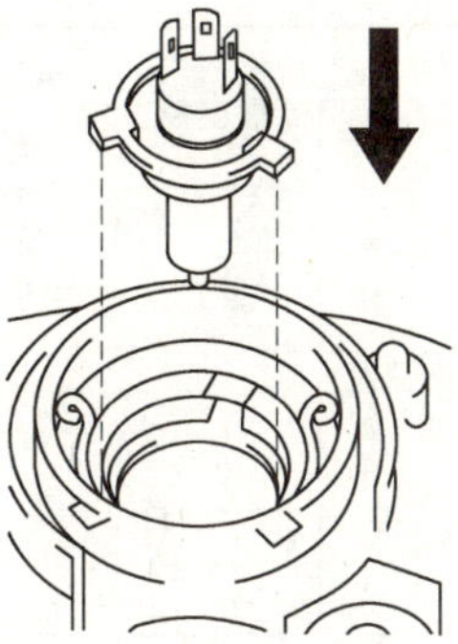

图 1-33　灯泡的安装

5.2　大众车系电路图形符号

不同国家、不同汽车生产厂家的汽车电路上所用的电路图形符号也不同，大众车系电路图形符号见表 1-16。

表 1-16　大众车系电路图形符号

	熔断器
	蓄电池
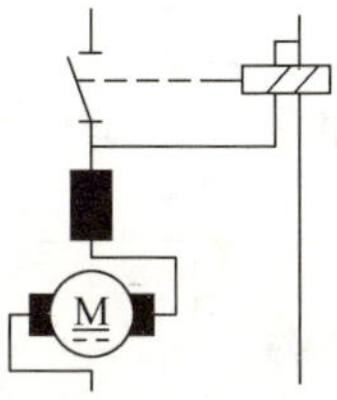	起动机
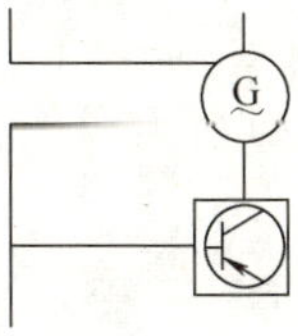	交流发电机
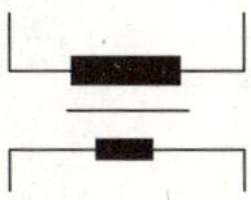	点火线圈
	火花塞和火花塞插头
	电热丝
	电阻
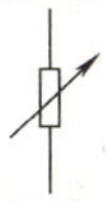	可变电阻
	手动开关
	温控开关
	按键开关
	机械开关
	压力开关
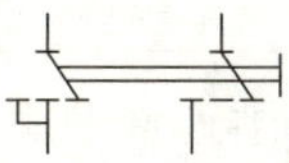	多挡手动开关

（续）

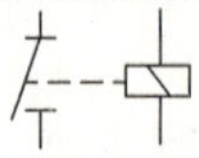	继电器
	灯泡
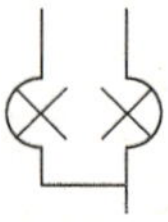	双丝灯泡
	发光二极管
	内部照明灯
	显示仪表
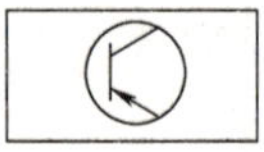	电子控制器
	电磁阀
	电磁离合器
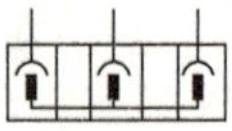	接线插座
	插头连接
	元件上多针插头连接
	元件内部导线接点
	可拆式导线接点
	不可拆式导线接点
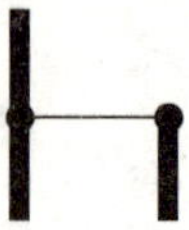	线束内导线连接
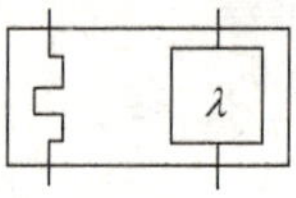	氧传感器
	电机
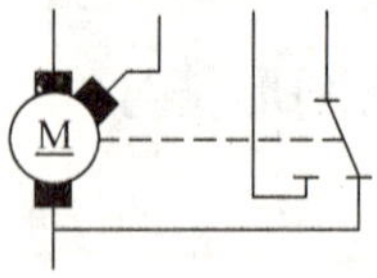	双速电机
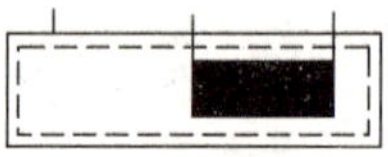	感应式传感器
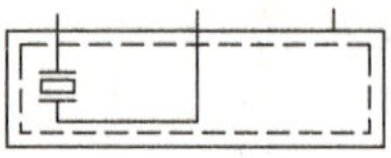	爆燃传感器
	数字钟
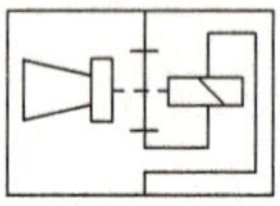	喇叭
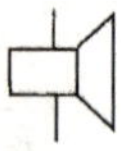	扬声器
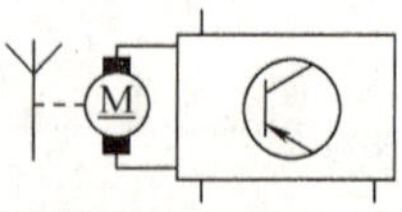	自动天线
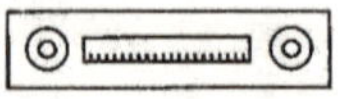	收放机
	点烟器
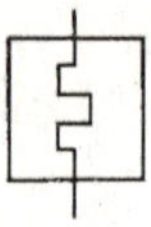	后窗玻璃加热器

5.3　大众车系电路图结构及图例说明

大众车系电路图结构如图 1-34 所示，某电路图图例如图 1-35 所示。

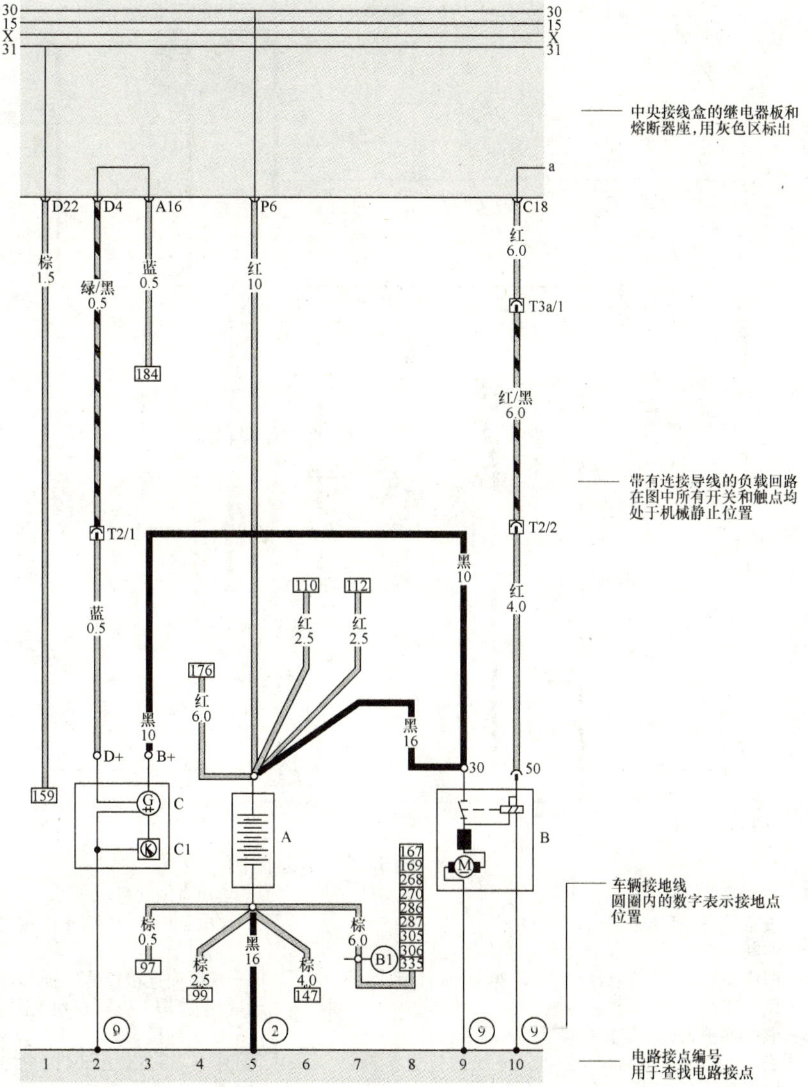

A —— 蓄电池

B —— 起动机

C —— 交流发电机

C1 —— 调压器

D —— 点火开关　　　　——元件代号及名称

T2 —— 发动机线束与发电机线束插头连接，2针，在发动机舱中间支架上

T3a —— 发动机线束与前照灯线束插头连接，3针，在中央接线盒后面

(2) —— 接地点 在蓄电池支架上

(9) —— 自身接地

(B1) —— 接地连接线，在前照灯线束内

图 1-34　电路图结构

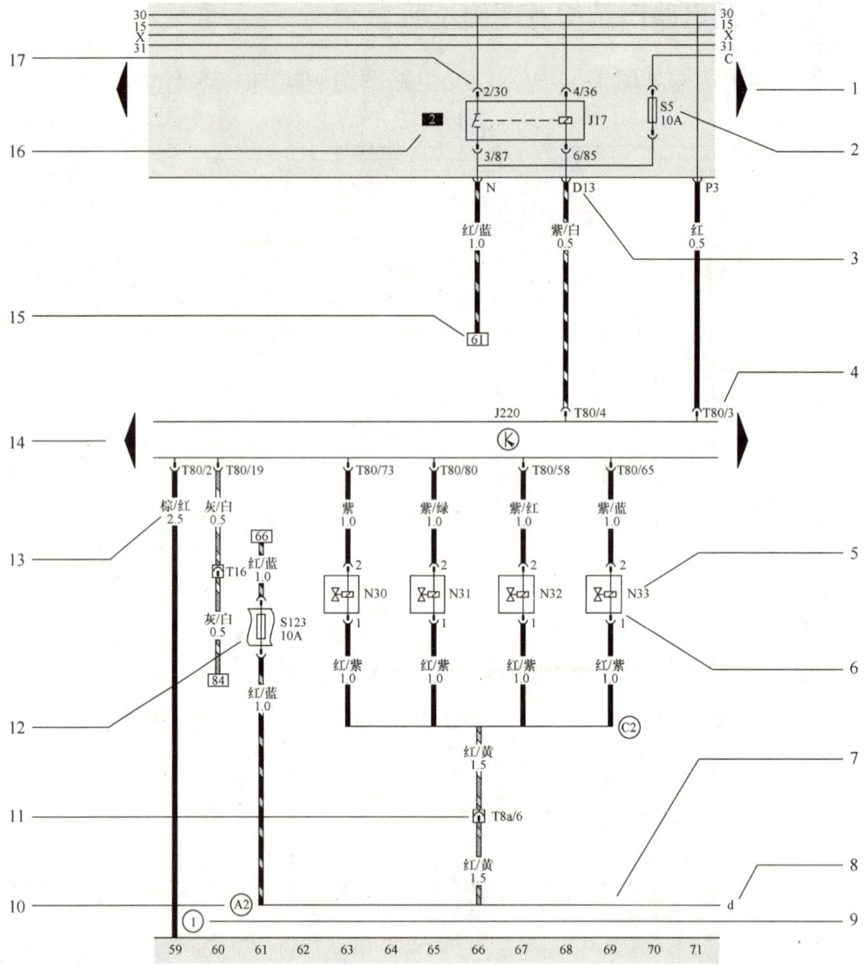

图 1-35 电路图例

1—三角箭头
表示接下一页电路图。

2—熔断器代号
图中 S5 表示该熔断器位于熔断器座第 5 号位，10A。

3—继电器板上插头连接代号
表示多针或单针插头连接和导线的位置，例如 D13 表示多针插头连接，D 位置触点 13。

4—接线端子代号
表示电器元件上接线端子数/多针插头连接触点号码。

5—元件代号
在电路图下方可以查到元件的名称。

6—元件的符号
可参见电路图形符号说明。

7—内部接线（细实线）
该接线并不是作为导线设置的，而是表示元件或导线束内部的电路。

8—指示内部接线的去向
字母表示内部接线在下一页电路图中与标有相同字母的内部接线相连。

9—接地点的代号
在电路图下方可查到该代号接地点在汽车上的位置。

10—线束内连接线的代号
在电路图下方可查到该连接位于哪个导线束内。

11—插头连接
例如 T8a/6 表示 8 针 a 插头触点 6。

12—附加熔断器符号
例如 S123 表示在中央接线盒熔断器座上第 23 号位熔断器，10A。

13—导线的颜色和截面积（单位：mm^2）

14—三角箭头
指示接续上一页电路图。

15—指示导线的去向
框内的数字指示导线连接到哪个接点编号。

16—继电器位置编号
表示继电器板上的继电器位置编号。

17—继电器板上的继电器或控制器接线代号
该代号表示继电器多针插头的各个触点。例如：2/30 表示：2 = 继电器板上 2 号位插口的触点 2，30 = 继电器/控制器上的触点 30。

5.4　大众车系电路图特点

大众车系电路结构图上部的灰色区域表示汽车的中央接线盒的熔断器座与继电器板。灰色区域内部水平线为接电源正极的导线，有 30、15、X、31 等，其中 30 号线直接接蓄电池正极，称为常火线；15 号线接点火开关，当点火开关处于“ON”及“START”挡时，电路通电，给小功率用电器供电；X 号线是受点火开关控制的大功率用电器供电火线，当点火开关接至“ON”或“START”挡时，中间继电器闭合，通过触点给大功率用电器供电；31 号线为中央接线盒搭铁线。图最下端是标注图中各线路位置的编号，各线路平行排列，每条线路对准下框线上的一个编号。线路如在图中中断，断口处应标注与之连接的另一段线路所在的编号，同时也在线上注出各搭铁点。所有电器件均处于图中间的位置。汽车整个电气系统以中央线路板为中心。

5.5　大众车系照明电路分析

5.5.1　倒车灯电路

倒车灯作为汽车倒车信号又兼起到后部照明作用。在桑塔纳轿车中倒车灯由装在变速器上的倒挡开关控制。如图 1-36 所示的桑塔纳轿车倒车灯电路中，当变速杆拨到倒车挡时，倒车灯开关 F4 接通，15 号线电源经熔断器 S15、倒车灯开关 F4，被加到倒车灯上，倒车灯 M16、M17 发亮。

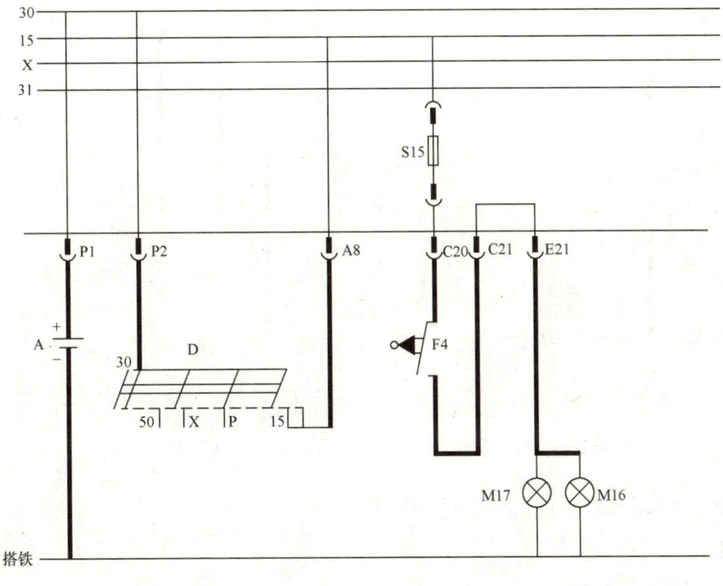

图 1-36　倒车灯电路

A—蓄电池　S15—熔断器　F4—倒车灯开关　M17，M16—倒车灯　D—点火开关当倒车时倒车灯不亮，可能的故障原因如下。

1）S15 熔断。

2）倒车灯的灯泡损坏。

3）倒车灯开关损坏。

4）线路有断路。

5.5.2 制动灯电路

制动灯安装在汽车后组合灯内，是指示汽车停车或减速的指示灯具。制动灯开关安装在制动踏板上，在踏下制动踏板时，便发出较强的红光，用以提醒后面的车辆或行人保持安全的距离。

当驾驶员踏下制动踏板时，制动灯开关闭合，如图 1-37 所示，其电路为：蓄电池 +→中央接线盒 P1 端子→熔断器 S2→中央接线盒 C3 端子→制动灯开关 F→中央接线盒 C1 端子→内部线路→中央接线盒 E16 端子→制动灯 M10、M9→搭铁→蓄电池 -。松开制动踏板时，制动灯开关断开，制动灯熄灭。

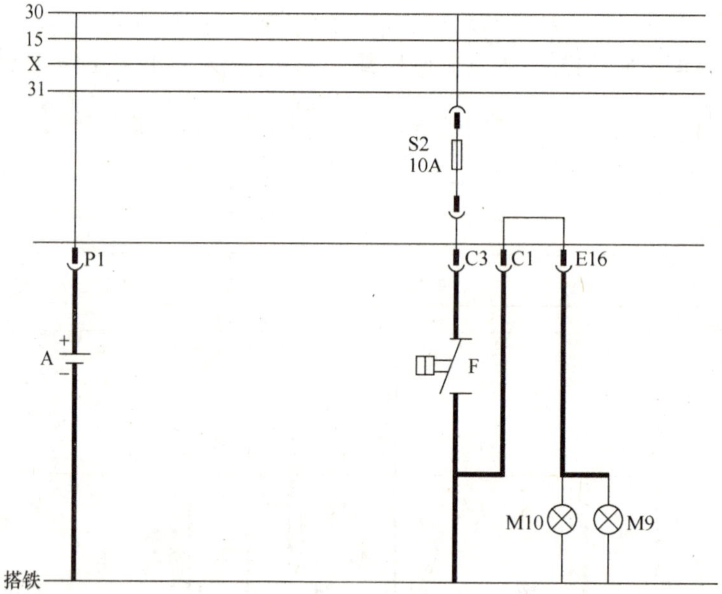

图 1-37 制动灯电路

A—蓄电池 S2—熔断器 F—制动灯开关 M10，M9—制动灯

当制动时制动灯不亮，可能的故障原因如下。

1）S2 熔断。

2）制动灯的灯泡损坏。

3）制动灯开关损坏。

4）线路有断路。

故障诊断与排除步骤按图 1-38 所示顺序进行。

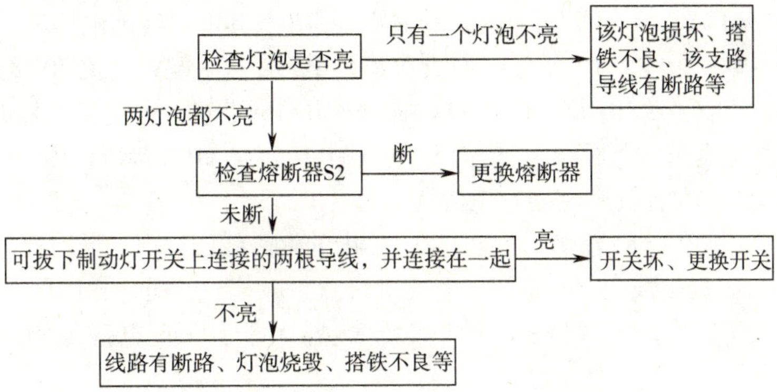

图 1-38　制动灯电路故障诊断与排除步骤

5.5.3　雾灯电路

雾灯包括前雾灯、后雾灯和雾灯指示灯，主要在雾天或雨雪天等恶劣的天气条件下，以及路面能见度较差时使用。前雾灯主要给本车驾驶员照明，后雾灯主要给后车驾驶员警示。雾灯开关安装在仪表盘上，雾灯受前照灯开关、点火开关、雾灯开关的控制，同时，雾灯电路还受到雾灯继电器、卸荷继电器的控制，属于大容量用电器。

如图 1-39 所示，为雾灯电路图，其工作过程如下。

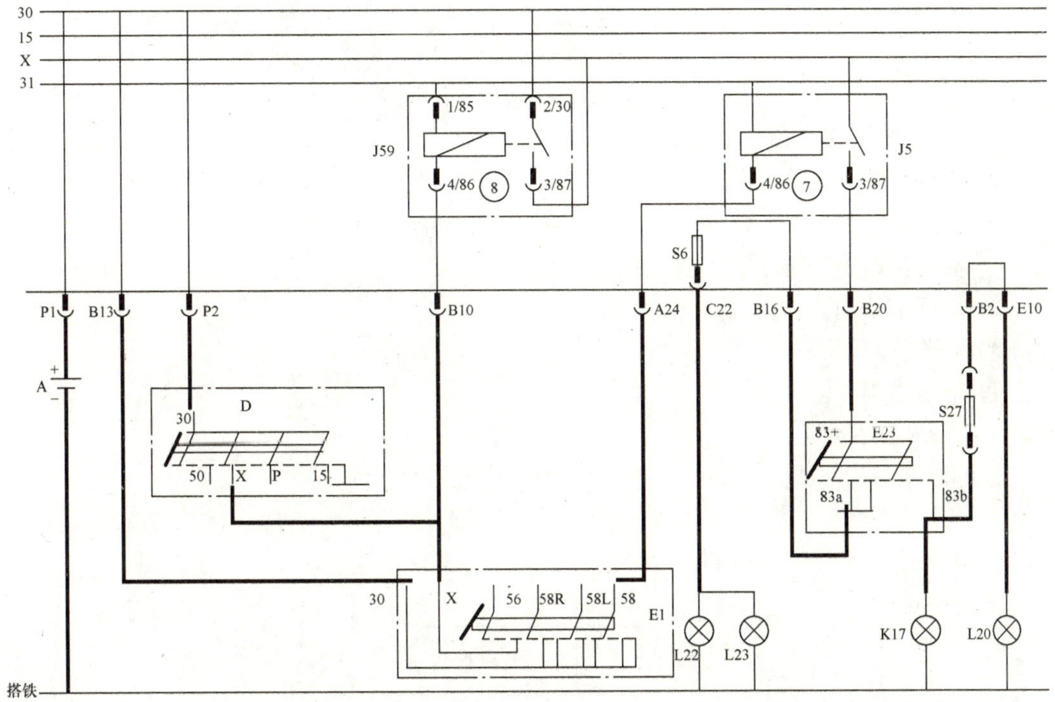

图 1-39　雾灯电路

A—蓄电池　S6、S27—熔断器　D—点火开关　J59—卸荷继电器　J5—雾灯继电器
E1—前照灯开关　E23—雾灯开关　L22—左前雾灯灯泡　L23—右前雾灯灯泡
L20—后雾灯灯泡　K17—雾灯指示灯

1. 雾灯工作过程

1）打开点火开关，卸荷继电器内的电磁线圈通电，其电磁线圈电路为：

蓄电池 +→中央接线盒 P1 端子→中央接线盒 P2 端子→点火开关 30 接线柱→点火开关 X 接线柱→中央接线盒 B10 端子→J59 电磁线圈 →搭铁（31 号线）→蓄电池 -。

此时，该电磁线圈通电后产生磁力，继电器触点闭合，中央接线盒内 30 常火线的电被引到中央接线盒 X（大容量用电器）电源线。

2）打开前照灯开关 1 或 2 挡，雾灯继电器内的电磁线圈通电，其电磁线圈电路为：

蓄电池 +→ 中央接线盒 P1 端子→中央接线盒 B13 端子→前照灯开关 E1 的 30 接线柱→前照灯开关 E1 的 58 接线柱→中央接线盒 A24 端子→J5 电磁线圈→搭铁（31 号线）→蓄电池 -。

此时，该电磁线圈通电后产生磁力，继电器触点闭合，中央接线盒内 X（大容量用电器）电源线的电经过继电器的触点，被引到雾灯开关 E23 的电源接线柱 83 +。

3）打开雾灯开关。

1 挡时，只有前雾灯亮，其电路为：

蓄电池正极→中央接线盒 P1 端子→J59 的闭合触点→ J5 的闭合触点→ 中央接线盒 B20 端子→ 雾灯开关 E23 的 83 + 接线柱→E23 的 83a 接线柱→中央接线盒 B16 端子→熔断器 S6→中央接线盒 C22 端子→ 左、右前雾灯 L22、L23→ 搭铁→ 蓄电池负极。

2 挡时，前、后雾灯和雾灯指示灯同时亮。前雾灯电路同 1 挡时的电路一样。后雾灯及雾灯指示灯的电路，在雾灯开关以前的电路同前雾灯的电路一样，以后的电路为：

→雾灯开关 E23 的 83b 接线柱 ┌→雾灯指示灯 K17→搭铁→ 蓄电池负极。
└→熔断器 S27→中央接线盒 B2 端子→ 中央接线盒 E10 端子→后雾灯 L20→搭铁→蓄电池负级。

2. 故障分析

打开雾灯开关，雾灯不亮，可能存在的故障原因有：

1）雾灯的灯泡损坏。

2）熔断器烧断。

3）开关损坏。

4）继电器损坏。

5）线路有断路。

故障诊断与排除步骤按如图 1-40 所示的顺序进行。

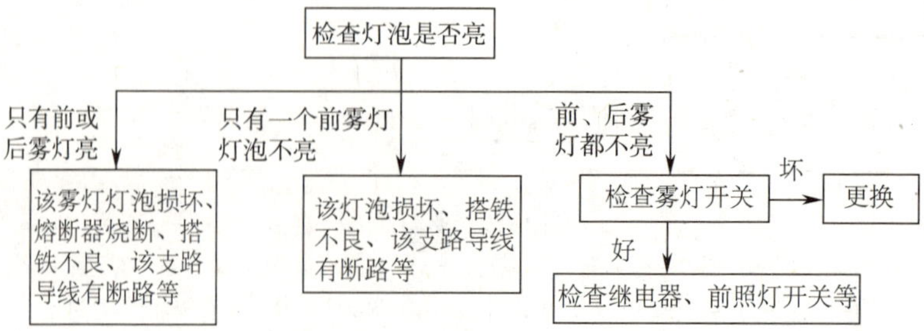

图 1-40　雾灯电路故障诊断与排除步骤

5.5.4　转向灯电路

转向灯由转向灯开关、闪光器、转向信号灯和转向指示灯等组成。转向灯开关装在转向盘下部的转向柱上，由驾驶员操纵，具有自动回位机构。当汽车转弯后，随着转向盘的回位，转向开关能自动地回到原始的断开位置。

转向信号灯的功能是，在汽车转向时告知周围车辆和行人汽车转向的方向。其受转向开关和闪光器的控制，能发出亮、灭交替的琥珀色的闪光信号。

此外，当汽车发生故障或紧急情况时，打开报警灯开关，此时，前后左右四个转向灯一起闪亮，以示警告。无论点火开关出于什么位置，危险报警灯都可以工作。

转向指示灯安装在仪表盘上，表示汽车转向并指示转向灯的工作情况，它与转向信号灯并联，一起工作。

1. 转向灯工作过程

1）如图1-41所示，打开点火开关D，向左或向右搬动转向灯开关E2，转向灯电路接通，其电路为：

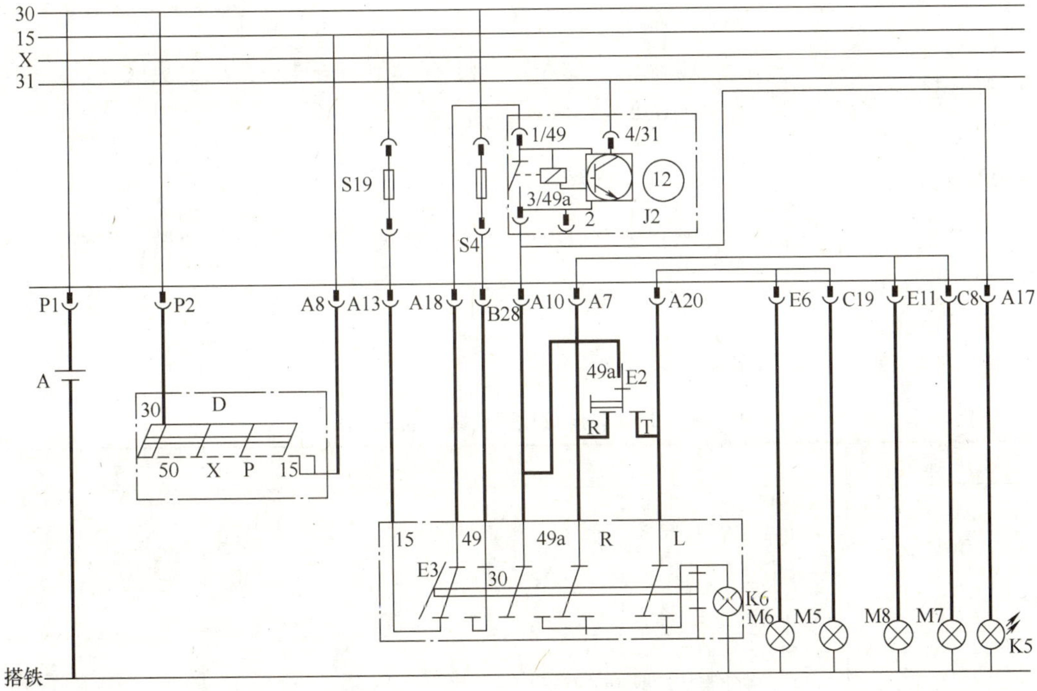

图1-41　转向灯电路

A—蓄电池　S4、S19—熔断器　D—点火开关　J2—闪光继电器　E3—报警灯开关
E2—转向灯开关　M6—后左转向灯　M5—前左转向灯　M8—后右转向灯
M7—前右转向灯　K6—报警灯指示灯　K5—转向灯指示灯

蓄电池正级→P1端子→P2端子→点火开关30接线柱→点火开关15接线柱→A8端子→熔断器S19→A13端子→报警灯开关E3的15接线柱→E3的49接线柱→A18端子→闪光继电器J2→A10端子→转向灯开关E2的49a

接线柱→
→E2的R接线柱→A7端子
→E11端子→后右转向灯M8
→C8端子→前右转向灯M7
→E2的L接线柱→A20端子
→E6端子→后左转向灯M6
→C19端子→后右转向灯M5
→A17端子→转向指示灯K5
→搭铁→蓄电池负极

此时，汽车向左或向右转向，左侧转向灯或右侧转向灯及转向指示灯亮。

当汽车转向结束后，车轮回正，转向开关E2自动回到断开的位置，转向灯及转向指示灯熄灭。

2）当汽车发生故障或紧急情况时，打开报警灯开关，四个转向灯同时闪亮，以警告路上行驶的其他车辆。其电路为：

蓄电池正级→P1端子→熔断器S4→B28端子→E3的30接线柱→E3的49接线柱→A18端子→闪光继电器J2→A10端子→E3的49a接线柱→

→E3的R接线柱→A7端子
→E11端子→后右转向灯M8
→C8端子→前右转向灯M7
→E3的L接线柱→A20端子
→E6端子→后左转向灯M6
→C19端子→后右转向灯M5
→报警指示灯K6
→搭铁→蓄电池负极

故障或紧急情况解除，关闭报警灯开关，四个灯熄灭，告诉其他驾驶员，本车已经恢复正常行驶。

2. 故障分析

1）故障现象及故障原因见表1-17。

表1-17　转向灯故障现象与故障原因

故障现象	故障原因
左、右转向灯全不亮	1. 转向信号灯熔断器熔断 2. 蓄电池至转向开关之间线路有断路、接触不良 3. 转向灯开关损坏 4. 闪光继电器损坏 5. 配线或接地故障
左或右转向灯不亮	1. 导线接头脱落 2. 闪光继电器接触不良 3. 搭铁不良 4. 转向灯灯泡烧坏
亮灭次数减少（闪烁频率慢）	1. 转向灯灯泡功率选用不当 2. 闪光继电器调整不当 3. 电源电压过低（应调整或更换发电机调节器）
亮灭次数增加（闪烁频率快）	1. 转向灯灯泡功率选用不当 2. 某转向灯灯泡烧坏 3. 搭铁不良 4. 电源电压过高（应调整发电机电压调节器） 5. 闪光继电器调整不当

（续）

故障现象	故障原因
转向信号系统有时工作，有时不工作	1. 闪光继电器（电子闪光器）搭铁不良 2. 导线接触不良或断路
转向灯常亮	1. 闪光继电器故障 2. 发电机调节器的限额电压过高 3. 转向灯开关故障 4. 短路故障
转向灯的熔断器熔断，更换后再次熔断	1. 转向灯电路的电源线直接搭铁 2. 灯泡或灯座短路 3. 转向灯开关搭铁 4. 闪光继电器接触不良
开示宽灯时转向灯亮（不闪），开转向灯时示宽灯亮	双丝灯搭铁不良（非公共搭铁灯系的双丝灯泡）

2）故障诊断与排除。以左（右）转向信号灯全不亮故障的诊断与排除为例说明。故障诊断与排除步骤按图 1-42 所示顺序进行。

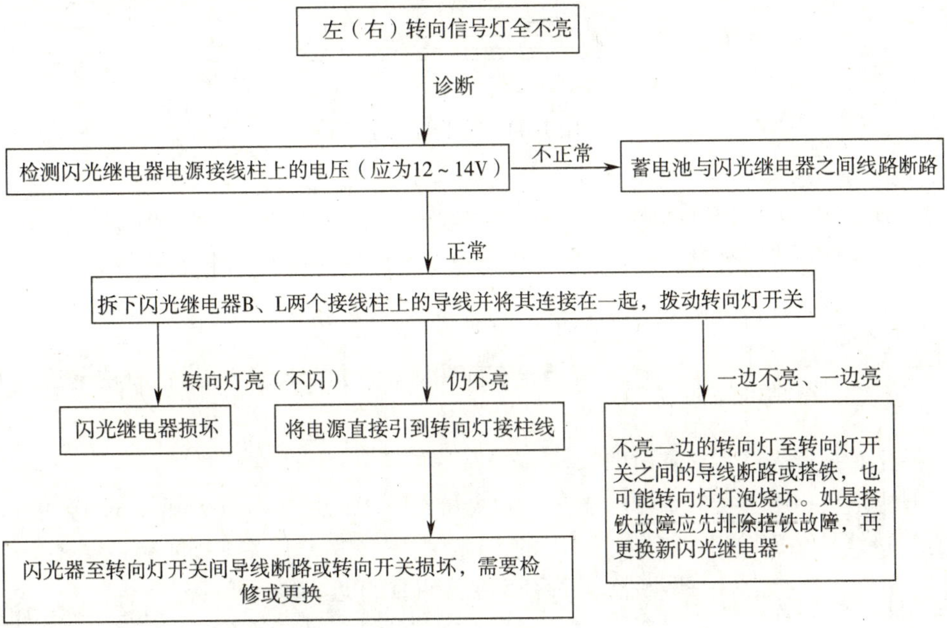

图 1-42　转向灯故障诊断流程图

5.5.5　前照灯电路

桑塔纳轿车的前照灯直接由车灯开关控制，车灯开关在 2 挡时，通过变光开关进行远光和近光的切换。此外，远光灯还可以由自动复位的超车灯开关直接控制，在汽车超车时使用。

1. 工作过程

如图 1-43 所示，打开点火开关，将电源总开关 E1 开到第 2 挡，此时，远光灯或近光灯接通。

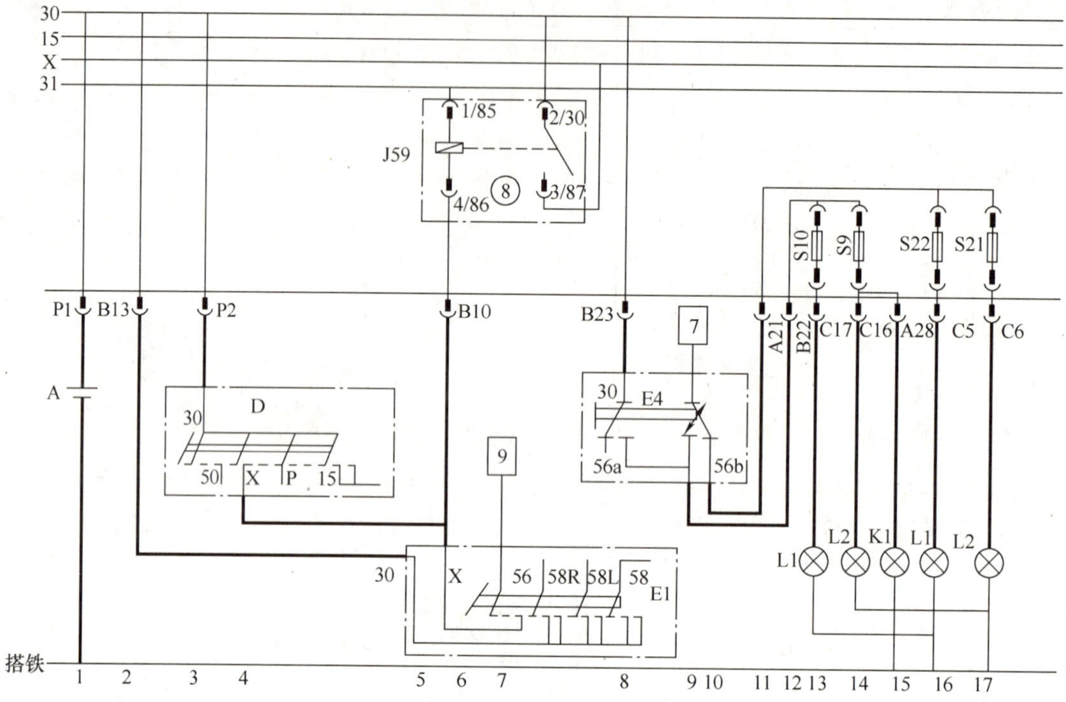

图 1-43　前照灯电路

如果此时是远光灯亮，其电路为：

蓄电池正极→中央接线盒 P1 端子→中央接线盒 P2 端子→点火开关 30 接线柱→ 点火开关 X 接线柱→E1 的 X 接线柱→E1 的 56 接线柱→ 变光开关 E4 的 56 接线柱→ E4 的 56a 接线柱→B22 端子→

→熔断器S10→C17端子→左前照灯远光灯丝L1→

→熔断器S9→C16端子→右前照灯远光灯丝L2→

→熔断器S9→A28端子→远光指示灯K1→

→搭铁→蓄电池负极

如果此时是近光灯亮，其电路为：

蓄电池正级→中央接线盒 P1 端子 →中央接线盒 P2 端子 →点火开关 30 接线柱→ 点火开关 X 接线柱→E1 的 X 接线柱→E1 的 56 接线柱→变光开关 E4 的 56 接线柱→E4 的 56b 接线柱→A21 端子→

→熔断器 S22→C5→ 左前照灯近光灯丝 L1→

→熔断器 S21→C6→ 右前照灯近光灯丝 L2→

→搭铁→蓄电池负极

如果要进行远、近光切换，则只需扳动变灯开关 E4 即可。

此外，超车时，不需打开灯光总开关，只需扳动变灯开关 E4，前照灯的远光灯丝就会发亮，松开 E4，则灯灭。此时，汽车发出一明一暗的光。其电路不经过点火开关为：

蓄电池正极→中央接线盒 P1 端子→ B23 端子→ 变光开关 E4 的 30 接线柱→ E4 的 56a 接线柱→B22端子

→熔断器S10→C17端子→左前照灯远光灯丝L1→

→熔断器S9→C16端子→右前照灯远光灯丝L2→

→熔断器S9→A28端子→远光指示灯K1→

→搭铁→蓄电池负极

2. 故障分析

故障现象及故障原因见表 1-18

表 1-18　前照灯电路故障现象与故障原因

故障现象	故障原因
所有灯都不亮	1. 电源总熔断器熔断 2. 蓄电池搭铁不良 3. 变光开关损坏 4. 继电器损坏
远光灯或近光灯不亮	1. 变光开关损坏 2. 闪光继电器不良 3. 导线搭铁 4. 导线断路、该灯熔断器熔断、灯丝烧坏
前照灯灯光暗淡	1. 熔断器松动 2. 线路中有松动、接触不良的地方 3. 搭铁不良 4. 发电机输出电压过低 5. 用电设备漏电，负荷增大 6. 搭铁不良
一侧前照灯亮度正常，另一侧前照灯暗淡	1. 暗的一侧搭铁不良 2. 导线插接器的插头接触不良
灯泡经常烧坏	发电机输出电压过高

以前照灯近光灯不亮的故障诊断与排除为例，其故障诊断与排除步骤按图 1-44 所示

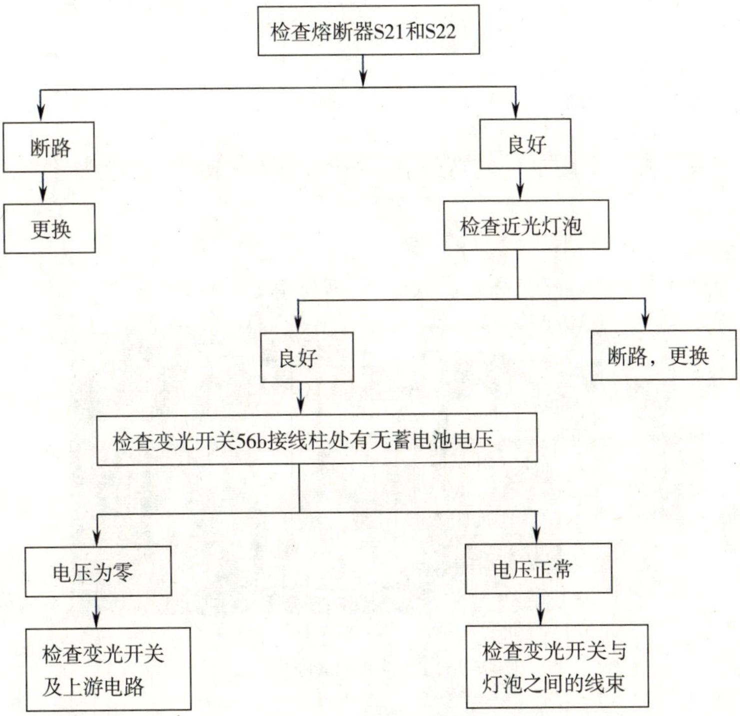

图 1-44　前照灯故障诊断流程图

顺序进行。

3. 汽车前照灯的检查与调整

前照灯光束调整正确与否，将极大地影响行车安全、运输效率和驾驶员的疲劳程度，调整时其相关参数应参照调整车辆的说明书和技术手册。目前，主要采用屏幕检验法或仪器检验法对其进行检查，在应用仪器检验法时，由于各仪器型号不同，其使用方法也不同，所以，具体检验步骤只能参照仪器说明书进行。

6 智能前照灯系统

智能前照灯能够适应不同的交通状况，带有力学调节曲光灯的前照灯系统能够适应曲线行驶。当汽车直线行驶时，前照灯会根据转弯半径绕着垂直地面的轴线旋转；当汽车行驶到很大的弯角时，例如，十字路口，除了主要的前照灯外，还会有一个附加的前照灯开启（静止的曲光灯/转弯灯），如图 1-45 所示。

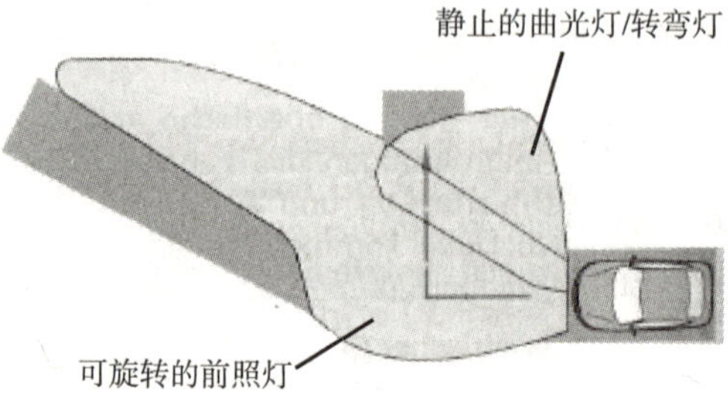

图 1-45 智能前照灯系统

6.1 智能前照灯组成

智能前照灯系统由一个附加的转弯灯和一个带旋转装置的投射灯组件组成，如图 1-46 所示。

图 1-46 智能前照灯的组成

6.2　智能前照灯作用方式

投射灯组件是铋-氙灯，其使用一个活动遮光板调节前照灯使其成为远光灯或近光灯，投射灯通过带步进电动机的蜗轮传动，根据转弯半径绕垂直地面的轴线旋转，发出曲光，如图 1-47 所示。汽车转弯时，借助传感器测量转向盘的旋转角或汽车绕垂直轴的旋转角度，系统可以识别转弯半径，一个控制仪器会处理传感器信号，并相应地控制旋转装置的步进电动机，进而来控制投射灯发出曲光。

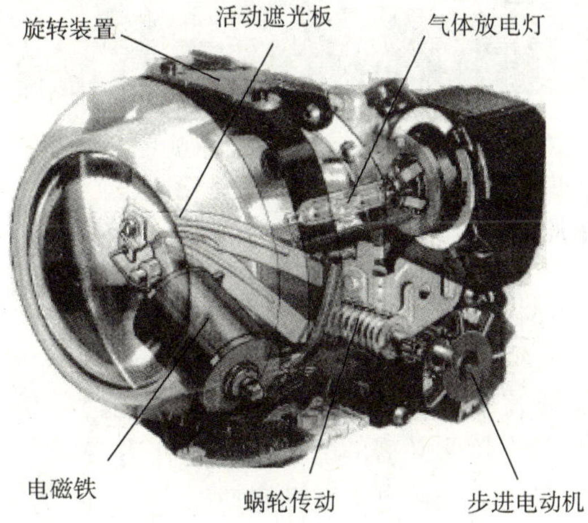

图 1-47　带旋转装置的投射灯组件

只要控制仪器一识别出转弯过程，即使当汽车行驶时的弯曲半径很小，转弯灯也会开起。

7　前照灯照程自动调节

7.1　前照灯总成

前照灯的结构与外观如图 1-48、图 1-49 所示。

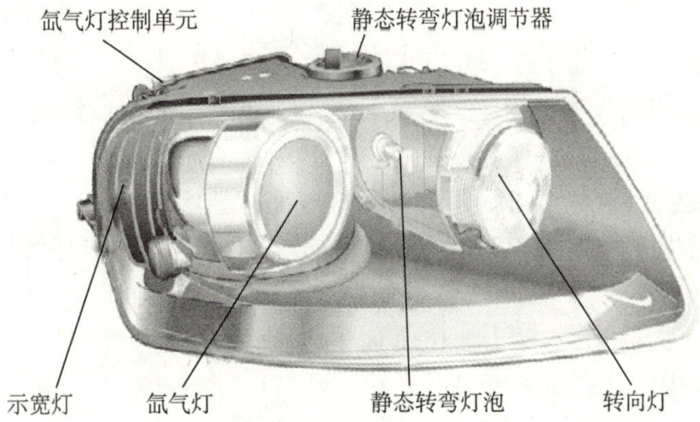

图 1-48　前照灯结构

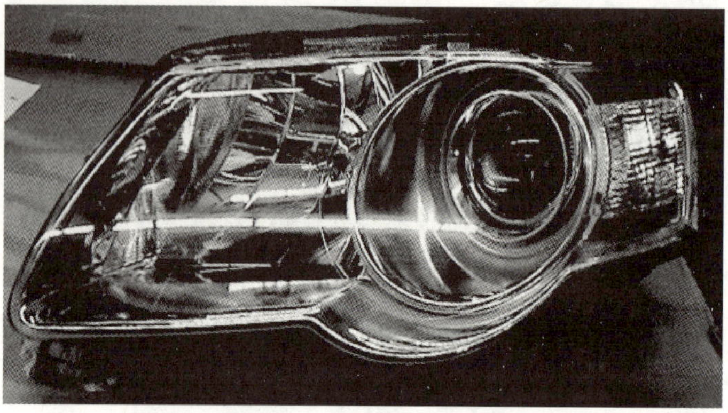

图 1-49　前照灯外观

7.2　氙气灯工作原理

氙气灯是一种含有氙气的新型前照灯，又称高强度放电灯或气体放电灯，英文简称 HID。它是在石英灯管内填充高压惰性气体“氙气”来取代传统的灯丝。它的发光原理是利用正负电极激发氙气，使之与稀有金属进行化学反应并发光的。它必须配备串联的电子仪器，该仪器是运行气体放电灯所必需的，它以最高可达 24kV 的高压脉冲触发气灯，通过高压脉冲在灯的两极间形成火花放电。在灯起动以后，在约为 85V 的燃烧电压（300Hz 交流电压）调节下，灯的功率恒定在 35W。由于在点火时会出现极高的运行电压，在违反操作规程操作或在前照灯损坏时进行操作可能会发生生命危险。

HID 起动时的前 0.8s 的亮度只是其额定亮度的 20%，随着时间的增加，氙气分子的活动能力会随着使用时间的加长而更加活泼，一般会在约 3s 左右达到额定亮度的 80% 以上，因此 HID 是逐渐亮起来的。

氙气灯具有以下的特点：

1）亮度更高，是普通卤素灯亮度的 2.5～3 倍。

2）灯光和白天中午的光线相近，因此不易引起眼睛的疲劳。

3）氙气灯具有更低的能耗，一般只有 35W 左右，而卤素灯是 55W 功率。因此使用氙气灯的汽车的燃油消耗更小。

4）氙气灯有更长的使用寿命。由于是利用电流刺激气体发光，基本上不会产生过高温度，所以只要其中的氙气还没用完，它就可以一直正常发光，而没有卤素灯泡的钨丝烧断的现象。这使得氙气灯还有一个更好的优点：其消耗的氙气是缓慢减少的，即当其使用寿命终结时候，只是亮度逐渐下降而不像卤素灯泡那样突然坏掉。

5）由于 HID 是电流激发氙气发弧光，所以其起动是需要时间的，不适合“频繁起动”的工作方式。

6）由于 HID 色温高，它穿透力要比卤素灯光差很多，因此，它的光线照的并不高。

7）由于 HID 是电弧光，其光线呈散发状，所以一般必须配“凸透镜聚光”系统。

8）由于 HID 点亮 3s 后才能达到最大亮度，所以，传统的氙气灯并不适合做频繁（开/闭）的远光灯使用。

7.3　前照灯照程自动调节

前照灯控制单元根据车辆的负载情况自动调节前照灯照程。控制单元通过采集安装于前、后轴的车辆高度传感器（如图1-50，图1-51所示）的信号，来确定车辆的负载情况，然后命令电机动作，使前照灯照程始终处于最佳状态，如图1-52所示。

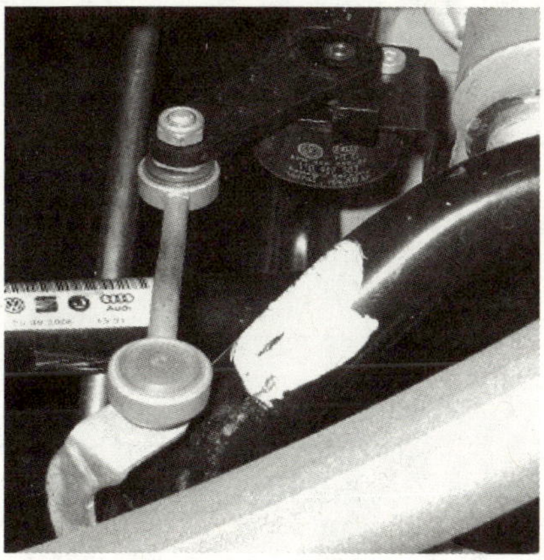

图1-50　前轴高度传感器

图1-51　后轴高度传感器

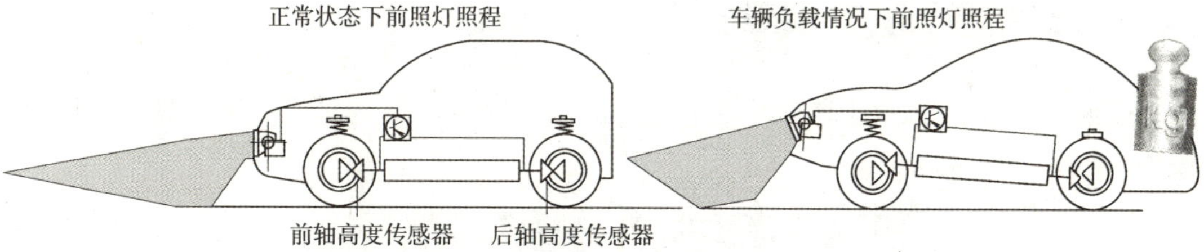

图1-52　前照灯照程自动调节

安装于前、后轴的车辆高度传感器的工作原理为霍尔效应原理，传动杆将车轴跳动传给传感器，传感器将其转换成与转角大小成比例的电信号加以输出，控制单元采集来自前、后轴车辆高度传感器的电信号，得出前、后轴间的电压差，进而自动调节前照灯照程。

7.4　前照灯的基本设定

7.4.1　需要做基本设定的情况

1）前照灯控制单元被重新编码。

2）已经进行了匹配。

3）新装了前照灯。

4）前照灯被拆卸并重新安装。

5）前照灯控制单元被重新安装。

6）左后车辆高度传感器被更换。

7）左前车辆高度传感器被更换。

8）安装了新的车辆高度传感器支架。

9）车辆高度传感器所固定的副车架或支撑架被更换。

7.4.2 基本设置的前提条件

1）步进电动机没有故障。

2）高度传感器没有故障。

3）前照灯范围控制单元必须被编码。

4）蓄电池电压必须高于 10.5V。

5）左前车辆高度水平传感器的数值必须介于 12.5% ~50.0% 之间。

6）左后车辆高度水平传感器的数值必须介于 50% ~87.5% 之间。

7）上述的条件如果有任何一个没有满足都不能进行基本设置。

7.4.3 基本设定过程中需满足的条件

1）车辆必须停在平坦的地面上（四轮着地）。

2）车辆不能有负载。

3）车灯必须接通。

4）车辆不能正在移动。

5）车辆不能有任何制动（停车制动必须放开）。

6）点火开关必须接通。

8 应用“转弯灯光系统”

只有双氙灯灯光系统才具有转弯灯光功能，照明效果与常规灯光对比如图 1-53 所示，其外观如图 1-54 所示。

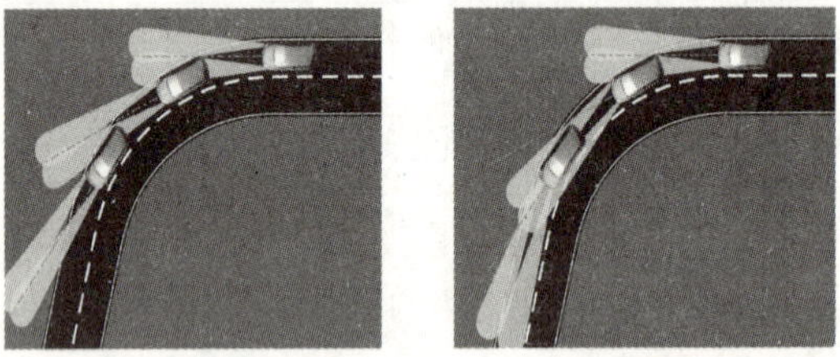

a）　　　　b）

图 1-53 常规灯光与动态转弯灯光功能对比

a）常规灯光 b）只有双氙灯灯光系统才会有 AFS（动态转弯灯光）功能

图 1-54 双氙气灯外观图

8.1　动态转弯灯光系统

动态转弯灯光系统通过集成在前照灯上的伺服电机水平调节近光灯的角度，动态转弯灯光系统结构如图 1-55 所示。

图 1-55　动态转弯灯光系统结构

动态转弯灯光系统激活条件如下。

1）15 号线接通。

2）近光灯点亮。

3）车速≥10kM/h。

4）转弯半径符合要求。

5）车辆向前行驶。

8.2　静态转弯灯光系统

1. 静态转弯灯的作用

静态转弯灯可以帮助驾驶员提早发现其他车道上的车辆或障碍物，有助于安全驾驶。静态转弯灯在传统近光灯的基础上又额外附加了一个灯泡，用于在车辆转弯时照亮车辆侧面，照明效果如图 1-56、图 1-57 所示。

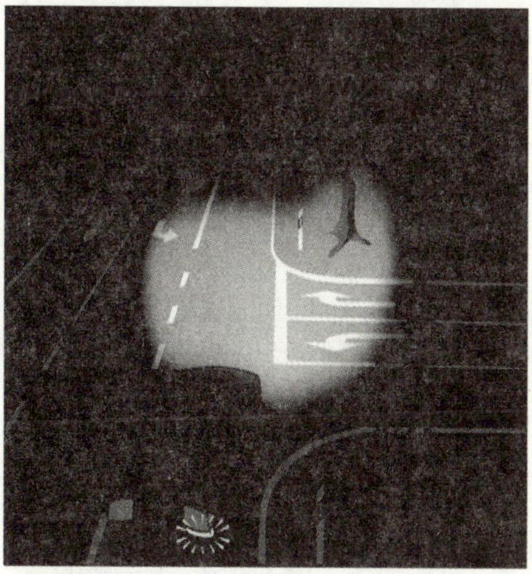

图 1-56　带有普通近光灯的车辆

图 1-57　带有静态转弯灯光的车辆

2. 静态转弯灯系统激活条件

1）15 号线接通。

2）近光灯点亮。

3）车速≤50kM/h。

4）车辆转急弯。

9　组合仪表故障显示

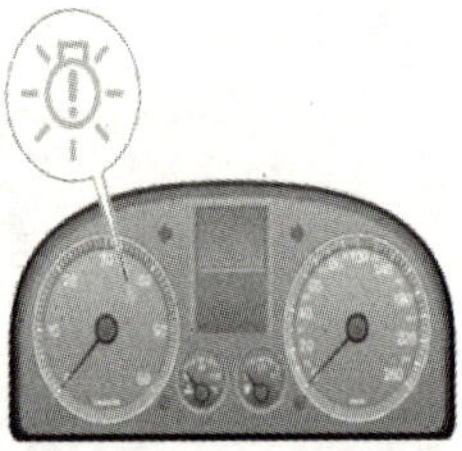

图 1-58　灯光故障报警灯闪亮

1）当转弯灯和前照灯照程控制单元中有故障码存储时，组合仪表中的灯光故障报警灯会闪亮，如图 1-58 所示。

2）当一侧的近光灯或近光灯灯泡故障时，另一侧的转弯灯光功能将失效。

学习单元二

后窗玻璃加热器失灵

1　后窗玻璃加热器的作用与使用

在雨雾天，特别是在冬季行车，由于气温低，车内水汽会在玻璃上凝结成一层霜雾，尤其是后窗玻璃，因不易擦拭，也没有暖风吹到，其对行车视线妨碍极大。因此在汽车上安装有除雾除霜装置，汽车前、侧窗玻璃可以利用空调系统产生的暖气进行除雾除霜，后窗玻璃多使用电热丝加热除雾除霜。

点火开关在“ON”位置时，按下后窗玻璃加热器开关，后窗进行除雾或除霜，如图 2-1 所示，后车窗内侧的细电热丝将迅速使后车窗表面清晰，此时仪表板中指示灯亮，指示后窗玻璃加热器正在工作中。再按一次开关，可将后窗玻璃加热器关闭。长时间开着后窗玻璃加热器将导致蓄电池放电，为了防止蓄电池放电，当发动机停止时请关闭开关，另外，当车窗表面清晰后，须确认将后窗玻璃加热器关闭。带定时器的车辆后窗玻璃加热器运行 15min 后将自动关闭。在清洁后车窗内侧时，注意不要刮伤或损坏电热丝或插头。

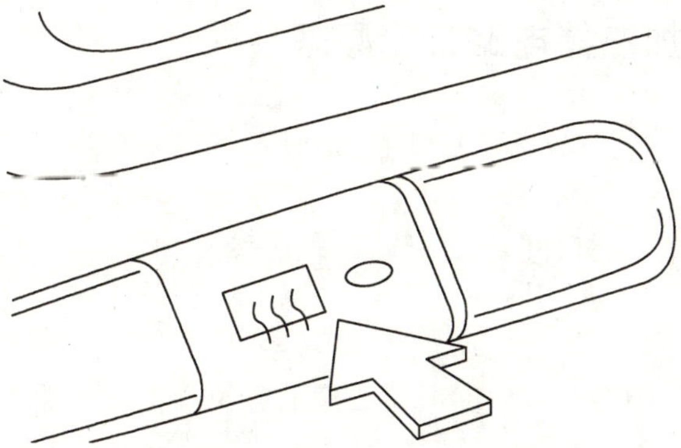

图 2-1　后窗玻璃加热器开关

2　后窗玻璃加热器的组成

后窗玻璃加热器的控制方式分手动和自动两种。如图 2-2 所示是一种典型的自动后窗玻璃加热器电路，它主要由电热线、传感器、继电器、控制电路、自动后窗玻璃加热器开关以及指示灯等组成。

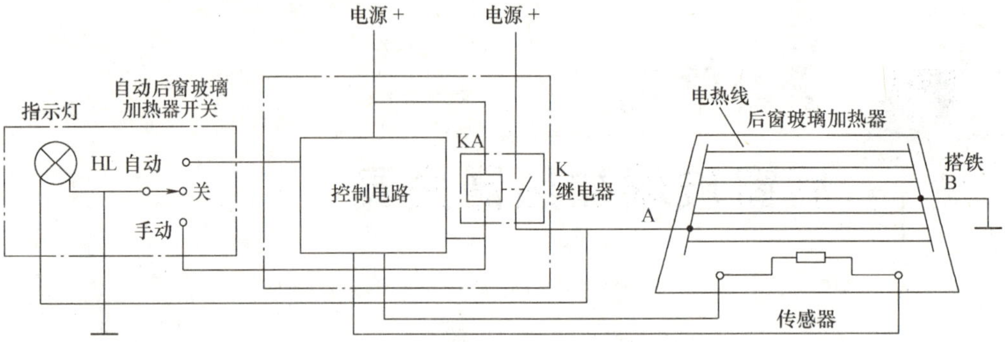

图 2-2　自动后窗玻璃加热器电路

（1）电热线　将电热导电涂料平行印刷、粘贴在后窗玻璃的内表面而形成了电热线。每两条电热线之间的间隔在 20mm 左右，其两端相连接成并联电路。当在电热涂料两端加上 12V 电压时，即会产生 25～30℃的微温，将玻璃加热以消除霜层。

（2）传感器　传感器是一种热敏电阻，一般安装在后窗玻璃下方，用以检测有无积霜。

如果有积霜，则传感器电阻减小，控制器就使继电器线圈通电，吸合触点 K，使电热线通电。当除霜结束时，玻璃上温度上升，传感器阻值变大，控制电路将使继电器断电，使除霜自动停止。

（3）控制电路　控制电路一般由分立元件电路或单片集成电路构成。其输入信号有两个：一个是手动/自动除霜开关信号，另一个是传感器信号。

（4）除霜指示灯　除霜指示灯实际上并接在电热线两端，受继电器的控制。当电热线加温时，该指示灯也同时点亮，以示除霜电路处于除霜工作状态；当除霜停止时，该指示灯也将熄灭。

3　后窗玻璃加热器电路工作原理

1）除霜开关置于“关”位置，控制电路及指示灯电路断开，除霜装置以及除霜指示灯均不工作。

2）除霜开关置于“手动”位置，继电器线圈经手动开关直接搭铁，继电器触点闭合，使除霜电路及指示灯接通，除霜装置以及除霜指示灯均工作。

3）除霜开关置于“自动”位置，如果霜层凝结到一定厚度时，传感器电阻值减小到某一设定值以下，控制器即可使继电器线圈的电流经控制电路而搭铁，继电器闭合，于是电源电压经继电器到除霜电热丝构成回路，另外经分路到仪表上的电流使指示灯点亮，表示除霜装置正在工作。当玻璃上结霜减少到某一程度后，传感器电阻值增大，控制电路切断继电器线圈回路，触点断开，电热丝断电，除霜装置停止工作，同时指示灯熄灭。

4 后窗玻璃加热器电路图例

4.1 桑塔纳轿车后窗玻璃加热器系统电路图

桑塔纳轿车后窗玻璃加热器系统采用手动控制，受点火开关控制，其主要由后窗玻璃加热开关，后窗玻璃加热器、熔体组成。桑塔纳轿车后窗玻璃加热器系统电路如图 2-3 所示。

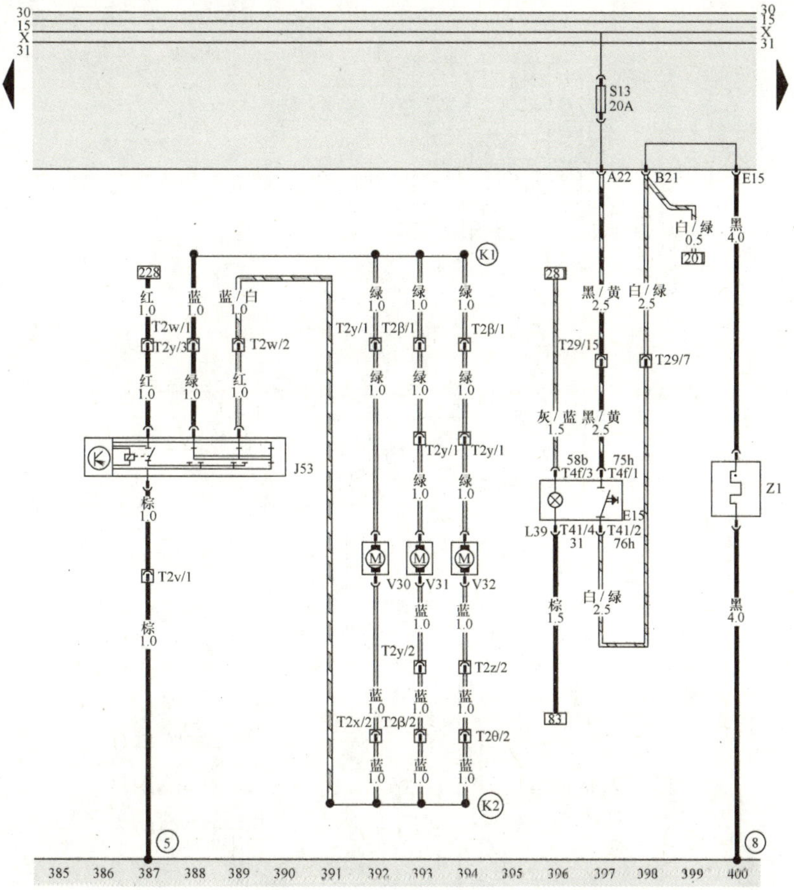

E15 — 后窗玻璃加热器开关
J53 — 集控锁控制器
L39 — 后窗玻璃加热器开关照明灯
S13 — 后窗玻璃加热器熔体，20A
T2v — 左前门集控锁附加线束与集控门锁线束插头连接，2 针，在左前门内
T2w — 左前门集控锁附加线束与集控门锁线束插头连接，2 针，在左前门内
T2x — 右前门集控锁附加线束与集控门锁线束插头连接，2 针，在右前门内
T2y — 左后门集控锁附加线束与左后门附加线束插头连接，2 针，在左后门内
T2z — 右后门集控锁附加线束与右后门附加线束插头连接，2 针，在右后门内
T2β — 左后门附加线束与集控门锁线束插头连接，2 针，在司机座椅外侧地毯下
T2θ — 右后门附加线束与集控门锁线束插头连接，2 针，在副驾驶座椅外侧地毯下
T2f — 仪表板开关线束与后窗玻璃加热器开关插头连接，4 针，在后窗玻璃加热器开关上
T29 — 仪表板线束与仪表板开关线束插头连接，29 针，在组合仪表下方
V30 — 右前集控锁电动机
V31 — 左后集控锁电动机
V32 — 右后集控锁电动机
Z1 — 后窗玻璃加热器
⑤ — 接地点，在中央电器左侧星形接地爪上
⑧ — 接地点，在左组合后灯左侧车身上
(K1) — 连接线，在集控门锁线束内
(K2) — 连接线，在集控门锁线束内

图 2-3 桑塔纳轿车后窗玻璃加热器系统电路图

4.2 威驰轿车后窗玻璃加热器系统电路图

如图 2-4 所示，为威驰轿车后窗玻璃加热器系统电路图。

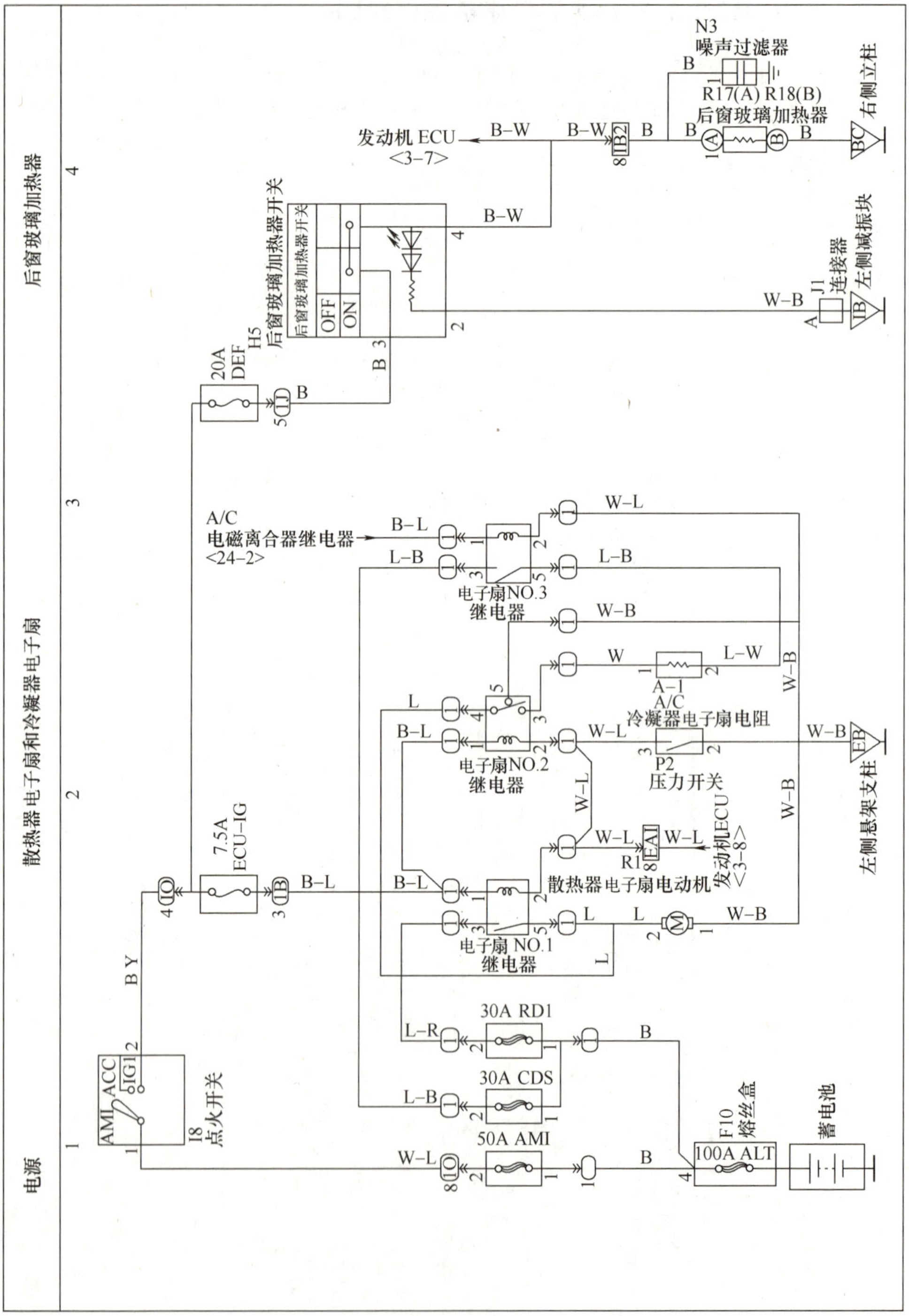

图 2-4　威驰轿车后窗玻璃加热器系统电路图

4.3　丰田车系电路的识读方法

4.3.1　丰田汽车电路图中使用的符号及含义

在电路图中，不同的电器元件用不同的符号表示，丰田车系电路图形符号及含义见表2-1。

表2-1　丰田车系电路图形符号

图形符号	名　称	图形符号	名　称
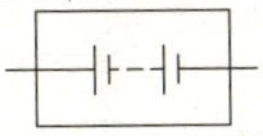	蓄电池	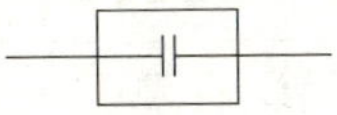	电容器
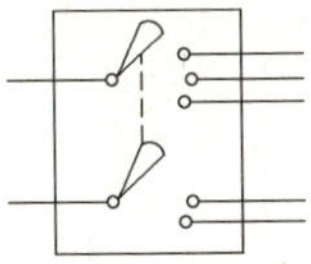	点火开关	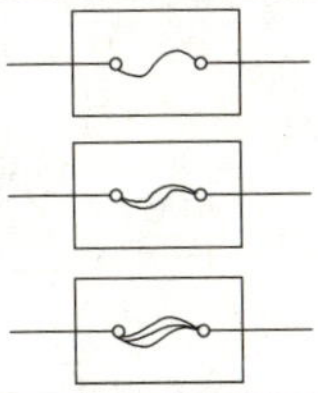	熔断器
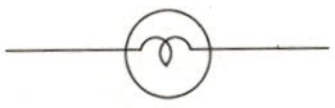	灯	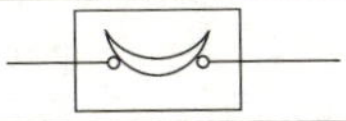	断路器
	双丝前照灯	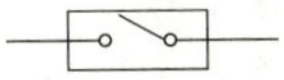	手动开关（正常打开）
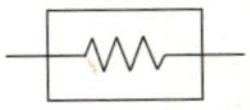	电阻器		手动开关（正常关闭）
	直流电动机	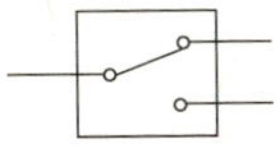	双掷开关
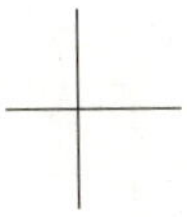	配线（没有接合）	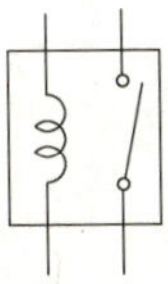	继电器（正常打开）
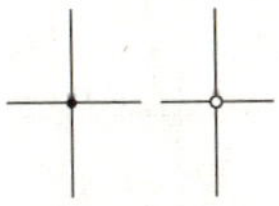	配线（接合）	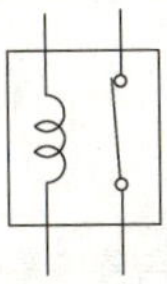	继电器（正常关闭）
	搭铁	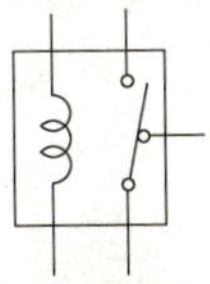	双投继电器
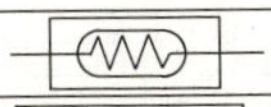	热敏电阻	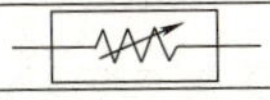	可变电阻器
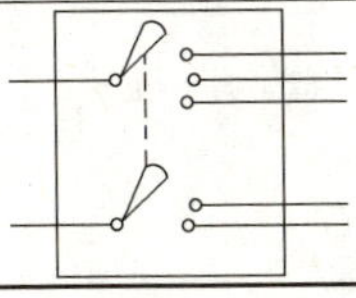	点火开关	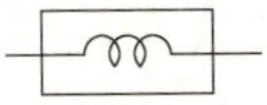	电磁阀

4.3.2 丰田汽车电路图的标示方法

不同车型电路图的表达方法不同，识图方法也不同，如图 2-5 所示，是丰田汽车电路图例，仔细阅读图例及图例说明可以帮助我们学习并读懂丰田汽车电路图。

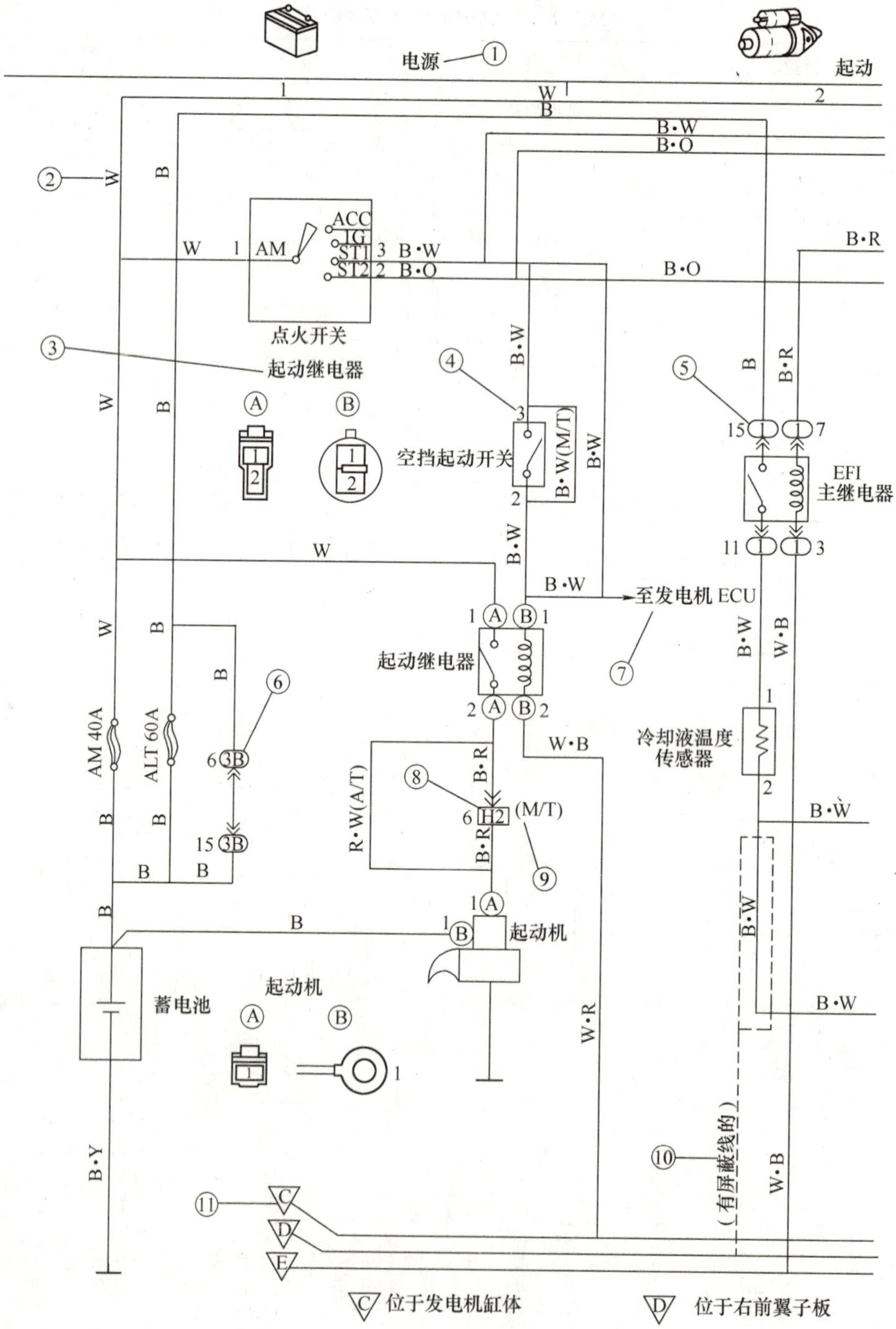

图 2-5　丰田汽车电路图例

1—系统标题。

2—表示配线颜色。图中 W 表示白色。

3—表示与电器元件连接的插接器（数字表示接线端子的编号）。

4—表示插接器的接线端子编号，其中插座和插头编号的方法不同。在插座编号中，顺序为从左至右，从上至下；插头则从右至左，从上至下。

5—表示继电器盒。图中只标明继电器盒的号码，亦不印上阴影，以有别于接线盒。图示继电器盒号码为 1，表示 EFI 主继电器在 1 号位置。

6—表示接线盒。圈内数字表示接线盒（J/B）号码，圈旁数字表示该插接器插座位置代码。接线盒实物上一般印上阴影，使其与其他元件区分。不同的接线盒，在电路图中用不同的接线盒号码标出，以便区分。例如图中的 3B 表示它在 3 号接线盒内，数字 6 和 15 表示两条配线分别在插接器 6 号和 15 号接线端子上。

7—表示相关联的系统。

8—表示配线与配线之间的插接器，带插头的配线用符号“⊻”表示，外侧数字 6 表示接线端子的号码。

9—表示当车辆型号、发动机型号或规格不同时，用（ ）中内容来表示不同的配线盒插接器等。

10—屏蔽线。

11—表示搭铁（接地）点位置。搭铁（接地）点在电路图中用“▽”符号表示。

5 后窗玻璃加热器的检修方法

5.1 后窗玻璃加热器的检测

后窗玻璃加热器的关键部件是印制的电热线，检查其好坏的方法是：在开关接通时，用万用表测量每条电热线中间点的电压，电压读数应为 6V 左右。若测得电压为 12V 或 0V，则说明电热线有断路故障。

5.2 电热线的维修

对于断路的电热线，可参考如图 2-6 所示的方法进行修复。

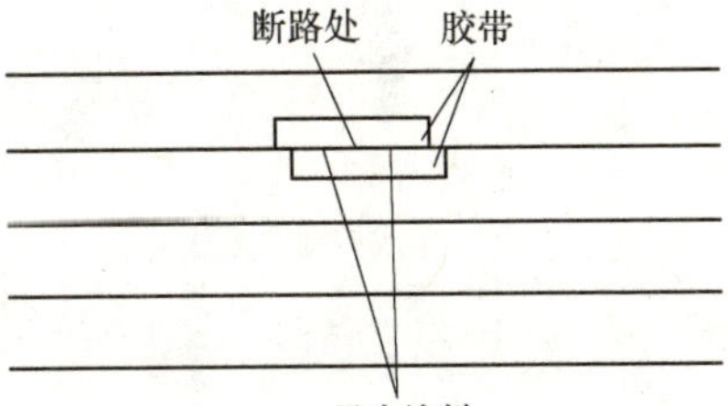

图 2-6 断路电热线修复

用汽油擦净断路部位，沿窗玻璃上电热线的两侧贴上胶带纸，把稀释剂乙二胺与适量的导电涂料（铜石墨粉、环氧树脂混合物）搅匀，用细毛笔涂在断路处，每隔 15min 涂一遍，连涂三遍。

导电涂料要随配随涂，涂料在完全干燥固化后，用万用表测量补涂的地方，确认已导通后，拆下胶带纸即可。

6　威驰轿车后窗玻璃加热器系统的故障检修

6.1　问题症状表

诊断排除后窗玻璃加热器不工作故障时，首先要明确故障症状，不同的故障现象是由不同的故障原因引起的，表 2-2 故障症状与故障部位对应表能帮助我们诊断故障原因。

表 2-2　故障症状与故障部位对应表

症　　状	可 疑 部 位
后窗玻璃加热器不运作（指示灯亮）	1. DEF（后窗玻璃加热器）熔断器 2. 后窗玻璃加热器线路 3. 线束
后窗玻璃加热器不运作（指示灯灭）	1. DEF（后窗玻璃加热器）熔断器 2. 后窗玻璃加热器线路 3. 集成控制面板总成 4. 线束

6.2　后窗玻璃加热器系统的检测

明确后窗玻璃加热器不工作的原因后就要对后窗玻璃加热器故障部位进行检测，检测方法见表 2-3。

表 2-3　后窗玻璃加热器系统的检测方法

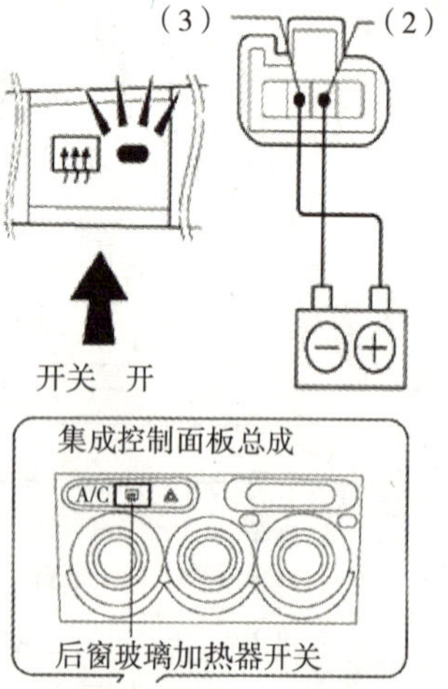

1. 检查控制面板总成

1）检查后窗玻璃加热器开关的运作

测量点	开关状态	标准
蓄电池正极↔（3） 蓄电池负极↔（2）	ON 开	指示灯亮

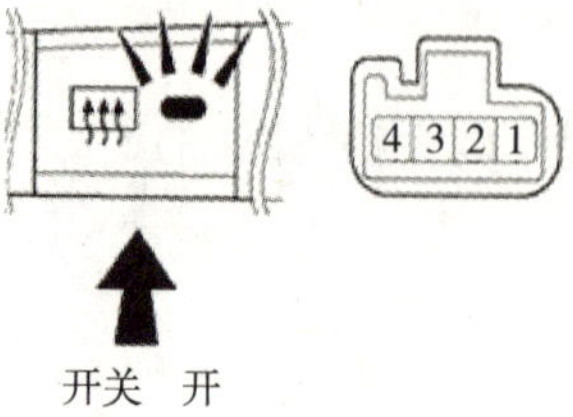

2）检查后窗玻璃加热器开关导通性

端子	开关状态	标准
3↔4	ON	导通
3↔4	OFF	不导通

（续）

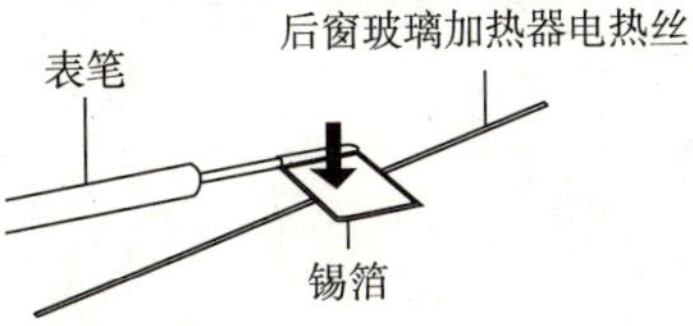

2. 检查后窗玻璃加热器线路

注意事项：

1）清洁玻璃时用软干布沿着后窗玻璃加热器电热丝清洁，小心不要损坏电热丝或插头

2）勿用清洁剂或含有黏合成分的玻璃清洗剂

3）如左图示，测量电压时，在电压表的负表笔顶端包上锡箔，用手指压紧

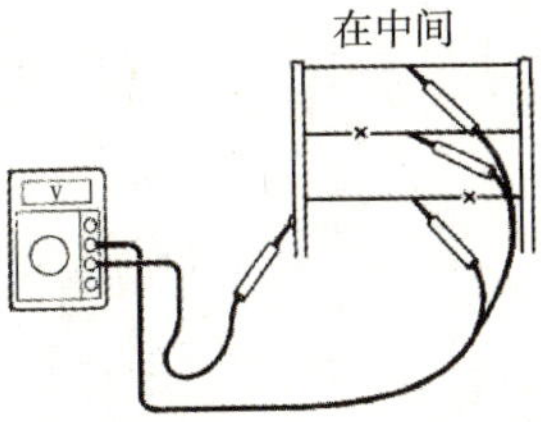

4）把点火开关转至 ON

5）把后窗玻璃加热器开关转至 ON

6）如左图示，在每一加热丝的中点处检查电路电压

电压	结论
大约 5V	线路完好，没有断路
大约 10V 或 0V	线路断

提示：

如果大约 10V，在加热线中间和搭铁线间的线路可能断了。如无电压，在加热线中间和正极端可能断了。

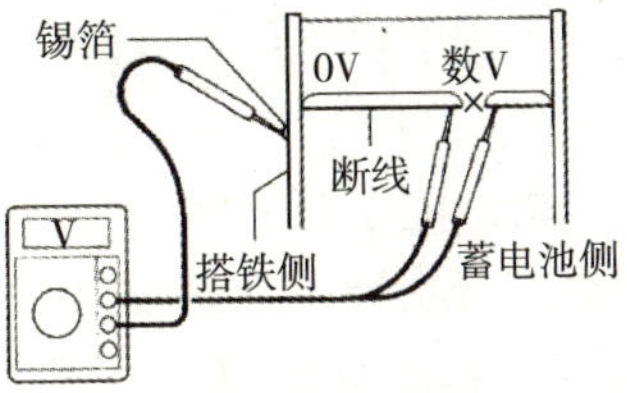

7）在蓄电池一侧，将电压表正极表笔沿着后窗玻璃加热器导线放置

8）在搭铁一侧，将电压表负极表笔压在锡箔上

9）从蓄电池到搭铁一侧滑动正极表笔

10）如果电压表读数突变为 0，该处即是线路断开点

11）如后窗玻璃加热器线路未断，在后窗玻璃加热器线路正极端电压表应指向 12V，随正极表笔移动至另一端，降至 0V

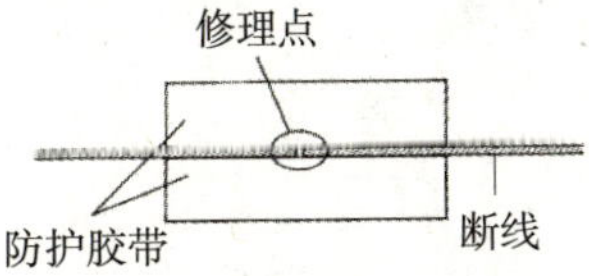

12）如有必要，修理后窗玻璃加热器线路

13）用润滑脂、蜡和聚硅酮清洁线头

14）在线路两侧裹上防护胶带

15）将导线维修胶混合调好

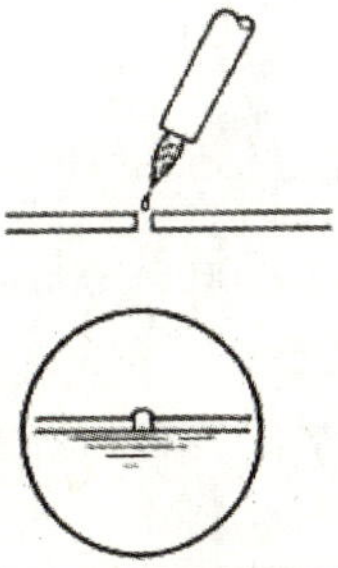

16）用顶端完好的刷子，涂上小量的导线维修胶

17）几分钟后撕去防护胶带

学习单元三

蓄电池不能正常充电

1 汽车电源系统的组成

汽车电源系统包括蓄电池、交流发电机、电压调节器、电流表或充电指示灯等。现代汽车大部分都用充电指示灯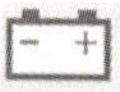来表示电源系统的工作情况，我们可根据充电指示灯的情况及时地发现充电系统的故障。

汽车电源有两个：蓄电池和发电机，发电机是主要电源，蓄电池是辅助电源。蓄电池、发电机与汽车用电设备都是并联的，发动机起动或停转时，由蓄电池供给电能；发动机正常工作时，由发电机向用电设备供电并向蓄电池充电，发电机供电时要采用调节器保持其输出电压的稳定。

在装有充电指示灯的汽车上，可利用充电指示灯来诊断充电系统有无故障。接通点火开关（将点火开关转至“ON”位，但不起动发动机），观察充电指示灯是否发亮，此时充电指示灯应当发亮，如果不亮，说明充电指示灯线路或充电指示灯有故障。起动发动机，当发动机转速升高至600~800r/min（即发电机转速升高到1200~2000r/min）时，充电指示灯自动熄灭，说明充电指示灯线路正常，发电机能够发电，此时，电压调节器工作是否正常，还需用电压表或万用表进行检测诊断。

2 蓄电池

2.1 蓄电池的结构与原理

2.1.1 蓄电池的作用

1）起动发动机时给起动机提供强大的起动电流（一般高达200~1000A）。

2）发电机电压较低或不发电时，蓄电池向用电设备供电。

3）发动机正常运转，发电机的端电压高于蓄电池的电动势时，蓄电池充电。

4）发电机过载时，蓄电池协助发电机向用电设备供电。

5）蓄电池相当于一只大容量电容，能吸收电路中出现的瞬时过电压，保护电子元件。

2.1.2　蓄电池的分类

汽车用蓄电池根据结构可分为，普通型、干荷电型、湿荷电型、免维护型和胶体型。普通型蓄电池即为汽车用铅酸蓄电池。

2.1.3　蓄电池的结构

蓄电池主要由正负极板、隔板、电解液、外壳、联条、接线柱等部件组成。其结构如图 3-1、图 3-2 所示。

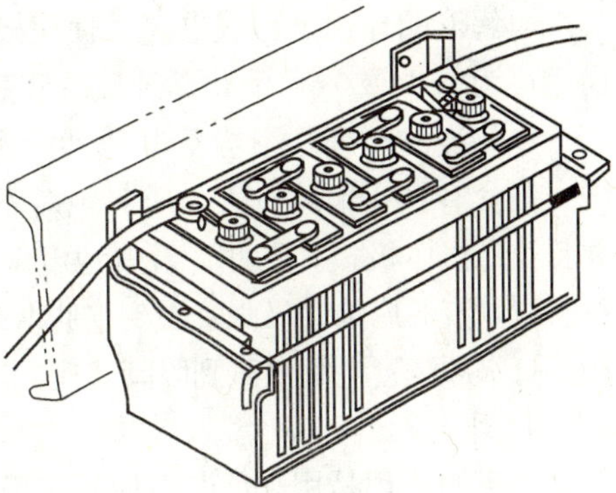

图 3-1　蓄电池的整体外观

1. 极板

极板由栅架活性物质组成，活性物质是极板上的工作物质。正极板的活性物质为二氧化铅（PbO_2），呈棕褐色。负极板上的活性物质为海绵状纯铅，呈深灰色。活性物质都被做成膏状涂敷在有一定机械强度的栅架上，制成正负极板。由于正极板活性物质容易脱落，所以把正极板制作得比负极板厚。

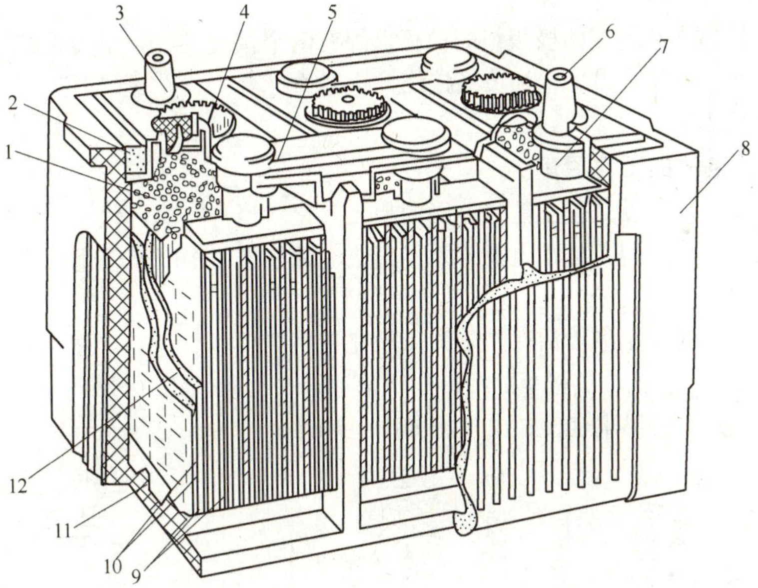

图 3-2　蓄电池断面图

1—护板　2—封口料　3—负接线柱　4—加液孔　5—联条　6—正接线柱　7—电极衬套　8—外壳　9—正极板　10—负极板　11—肋条　12—隔板

将正负极板各一片浸入电解液中，就可获得 2V 的电动势。为了增大蓄电池容量，通常把多片正负极板分别并联，用横板焊接成正负极板组，构成一个单格电池，一个蓄电池通常由一个或几个单格电池串联而成。

2. 隔板

隔板的作用是使正负极板尽量地靠近而不至于短路，缩小蓄电池的体积，防止极板变形和活性物质脱落。为了有利于电解液渗透，隔板常用具有良好的耐酸性和抗氧化性的微孔塑料制成。

3. 电解液

电解液的作用是形成电离，促使极板活性物质溶离，产生可逆的电化学反应。电解液由密度为1.84 g/cm³ 的化学纯硫酸和蒸馏水配制而成，其密度一般在1.24～1.30 g/cm³。

电解液的纯度是影响蓄电池性能和使用寿命的重要因素。一般工业用硫酸和普通水中，因含有铁、铜等有害杂质，绝对不能加入到蓄电池中去，否则蓄电池容易自行放电，并且容易损坏极板。因此，蓄电池电解液要用规定的专用硫酸和蒸馏水配制。使用中应注意，电解液的腐蚀性极强，溅到皮肤上或眼睛里会受伤。如果接触了蓄电池电解液，要立即用苏打水冲洗；电解液溅到眼睛，应立即用清水或医用眼睛清洗液冲洗，然后请医生处置。

4. 外壳

外壳的作用是用来盛装电解液和极板组，使铅蓄电池构成一个整体。外壳的材料有硬橡胶和塑料两种。

5. 联条

联条的作用是将单格电池串联起来，提高整个蓄电池的端电压。联条一般由铅锑合金制成，有外露式和内藏式两种。

6. 接线柱

一个普通铅蓄电池首尾两极板组的横板上焊有两个接线柱，一个为正接线柱，旁边标有“+”或“P”记号；另一个为负极接线柱，旁边标有“-”或“N”记号，有的时候也可用不同颜色表示。

2.1.4 蓄电池的工作原理

蓄电池的工作原理就是化学能与电能的相互转化。当蓄电池将化学能转化为电能而向外供电时，称为放电过程；当蓄电池与外界直流电源相连而将电能转化为化学能储存起来时，称为充电过程。

蓄电池充满电时，正极板活性物质为二氧化铅（PbO_2），负极板的活性物质为海绵状纯铅（Pb）；放电时，正、负极板的活性物质都逐渐变为硫酸铅（$PbSO_4$），并消耗电解液中的硫酸而产生水。铅蓄电池充放电过程如图3-3所示。

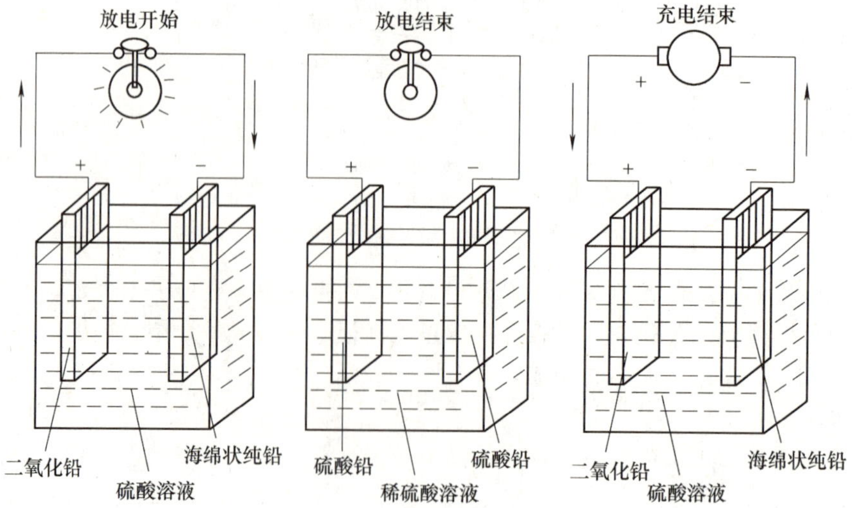

图3-3 铅蓄电池的工作原理图

蓄电池的充放电过程是可逆的，如图 3-4 所示，总化学反应式如下：

$$PbO_2 + 2H_2SO_4 + Pb \rightleftharpoons 2PbSO_4 + 2H_2O$$

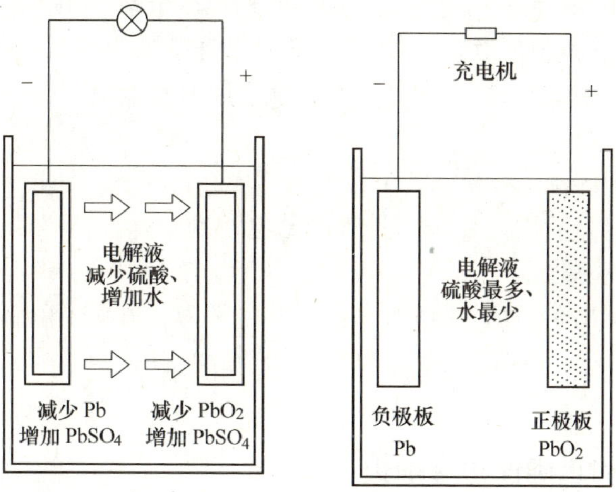

图 3-4 铅蓄电池的充放电过程

1）在放电过程中，消耗了硫酸生成了水，电解液的密度不断下降。

2）在充电过程中，消耗了水生成了硫酸，电解液的密度不断上升。

2.2 蓄电池的容量和型号

2.2.1 蓄电池的容量

蓄电池的容量是指一完全充足电的蓄电池，在允许的放电范围内所输出的电量，它标志着蓄电池的放电能力，容量越大则蓄电池的放电能力越强。蓄电池的容量与放电电流、电解液的温度及电解液密度等因素有关，电解液温度降低，放电电流越大，蓄电池输出的容量会减小。一般蓄电池容量分额定容量和起动容量。

（1）额定容量　额定容量是指完全充足电的蓄电池在电解液平均温度为 25℃ 的情况下，以 20h 放电率的放电电流，连续放电至单格电池平均电压降至 1.75V 时所输出的电量。

例如，3—Q—90 型蓄电池，在电解液平均温度为 25℃ 的情况下，以 4.5A 放电电流连续放电，单格电压降至 1.75V，它的额定容量 $Q = 4.5\text{A} \times 20\text{h} = 90\text{A} \cdot \text{h}$。

（2）起动容量　起动容量表示蓄电池在发动机起动时的供电能力，一般分为常温和低温起动容量。

1）常温起动容量。常温起动容量是指蓄电池在电解液平均温度为 30℃ 时，以 5min 放电率的电流（约 3 倍额定容量的电流）持续放电至单格电压下降至 1.5V 时所放出的电量。

2）低温起动容量。低温起动容量是指蓄电池在电解液平均温度为 -18℃ 时，以 3 倍额定容量的电流持续放电至单格电压下降至 1V 时所放出的电量，持续时间应在 2.5min 以上。

2.2.2 蓄电池的型号

蓄电池的型号由三部分组成，各部分之间用破折号分开。

第一部分为串联单格电池数，用阿拉伯数字表示。

第二部分为蓄电池的用途和类型，蓄电池的用途常用汉字的第一个字母表示（Q—汽车起动用蓄电池、M—摩托车用蓄电池、JC—船舶用蓄电池、HK—航空用蓄电池、D—电动车用蓄电池、F—阀控型蓄电池）。蓄电池类型为附加部分，（A—干荷电型蓄电池、H—湿荷电型蓄电池、W—免维护型蓄电池、S—少维护型蓄电池、I—胶质电解液型蓄电池）若不标表示普通型蓄电池。

第三部分为电池的额定容量，其单位不是用库仑而是用 A·h，一般在型号中可略去不写。有时在额定容量后面用一个字母表示蓄电池的特殊性能（G—高起动功率、S—塑料外壳，D—低温起动性能）。

例如：夏利轿车用 6－QA－40S 型蓄电池其含义为：由 6 个单格电池组成，额定电压为 12V（6×2V＝12V），额定容量为 40A·h 的起动用的干荷蓄电池，并且采用了塑料外壳。

2.3　蓄电池的正确使用与维护

2.3.1　蓄电池的正确使用

为了延长蓄电池的使用寿命，蓄电池在使用中应注意“三抓”和“五防”。

1. 三抓

（1）抓正确及时充电

1）放完电的蓄电池应在 24h 内及时充电。

2）车上正在使用的蓄电池一般每两个月补充充电一次。蓄电池的放电程度，冬季不得超过 25%，夏季不得超过 50%。

3）停用的蓄电池，每两个月补充充电一次。

（2）抓正确操作使用

1）连续使用起动机时，每次起动时间不得超过 5s，如果未能一次起动发动机，应休息 15s 以上，再第二次起动，连续三次起动不成功，应查明原因并排除故障后再起动发动机。

2）拆装、搬运蓄电池应轻搬轻放，不可随便敲打或在地上拖拽。蓄电池在车上固定要牢固，以防行车时颠簸受损。

（3）抓清洁维护

1）经常清除蓄电池表面灰尘污物，保持蓄电池外表清洁。

2）接线柱和电线连接要牢固，出现氧化物时应及时清除，并涂上润滑脂。

3）经常疏通蓄电池通气孔。

2. 五防

一防充电电流过大和长时间充电、二防过度放电、三防电解液液面过低、四防电解液密度过高、五防电解液内混入杂质。

2.3.2　蓄电池的维护保养

1）检查蓄电池外壳是否有裂纹和电解液泄漏。

2）检查蓄电池的安装是否牢固，接线柱是否松动，接线是否紧固。

3）经常清除蓄电池上灰尘、泥土、接线柱和线头上的氧化物，并涂上润滑脂。

4）定期检查蓄电池的电解液相对密度及液面高度，一般每行驶 1000km 或冬季行驶 10～15d，夏季行驶 5～6d，检查一次蓄电池的液面高度。蓄电池液面高度应高出极板 10～15mm。

5）检查蓄电池的放电程度，发现存电不足，应立即进行补充充电。普通蓄电池放电程度的检查方法有测量电解液的相对密度和用单格电池高率放电计测量电压两种。

2.3.3　电控汽车蓄电池拆装注意事项

随着汽车电子技术的发展，汽车上的电子控制系统越来越多，越来越复杂。目前，在中高级汽车上，除了发动机采用电子控制系统外，自动变速器、防抱死制动系统、音响、卫星导航等设备，都依靠汽车上的电控单元（ECU）来加以控制。

顾名思义，电控系统的正常工作离不开电源，而蓄电池是汽车的总电源，在汽车维修过程中不可避免地要拆装蓄电池及公共连接线，这本应是大家十分熟练的基本操作。但是，对于电控汽车而言，蓄电池及连接线的拆装操作正确与否，将会直接影响电控系统的工况，甚至使之受到损害。

1. 盲目拆装造成 ECU 信息丢失

电控汽车的 ECU 是控制系统的中枢神经，它不仅有控制功能，而且还有记忆功能。当汽车电控系统出现故障时，ECU 会记忆储存其对应的故障信息，维修人员便可从汽车的故障自诊断系统（通过诊断插座）读取故障信息。故障信息以故障码的形式输出，人们便依据故障码查找与之相对应的故障原因和故障部位。

如果在读取故障码之前，拆下了蓄电池或蓄电池连接线（或者拔掉电源的熔体），就相当于中断了 ECU 的电源，储存其内的故障码便会自动消失。若再想获取故障信息及故障发生时的工作状况和环境条件（比如：特定条件下的发动机转速及负荷、发动机的冷却液温度、进气温度以及有关传感器的某种工况等），是非常麻烦和费时的，因此，万不可随意拆下蓄电池连接线。在维修电控汽车之前应先读取故障码，然后才能进行蓄电池的拆装和其他的维修作业。

2. 点火开关接通时禁拆蓄电池

对电控汽车而言，无论汽车发动机是否正在运转，只要点火开关在接通位置，就绝对不可以拆下蓄电池及连接线或者熔体。因为，突然断电将会使电路中的线圈产生感应电动势而产生很高的瞬时电压，有时高达近万伏，从而使 ECU 及相关传感器等微电子器件严重受损。

必须引起注意的是：除了蓄电池连接线外，其他凡与蓄电池电压相同的电气装置的导线，在点火开关处于接通位置时，也都不能拆除，否则，也会造成同样的损害。

3. 清除故障码要小心

发动机维修妥善后，必须清除掉电脑中的故障码。对于大多数电控汽车而言，拆下蓄电池连接线或者拆下通往 ECU 的电源熔体保持大约 30s，即清除掉电脑中的故障码。但是，个别型号的汽车却不能用此法来清除故障码（比如丰田、雷克萨斯系列汽车），它将同时清除收音机、石英钟等附属设施的内存（包括防盗码）。因此，对某些不太了解的车型应按维修手册所指示的方法去消除故障码，切不可随意拆装电源线。

4. 蓄电池拆装对发动机性能的影响

蓄电池拆卸后再装复，有时会出现发动机工况不如蓄电池拆卸以前的现象，这时先不要盲目更换零部件，因为这种情况可能是由于蓄电池断电后，电控单元 ECU 的“学习修正记忆”也被消除掉的缘故。ECU 会根据储存在只读存储器（ROM）中的数据，结合系统目前的实际工况，自动进行“学习修正”控制，从而使发动机状况略有差异。如果出现此种情况，待发动机运行一段时间后，ECU 会自动建立学习修正记忆功能，发动机不良工作状况会自动消失。

5. 其他注意事项

跨接起动其他车辆或用其他车辆跨接起动本车时，需先断开点火开关，才能拆装跨接电缆线。在车身上使用电弧焊之前，应在关闭点火开关的前提下拆掉蓄电池连接线。拆下蓄电池充电或更换蓄电池时应注意正负极性不能接错，蓄电池极柱与线夹连接要牢固，搭铁要可靠，否则极易使 ECU 中的线路烧损。

2.4 蓄电池的检测

2.4.1 检测蓄电池电解液液面高度

如图 3-5 所示，检测每个单格电池的电解液的量（免维护蓄电池除外），电解液液面高度应在最高液位与最低液位之间，如果低于规定高度，则应加注蒸馏水。

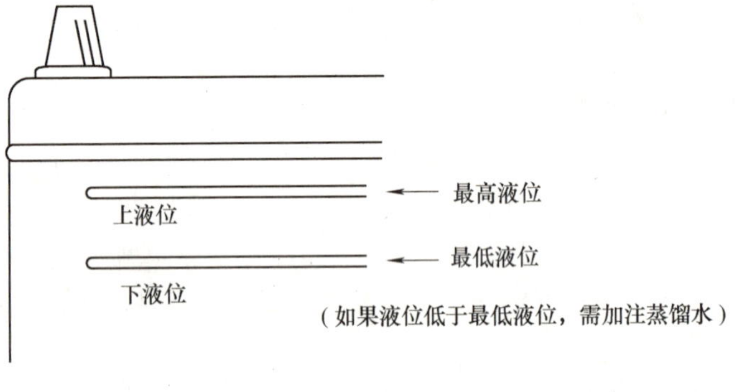

图 3-5 蓄电池电解液液面高度的检测

2.4.2 检测蓄电池相对密度

检测每个单格电池的相对密度（免维护蓄电池除外），在 20℃ 时标准相对密度为 1.20～1.31g/cm^3，如果测得的相对密度小于 1.20g/cm^3，则需对蓄电池充电。

2.4.3 检测蓄电池电压

1）用万用表测量蓄电池正负接线柱之间的电压，在 20℃ 时标准值为 12.5～12.9V，如果电压小于规定值，则需对蓄电池充电。

2）检查指示器。蓄电池上带有检查指示器如图 3-6 所示，通过观察检查指示器的颜色可了解蓄电池的蓄电状态，判断蓄电池是否需要充电，是否可继续使用。

3）用高率放电计测量放电电压，如图 3-7 所示。

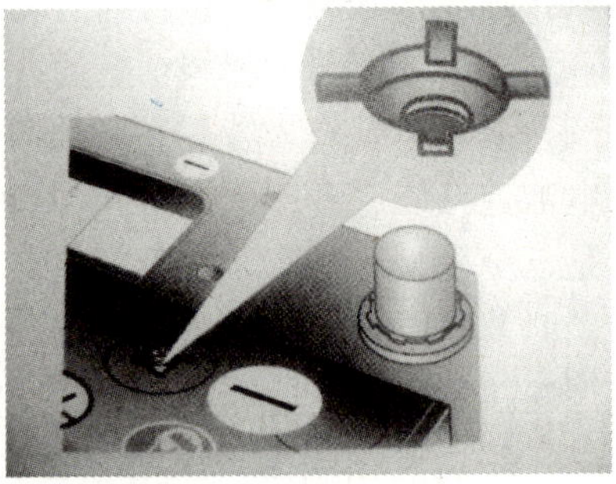

图 3-6 蓄电池检查指示器

用万用表测量电压时不能判定蓄电池的起动性能，而高率放电计通过模拟蓄电池带动起动机的负荷，测量蓄电池在大电流放电时的端电压，可以比较准确地判断蓄电池放电程度和起动能力。

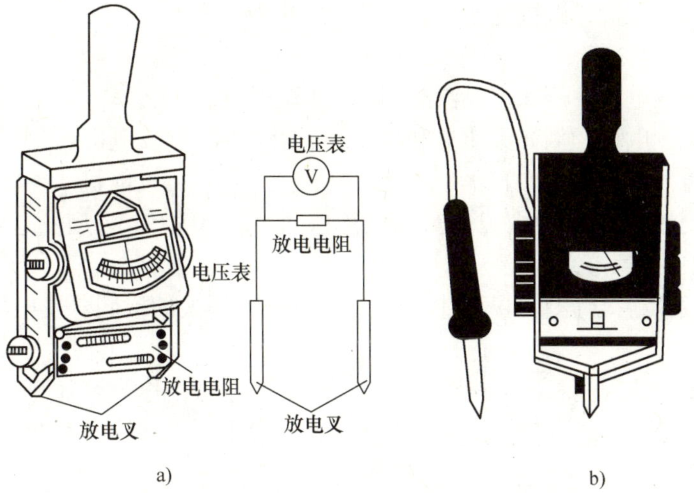

图 3-7　高率放电计

a）单格电池用高率放电计　b）整体电池用高率放电计

检测时，将红色正极（+）电极夹钳接在蓄电池正极接线柱上，将黑色负极（-）电极夹钳接在蓄电池负极接线柱上，按下检测仪上的红钮（注意按下时间不得超过5s），迅速读取表上的电压值，电压值必须达到最小电压9.6V。如果测量的电压在规定值以下，则说明蓄电池需要充电或出现故障。

2.4.4　检查蓄电池接线柱

蓄电池接线柱松动或腐蚀会造成电阻增大，压降过大、缩短放电时间，严重的还会造成接线柱热损坏，故应检查蓄电池接线柱是否松动或腐蚀。

3　交流发电机

3.1　交流发电机的功能与类型

发电机是汽车的主要电源，其功用是在发动机正常运转时，向所有用电设备（起动机除外）供电，同时向蓄电池充电。

汽车用发电机可分为直流发电机和交流发电机，由于交流发电机在许多方面优于直流发电机，所以目前所有汽车均采用交流发电机，交流发电机可以按照如下方法进行分类。

1. 按总体结构分类

1）普通交流发电机，即无特殊装置，也无特殊功能，使用时需要配装电压调节器的发电机，例如东风EQ140用的JF132型发电机。

2）整体式交流发电机，发电机和调节器制成一个整体的发电机，例如别克轿车的发动机上装配的是 CS 型发电机（包括 CS—121、CS—130 和 CS—144 三种不同的型号）。

3）带泵交流发电机，发电机和汽车制动系统用真空助力泵安装在一起的发电机，例如 JFZB292 型发电机。

4）无刷交流发电机，不需要电刷的发电机，例如 JFW1913 型发电机。

5）永磁交流发电机，磁极为永磁铁制成的发电机。

2. 按整流器结构分类

1）六管交流发电机，例如东风汽车用的 JF1522 型发电机。

2）八管交流发电机，例如天津夏利汽车用的 JFZ1542 型发电机。

3）九管交流发电机，例如日本、三菱、马自达汽车用的发电机。

4）十一管交流发电机，例如奥迪、桑塔纳汽车用的 JFZ1913Z 型发电机。

3. 按励磁线圈搭铁形式分类

励磁线圈分别接后端盖上的两个接线柱，按接线柱形式的不同，发电机被分成内搭铁和外搭铁形式。

1）内搭铁型交流发电机的一个接线柱与后端盖绝缘，称为“励磁”接线柱，标记“励磁”或“F”；另一接线柱与后端盖直接接触（搭铁），称为“搭铁”接线柱，标记“搭铁”或“-”。

2）外搭铁型交流发电机的两个接线柱都与后端盖绝缘，分别标记“F_1”、“F_2”。工作时，外搭铁型发电机励磁绕组的一端须经电压调节器在发电机外部搭铁。两种发电机的搭铁形式如图 3-8 所示。

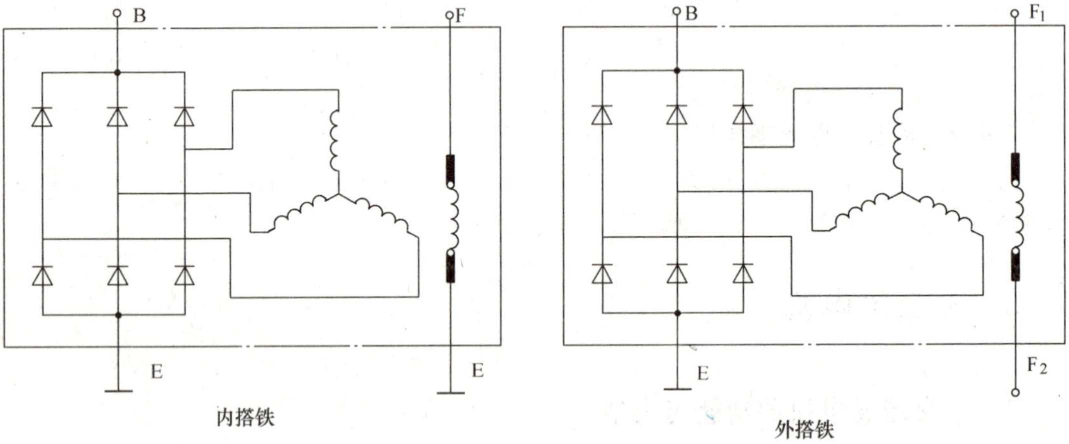

图 3-8 发电机的搭铁形式

3.2 交流发电机的结构

交流发电机的基本构造都是由转子、定子、整流器和端盖四部分组成，如图 3-9 所示。

3.2.1 转子

（1）功用 转子的功用是产生磁场。

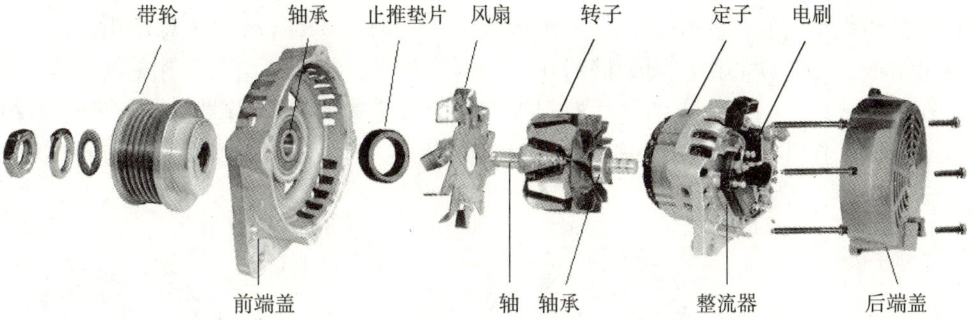

图 3-9 交流发电机的解体图

（2）组成 如图 3-10 所示，发电机转子由磁轭，励磁绕组，爪极、转子轴、集电环和电刷组成（无刷式发电机转子没有集电环和电刷）。爪极共两块，每块上都有六个鸟嘴形磁极，一块爪极磁化为 N 极，另一块爪极磁化为 S 极，从而形成六对交错的磁极。两爪极压装在转子轴上，两爪极间的空腔内装有磁轭和励磁绕组。集电环由两个彼此绝缘的铜环组成集电环装在转子轴上并与轴绝缘，集电环分别与励磁绕组的两端相连。发电机的电刷与两集电环相接触，引入励磁电流给励磁绕组。与集电环接触的两电刷分别接在发电机外部的两接线柱上，成为发电机的“磁场”或“F”接线柱和“搭铁”或“－”接线柱。

（3）无刷式发电机转子 如图 3-10 所示，无刷式发电机转子励磁绕组装在发电机中部的磁轭托架上。工作中，尽管磁极转动，但励磁绕组并不转动，因此励磁绕组的两端可直接引到发电机端盖的接线柱上，从而省去集电环和电刷。两个爪极中，只有一个爪极固定在转子上，另一爪极用非导磁材料将其与转子轴固定在一起。固定两爪极的常用方法有：用非导磁连接环固定和用铜焊接。

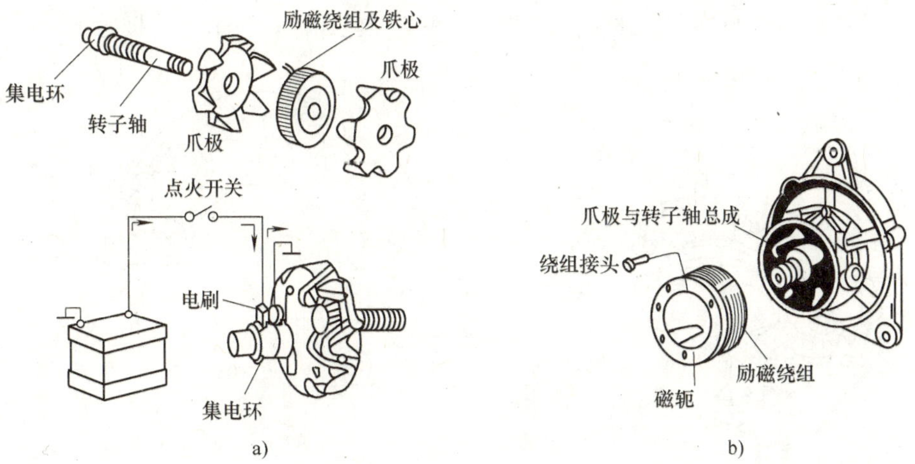

图 3-10 发电机转子

a）有刷式发电机转子 b）无刷式发电机转子

3.2.2 定子

定子又叫电枢，它的作用是产生三相交流电。如图 3-11 所示定子总成由定子铁心和定子绕组组成。定子铁心由内圈带槽的环状硅钢片叠成，定子绕组为三相对称绕组，安放在定子铁心的槽内。三相绕组的接法有星形联结（即每相绕组的首端分别与整流器相连，每相绕组的尾端接在一起，为大多车型所采用）和三角形联结（即每相绕组首尾相连成“△”形，为少数车型所采用）。

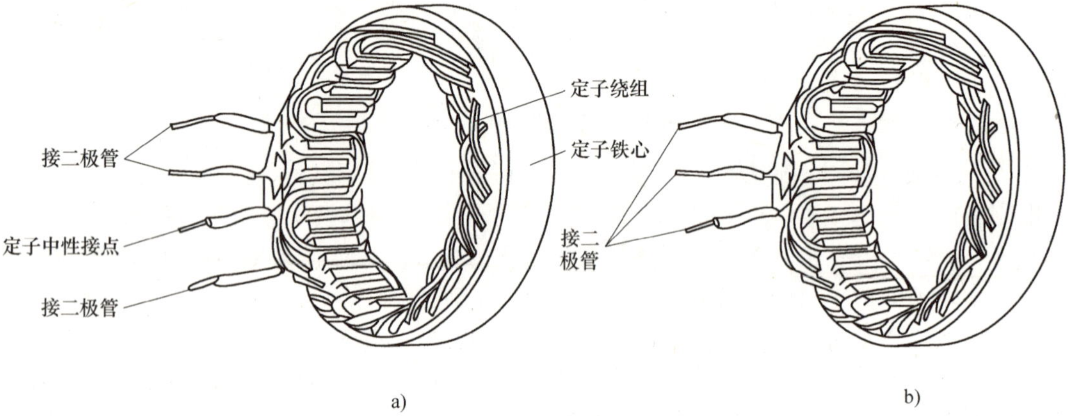

图 3-11　定子总成

3.2.3 整流器

（1）功用　整流器的功用是把定子绕组产生的三相交流电变为直流电输出。

（2）组成　整流器一般由六个二极管组成，分正二极管和负二极管两种，如图 3-12、图 3-13 所示。正二极管的中心引线为二极管正极，外壳为负极，管底有红色标记。正二极管的外壳压装或焊装在元件板（正整流板）上，共同组成发电机的正极，由一个与后端盖绝缘的元件板固定螺栓通至机壳外，成为发电机的电源输出，其标记为“B”或“+”。负二极管的中心引线为负极，外壳为正极，管底有黑色标记。三个负二极管的外壳压装或

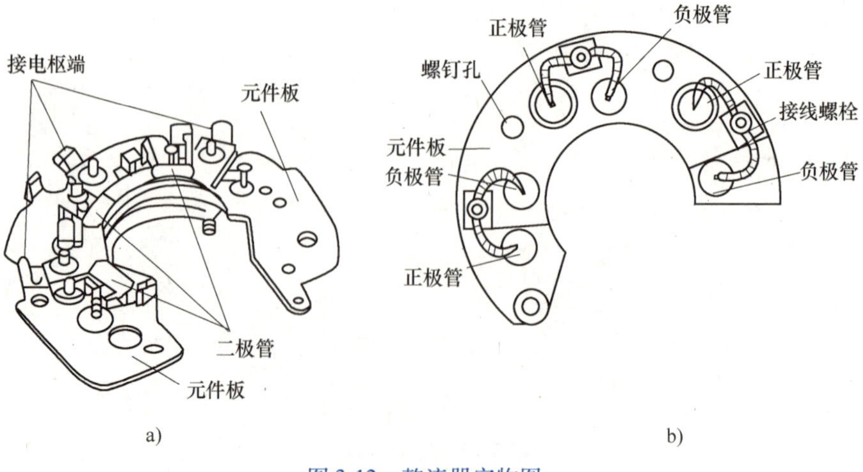

图 3-12　整流器实物图

a）焊装式　b）压装式

焊接在另一元件板（负整流板）上或后端盖上，和发电机外壳一起成为发电机的负极。

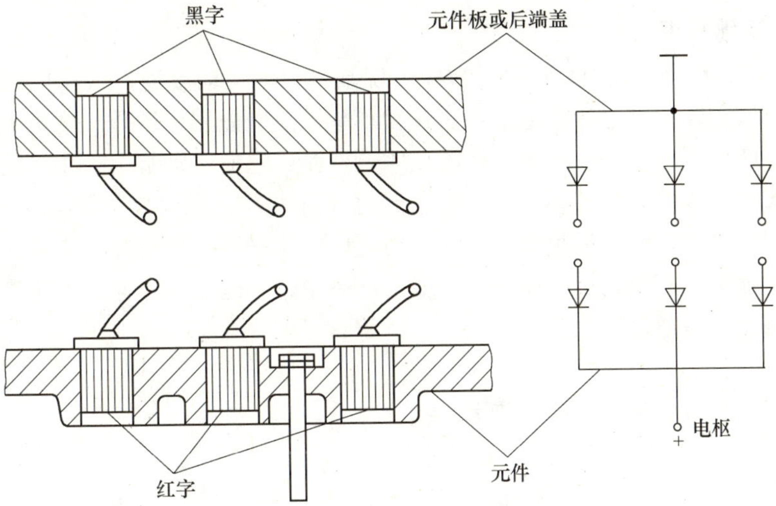

图 3-13　整流器原理图

3.2.4　端盖

端盖一般分两部分（前端盖和后端盖），起固定转子、定子、整流器和电刷组件的作用。端盖一般用铝合金铸造，一是有效地防止漏磁，二是铝合金散热性能好。后端盖上装有电刷组件，由电刷、电刷架和电刷弹簧组成。电刷的作用是将电源通过集电环引入励磁绕组。

励磁绕组（两只电刷）和发电机的连接不同，使交流发电机的搭铁形式有内搭铁和外搭铁之分，励磁绕组的一端经电刷在发电机端盖上搭铁称为内搭铁；励磁绕组的两端均与端盖绝缘，其中一端经调节器后搭铁称为外搭铁。

交流发电机工作时，定子绕组和励磁绕组中都会有热量产生，温度过高会烧坏导线导致发电机不能正常工作。发电机的通风散热是靠电子扇来完成，电子扇是由发动机通过传动带、带轮驱动发电机的转子轴来带动的。为了提高散热能力，有的发电机装有两个电子扇，如图 3-14 所示。

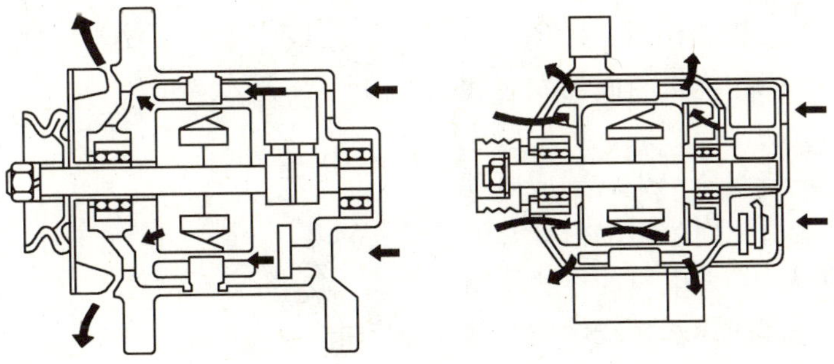

a)　　b)

图 3-14　电子扇

a）单电子扇式　b）双电子扇式

3.3 交流发电机的工作原理

3.3.1 基础知识

（1）电磁感应 如图 3-15 所示，当导体切割磁力线运动或通过线圈的磁通量发生变化时，在导体或线圈中就会产生电动势，这种现象就是电磁感应现象。在电磁感应现象中产生的电动势叫感应电动势，若该导体构成闭合回路，感应电动势会产生电流，该电流叫感应电流。我们可以用右手定则判断感应电流的方向，右手定则的内容是：伸出右手，使拇指和其余四指垂直，并且都跟手掌在同一平面内，让磁感线垂直穿入手心，拇指指向导体运动方向，那么，其余四指所指的方向就是导体中感应电流的方向。产生感应电流的条件是：闭合电路，磁通量变化。

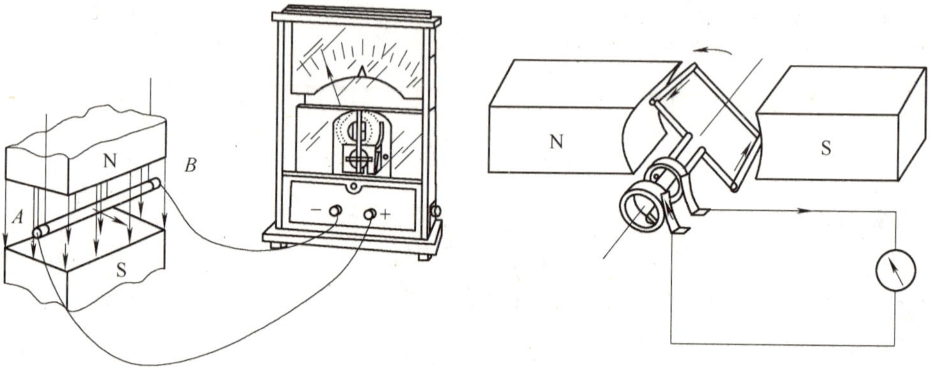

图 3-15 电磁感应

（2）三相交流电 如图 3-16 所示，是单个线圈的工作情况及发电原理的示意图。如果在磁场里有三个互成 120°的线圈同时与磁场发生相对运动，电路里就产生三个交变电动势，这样的发电机发出的电流叫做三相交流电，如图 3-16 所示。

3.3.2 发电机发电原理

如图 3-17 所示，当点火开关接通时，励磁绕组中就有电流流过，此时转子的两块爪极被磁化，形成了 N、S 极相互交错的六对磁极。当发电机工作时，磁场同时转动，于是，定子三相绕组与磁场发生相对运动，定子绕组切割磁感线，产生感应电动势。三相定子绕组所产生的感应电动势是频率相同、最值相同、相位相差 120°的正弦交流电动势。当发电机的三相绕组与整流器连接在一起时，三相绕组向整流器输出三相交流电。

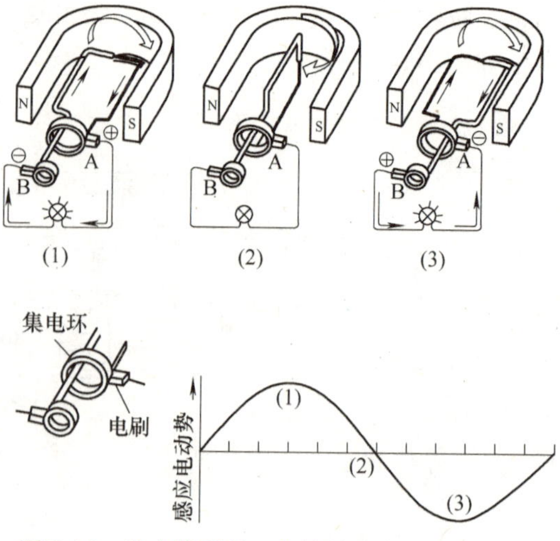

图 3-16 单个线圈的工作情况及发电原理

3.3.3 整流原理

在三相桥式整流电路中，三个正二极

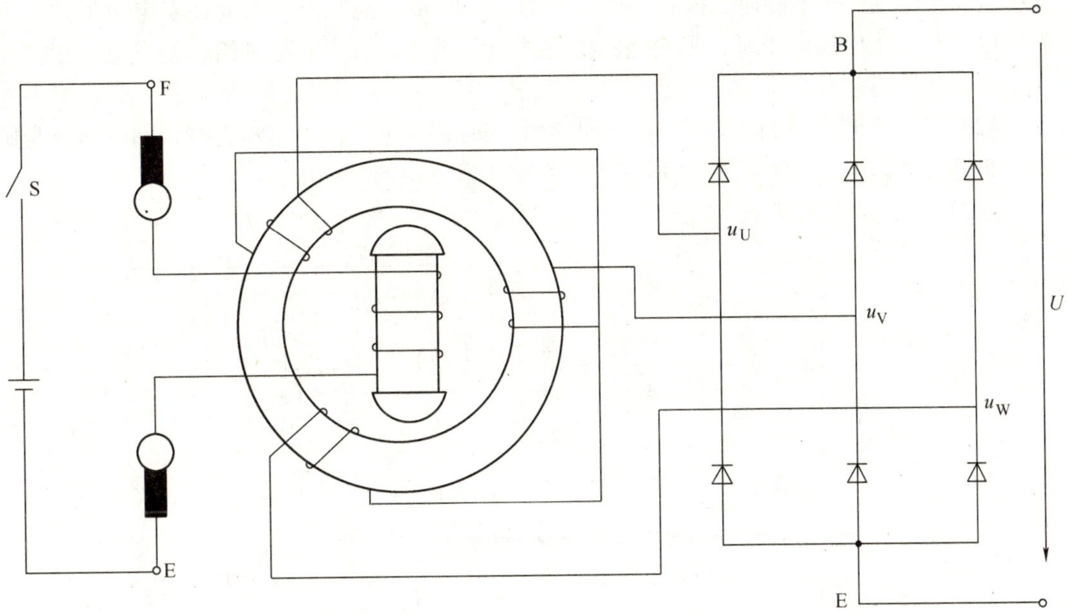

图 3-17　发电机发电原理

管（引线为正）的负极通过元件板连在一起，它们的正极分别与三相绕组的首端相连。这三只正二极管的导通条件是：在某一瞬间，哪一相绕组的电压最高，则与该相绕组相连的正二极管导通，如图 3-18 所示。三个负二极管（引线为负）的负极与三相绕组的首端的相连，其负极通过元件板或端盖连在一起。这三只负二极管的导通条件是：在某一瞬间，哪一相绕组的电压最低，则与该相绕组相连的负二极管导通。

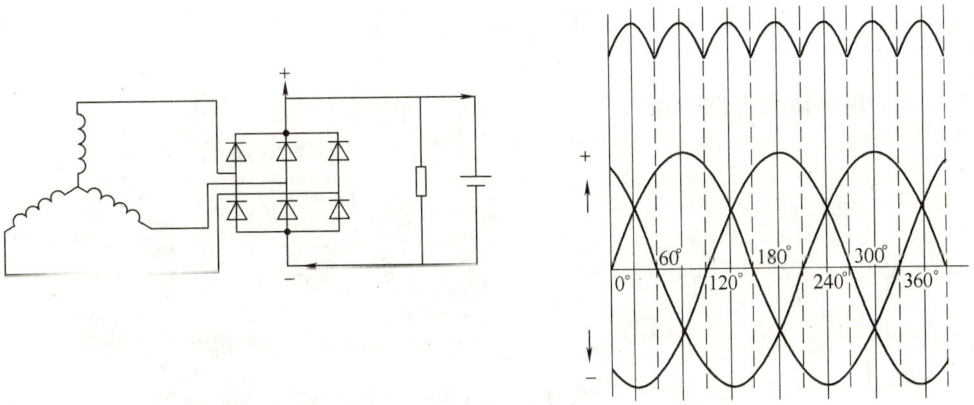

图 3-18　三相桥式整流电路及其波形

在交流发电机运转过程的每一个时间区间，总是一相绕组电压最高，另一相绕组电压最低，即整流器的六只二极管中，始终保持有两个二极管（一正一负）导通，于是，将电枢线圈产生的三相交流电转换成为脉动的直流电，向负载供电。

3.3.4　励磁方式

（1）他励　发电机磁极尺寸小，存留的剩磁很弱，在发电机低速时仅靠剩磁产生的电动势（<0.6V），并不能使二极管导通，不能及时向蓄电池充电。因此在发电机低速，发电机电压低于蓄电池电压时，采用他励供电，即励磁电流由蓄电池供给，使发电机很快建立磁场，电压迅速升高。

（2）自励　当发电机电压略高于蓄电池电压时，发电机向蓄电池充电，同时向自身励磁绕组提供励磁电流。如图3-19所示为九管交流发电机的励磁电路。

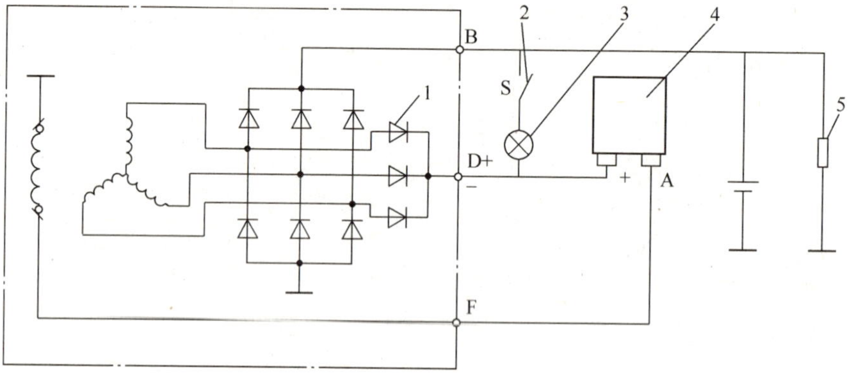

图3-19　九管交流发电机的励磁电路

1—励磁二极管　2—点火开关　3—充电指示灯　4—电压调节器　5—负载

3.4　交流发电机的电压调节器

3.4.1　电压调节器的作用

由于发电机发出的电压大小与发动机的转速成正比，当发动机的转速变化时会产生电压的大幅度波动，而汽车用电器需要稳定的直流电，所以需要将发电机的输出电压稳定在一个小范围内，使用电器正常工作。电压调节器就是通过调节发电机励磁电流，来使发电机的输出电压保持稳定。

3.4.2　电压调节器的分类

电压调节器按工作原理可分为以下几类，其外形图如图3-20所示。

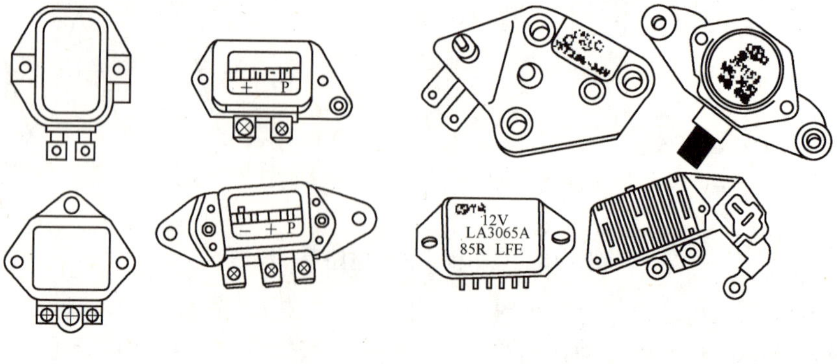

触点式　　晶体管式　　集成电路式

图3-20　常见电压调节器外形图

（1）触点式调节器　结构复杂，电压调节精度低，触点火花对无线电干扰大，可靠性差，寿命短，正被逐渐淘汰。

（2）晶体管式调节器　电压调节精度高，对无线电干扰少，体积小，无运动件，耐震，故障少。

（3）集成电路式调节器　超小型，可直接装于发电机内部，耐震，防潮，防尘，耐高温性能好，价格低。

3.4.3　电压调节器的工作原理

1. 触点式电压调节器

触点式电压调节器目前应用不多，其结构如图3-21所示。其工作过程是接通点火开关，蓄电池经活动触点K向发电机励磁绕组供电，他励电路接通。当发电机端电压高于蓄电池电动势时，发电机向用电设备供电同时进行自励。在他励、自励电路接通时触点式电压调节器磁化线圈通电但产生的磁吸力较小，不足以将活动触点K_1吸开。当发电机电压稍高于调节电压时，通过磁化线圈的电流产生的电磁力超过弹簧弹力而将活动触点K_1吸开，将电阻R_1、R_2串入励磁电路使励磁电流减小，发电机电压下降。当发电机电压略低于调节器电压时，通过磁化线圈的电流产生的磁吸力减小，使活动触点K_1重新闭合，励磁电流增大。

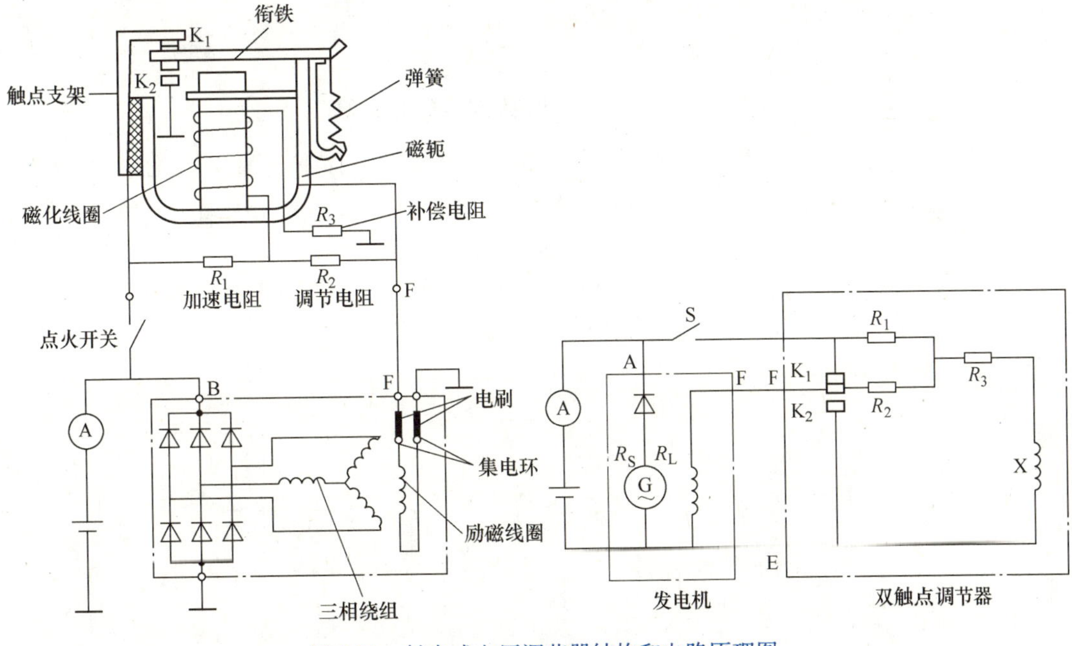

图3-21　触点式电压调节器结构和电路原理图

触点式电压调节器就是通过反复开闭触点来调节励磁电流的大小，以使发电机电压稳定在一定范围内。

2. 晶体管式电压调节器

晶体管式电压调节器大多采用NPN型晶体管制成晶体管式电压调节器普遍采用整体封装结构，其电压调节值在制造时已调试精确，使用时无法调整。晶体管式电压调节器分内搭铁型和外搭铁型，在使用时，内搭铁型晶体管式电压调节器只能与内搭铁型的发电机配套使用，外搭铁型晶体管式电压调节器只能与外搭铁型的发电机配套使用。

（1）内搭铁型　内搭铁型晶体管电压调节器工作原理如图3-22所示，调节器的“+”（或“B”）接线柱接点火开关，“F”接线柱接发电机励磁绕组“F”，“+”和“F”之间为晶体管的集电极与发射极之间形成的开关电路。三相定子线圈所产生的感应电动势与发动机的转速和磁场强度有关。通过改变磁场电流可以改变磁场强度，所以在发动机转速变化时，只要自动调节磁场电流，就能使发电机电压保持恒定。晶体管式电压调节器就是利用这一原理来调节发电机输出电压，将发电机的电压控制在规定范围内，使其保持恒定以防止输出电压过高而损坏用电设备和避免蓄电池过充。

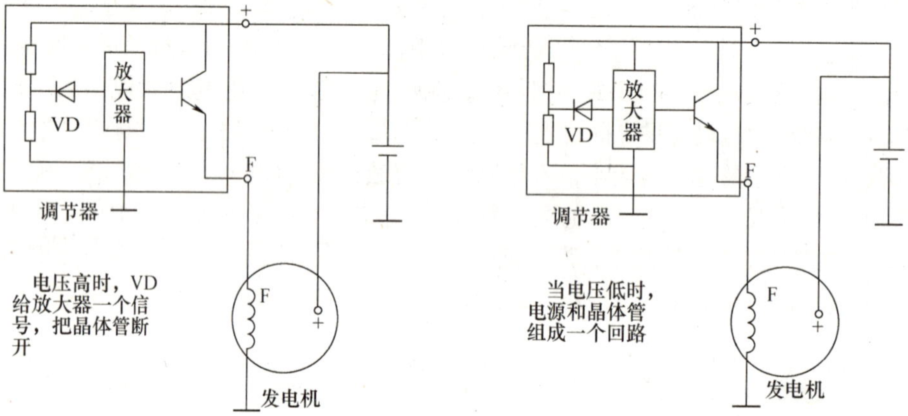

图3-22　晶体管式电压调节器的工作原理

随着发电机转速的升高，当发电机电压高于规定值时，晶体管截止，励磁电路被切断，发电机端电压下降，当发电机端电压降至规定值时再次接通励磁电路，发电机端电压又上升。如此反复，使发电机电压维持在规定值。

（2）外搭铁型　外搭铁型晶体管式电压调节器内部电路，如图3-23所示。

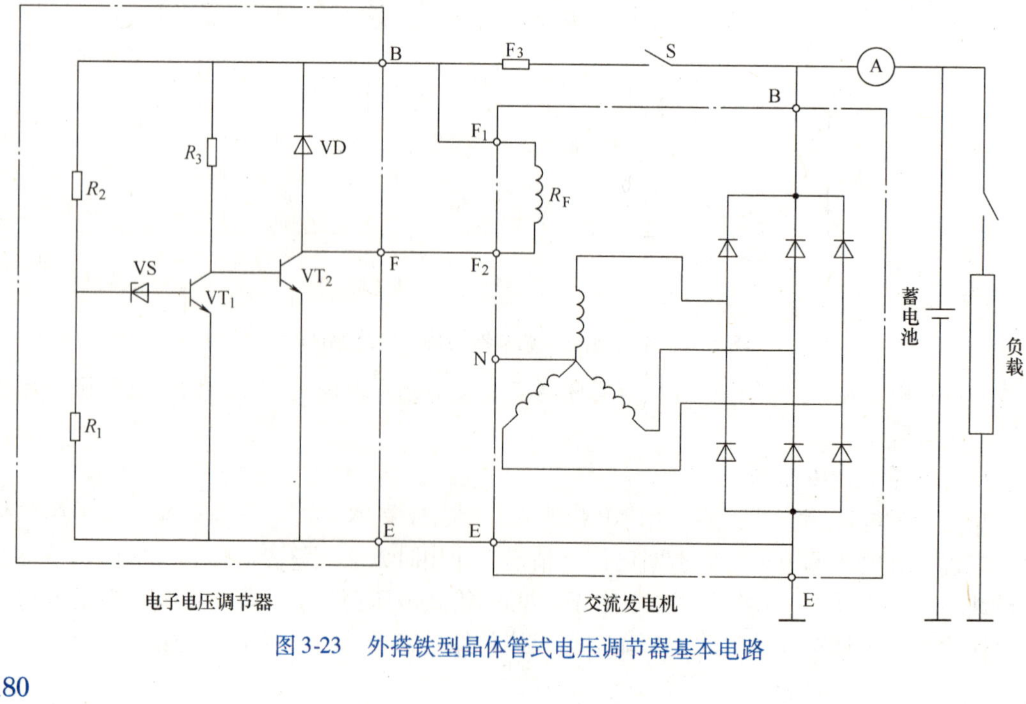

图3-23　外搭铁型晶体管式电压调节器基本电路

该电路与内搭铁型晶体管式电压调节器的电路有显著不同，内搭铁型是通过大功率晶体管控制“B”（或“+”）与“F”的通与断，而外搭铁型是通过大功率晶体管控制“F”与“-”的通与断，但其电路工作原理与前述内搭铁式型晶体管式电压调节器类似，在此不再赘述。

3. 集成电路式电压调节器

为了更精确地将电压控制在稳定的范围内，现代轿车广泛采用了集成电路式电压调节器。集成电路式电压调节器即利用集成电路组成的调节器，目前大多数汽车（如捷达、桑塔纳、夏利）都采用了集成电路调节器。图 3-24 是天津夏利轿车集成电路式电压调节器及充电系统电路，该调节器有 6 个接线端子，F、P、E 三个端子用螺钉直接和发电机联接，B 端用螺钉固定在发电机的输出端子“B”上，IG、L 两个端子用金属导体引到调节器的外部接线插座上。VT_1 是大功率晶体管，与励磁电路串联，由集成电路片控制 VT_1 的导通和截止，从而控制励磁电路通断，使发电机电压得到控制。

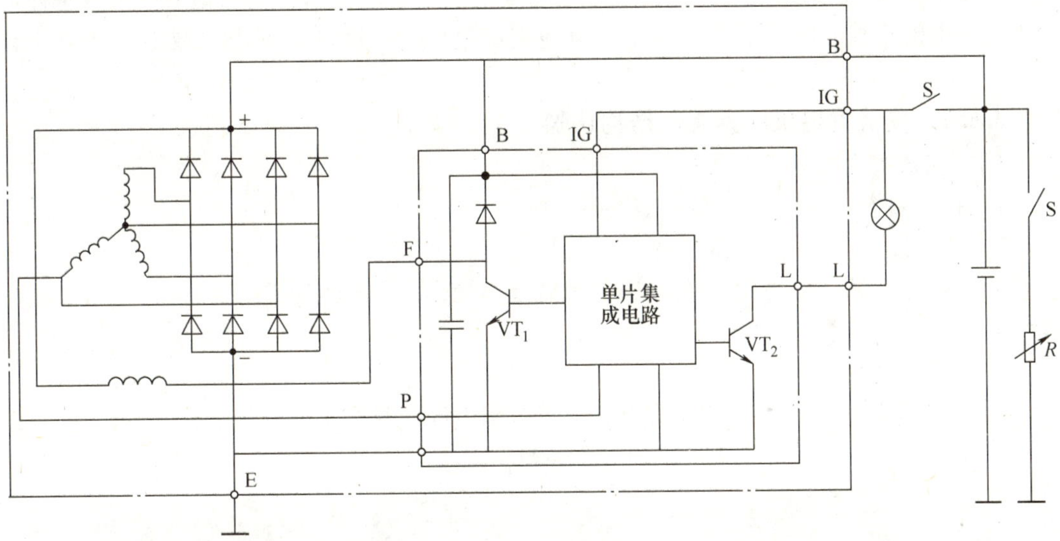

图 3-24　天津夏利轿车集成电路式电压调节器及充电系统电路

3.5　交流发电机的正确使用

1）蓄电池搭铁极性不能接错。目前，国产交流发电机均为负极搭铁，故蓄电池必须为负极搭铁，否则会出现蓄电池经发电机二极管大电流放电现象，将二极管迅速烧坏，有时还会烧坏电压调节器中的电子元件。所以，在蓄电池更换或补充充电后，要格外注意。

2）充电时的导线连接要牢固可靠，以免在电路突然断开时产生瞬时过电压，而烧坏晶体管元件。

3）发电机和电压调节器二者的规格型号要相互匹配。

4）发动机熄火后，应将点火开关断开，以免蓄电池长时间向励磁绕组和电压调节器磁化线圈放电，否则可能会烧坏励磁绕组，或引起蓄电池亏电。

5）发动机运行中，不得用“试火”的方法检查发电机是否发电，不得用兆欧表或 220V 交流电压检查发电机及其电压调节器的绝缘情况，应采用万用表或低压试灯检查。

6）在更换半导体元件时，电烙铁的功率应小于45W，焊接时操作要迅速，并应采取相应的散热措施，以免烧坏半导体元件。

7）在发电机正常运行时，不可随意拆动电气设备的连接导线，以防止连线搭铁短路或因突然断开而引起瞬时过电压。

3.6 交流发电机的检测

3.6.1 就车检测发电机的电压

发动机起动前，将直流电压表（直流电压DC挡）的正极接发电机“输出”端子“B”，负极搭铁，记下此时电压表指示的电压，该电压即为蓄电池的空载电压，正常值为12.5～12.9V。起动发动机并逐渐踩下加速踏板使其转速升高，当发动机转速升至高于怠速转速时，电压表指示的电压应高于蓄电池的空载电压，并随转速升高而稳定在某一调节电压值不变。若电压表指示的电压高于电压调节器的调节电压，且仍随发电机转速升高而升高，则说明发电机能发电，电压调节器有故障；若电压表指示的电压随发电机转速升高而保持蓄电池空载电压值不变或低于蓄电池空载电压值，则说明发电机或电压调节器有故障。

3.6.2 交流发电机的拆装与结构认知

1. 将交流发电机从汽车上拆下

1）拆下蓄电池负极柱上的搭铁电缆插头。

2）拆下发电机上的导线插头或插接器插头。

3）拆下发电机固定螺栓和传动带张力调节螺栓，并松开传动带。

4）取下发电机。

2. 拆卸交流发电机

1）拧下电刷组件的两个固定螺钉，取下电刷组件如图3-25所示。

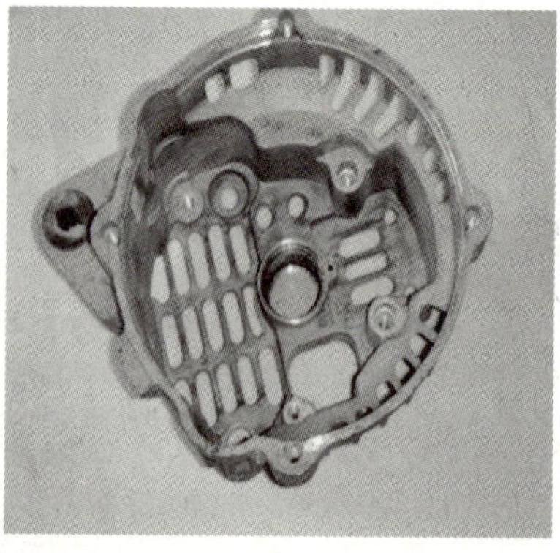

图3-25 电刷组件与端盖

2）拧下后轴承盖的三个固定螺钉，取下后轴承防尘盖，再拧下后轴承的紧固螺母。

3）拧下前后端盖的联接螺栓，轻敲前后端盖，使前后端盖分离。

4）从后端盖上拆下定子绕组端头，使定子总成与后端盖分离。分离后的定子如图

3-26所示。

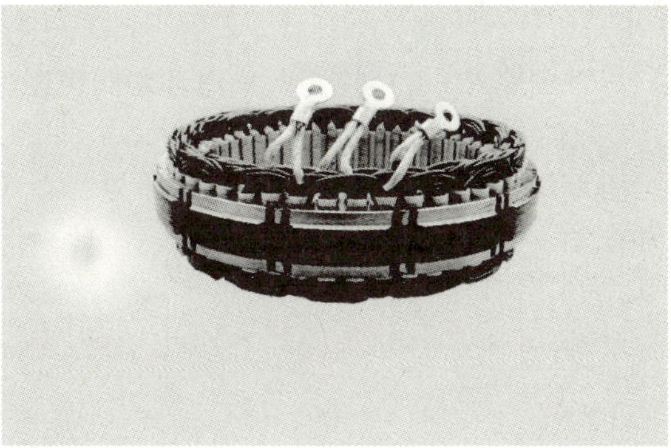

图 3-26　定子

5）拆下整流器总成、转子和调节器，如图 3-27 所示。

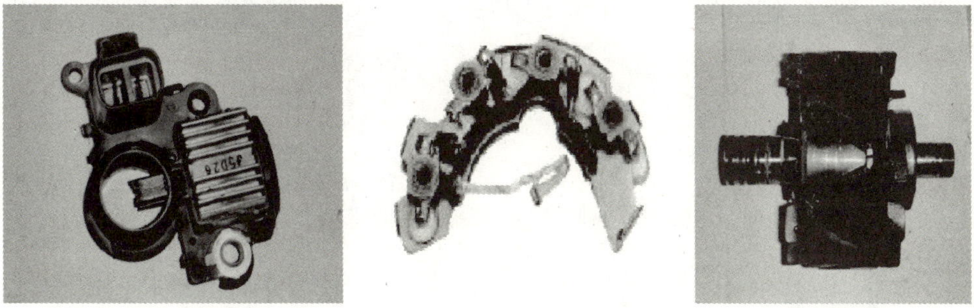

调节器　　　　整流器总成　　　　转子

图 3-27　拆下整流器总成、转子和调节器

6）拆下带轮固定螺母，从转子上取下带轮、半圆键、电子扇和前端盖，如图 3-28 所示。

图 3-28　前端盖与带轮

7）用布或棉纱蘸适量清洗剂擦洗励磁绕组、定子绕组、电刷及其他部件。

3.6.3 交流发电机的解体检测

1. 转子检修

（1）励磁绕组检修

1）如图 3-29 所示，用万用表 $R\times1$ 挡检测两集电环之间电阻，应与标准相符。若阻值为“∞”，说明断路；若阻值过小，说明短路。

2）如图 3-30 所示，用万用表电阻最大挡检测集电环与铁心（或转子轴）之间的电阻，应为“∞”，否则为搭铁。

图 3-29 检查励磁绕组是否短路或断路

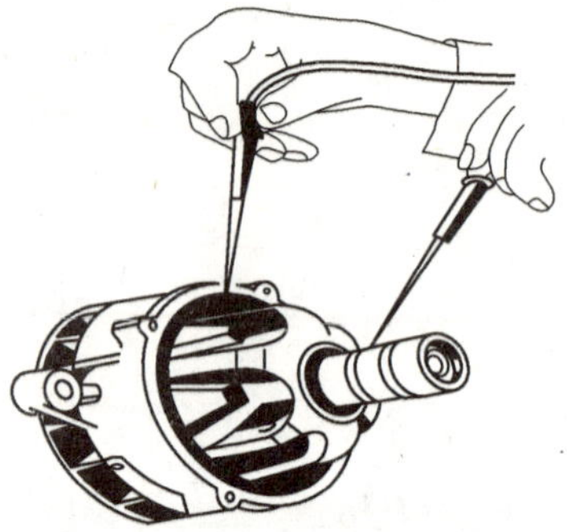

图 3-30 检查励磁绕组是否搭铁

3）励磁绕组断路时，应焊修或更换转子总成；励磁绕组短路和搭铁时，应更换转子总成。

（2）集电环检修

1）集电环表面应平整光滑，若有轻微烧蚀，用“00”号砂布打磨；若烧蚀严重，应在车床上精加工。

2）用金属直尺测量集电环厚度，应与规定相符，否则应更换。

2. 定子检修

（1）定子绕组短路检修　将一个 6V 蓄电池串联适当的负载及电流表，分别接到各相绕组的首末端，如果三相绕组的电流不相等，应更换定子绕组或定子总成。

（2）定子绕组断路检修　如图 3-31 所示，用万用表 $R\times1$ 挡检测定子绕组三个接线端，两两相测，阻值应小于 1Ω，若阻值为∞，说明断路。发生断路故障时，应用 35W 220V 的电烙铁焊接修复；若不能修复，应更换定子绕组或定子总成。

（3）定子绕组搭铁检修　如图 3-32 所示，用万用表电阻最大挡检测定子绕组接线端与定子铁心间的电阻，应为∞，否则说明有搭铁故障。有搭铁故障应更换定子绕组或定子总成。

3. 检查整流器

（1）检查二极管好坏　将万用表的两测试棒接于二极管的两极测其电阻，再反接测一次，若电阻值一大（>10kΩ）一小（8～10Ω），差异很大，说明二极管良好；若两次测量阻值均为∞，则为断路；若两次测得阻值均为 0，则为短路。

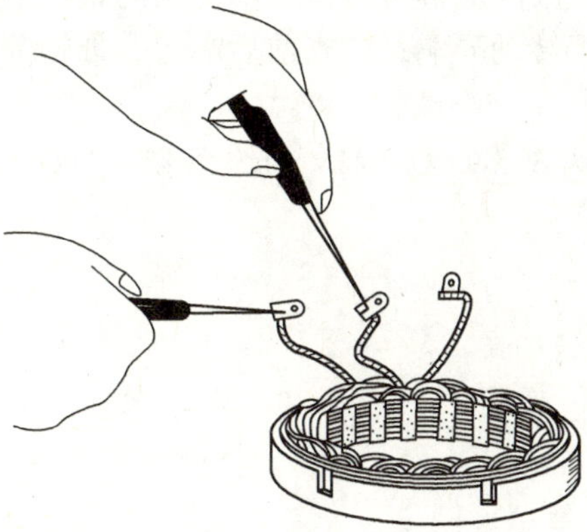

图 3-31　检查定子绕组是否断路

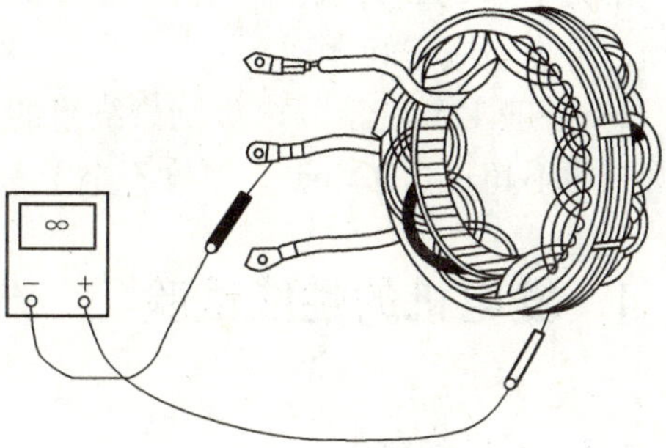

图 3-32　检查定子绕组是否搭铁

对焊接式整流二极管来说，只要有一只二极管损坏，就需更换该二极管所在的正或负整流板总成；若为压装结构，则只需更换故障二极管即可。

(2) 二极管的极性判别　常用的万用表有机械式和电子式两种，一般采用机械式万用表检测，其检测方法是：将万用表的正测试棒（红色）接二极管引出极，负测试棒（黑色）接二极管的另一极，测其电阻。若阻值大于 10kΩ，则该二极管为正极管；若阻值为 8～10Ω，则该二极管为负极管。

4. 检查电刷组件

(1) 外观检查　电刷表面应无油污，无破损、变形，且应在电刷架中活动自如。

(2) 电刷长度检查　如图 3-33 所示，用游标卡尺或金属直尺测量电刷露出电刷架的长度，电刷磨损不得超过原高度的 1/2。当电刷的外露长度小于 7mm 时，应更换电刷或电刷弹簧。

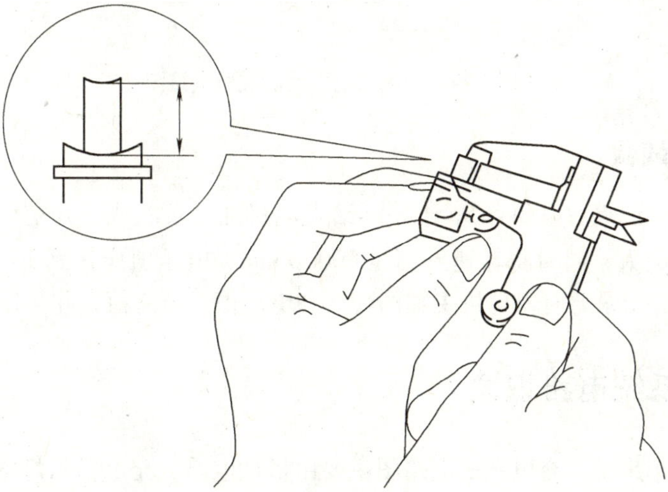

图 3-33　检查电刷长度

5. 其他零件检查及数据

1）检查发电机各接线柱绝缘情况，发现搭铁故障应拆检；检查轴承轴向和径向间隙均应不大于0.20mm，滚珠、滚道无斑点，轴承无转动异响；检查前后端盖、带轮等应无裂损，绝缘垫应完好。

2）一般12V交流发电机励磁绕组的电阻约为3.5～6Ω，24V的约为15～21Ω。集电环圆柱度不超过0.025mm，厚度不小于1.5mm。

4 发电机的性能试验

4.1 空载试验

交流发电机性能实验是测试交流发电机性能的手段，实验电路如图3-34所示。闭合S_2，断开S_1并且用动力拖动发动机或起动汽车，此时相当于发电机处于他励状态，蓄电池为发电机提供励磁电流。将转速升高至2000r/min，电压值应达到13.9～15.1V，电流读数应小于10A，当充电指示灯熄灭时，记录此时发电机主轴的转速，其为空载转速，它代表了发电机的空载性能。

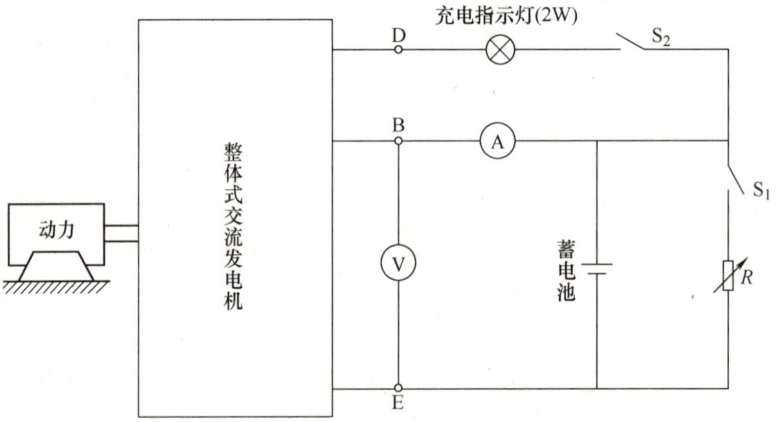

图3-34 交流发电机性能实验电路图

4.2 满载试验

当充电指示灯熄灭后，闭合S_1和S_2，给发电机加上负载或打开空调等用电器，逐渐将可变电阻调至最大，同时将转速升高至2000r/min，电压值应达到13.9～15.1V，电流读数应大于30A。记录此时发电机主轴的转速和电压值、电流值，并与标准值进行比较。

5 充电系统电路识读

对于现代轿车来说，充电系统电路图主要由搭铁电路、充电指示灯电路和主供电电路三大部分组成，以大众桑塔纳和丰田车系为例加以说明。

5.1　桑塔纳充电系统

5.1.1　桑塔纳充电系统原理

桑塔纳充电系统原理图如图 3-35 所示，电路特点如下。

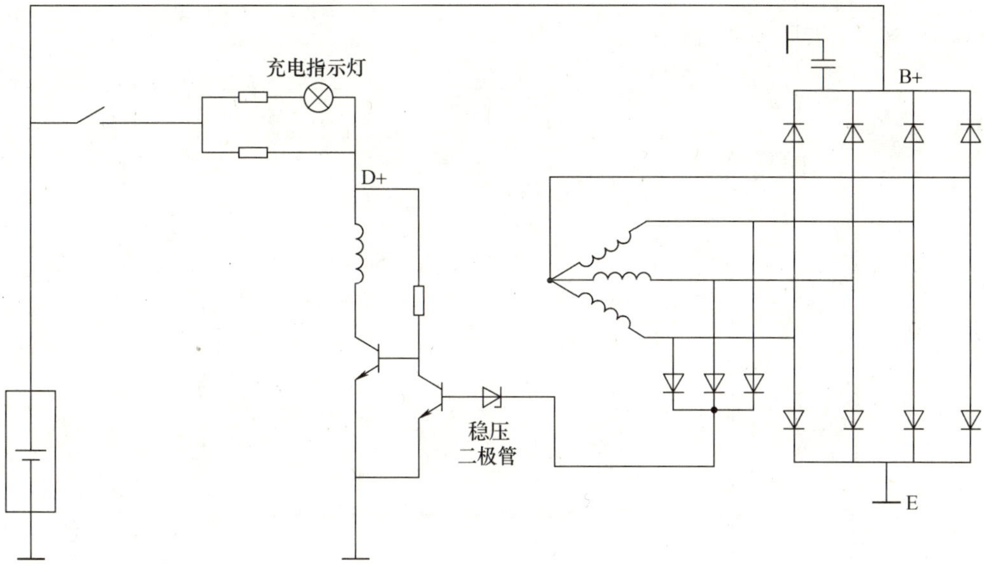

图 3-35　桑塔纳充电系统原理图

（1）元件特点　电压调节器与电刷一体，为外搭铁型晶体管式电压调节器。电压调节器外壳上有 D + 接线柱，十一个二极管用来整流，中性点参加整流，3 个小二极管向励磁绕组供电，同时控制充电指示灯，电容起到抗干扰和稳压作用。

（2）元件参数　励磁绕组阻值为 3Ω 左右，打开点火开关时 D + 点电压为 1.5V。

（3）电路特点　只有两个接线柱 B + 、D + ，D + 只起到引磁作用，外壳搭铁。

5.1.2　桑塔纳 2000 充电系统电路图

图 3-36 是桑塔纳 2000 充电系统电路图，图中 C 代表交流发电机，C1 代表电压调节器，将二者用方框框在一起表示该发电机为整体式结构；发电机的 B + 为输出端，与蓄电池的正极相连；D + 为充电指示灯信号端，通过中央接线盒进入仪表台并且与充电指示灯相连接；发电机本身通过壳体搭铁。

5.2　丰田充电系统

图 3-37 是丰田充电系统原理图，该充电系统电路采用了现今较为先进的电控技术，励磁绕组的通电与否由电控单元来控制。发动机工作时，计算机接收发动机转速、供电电压等信号，经过计算确定最佳的励磁绕组通电时间，从而将电压维持在一个稳定的范围内，提高控制精度。

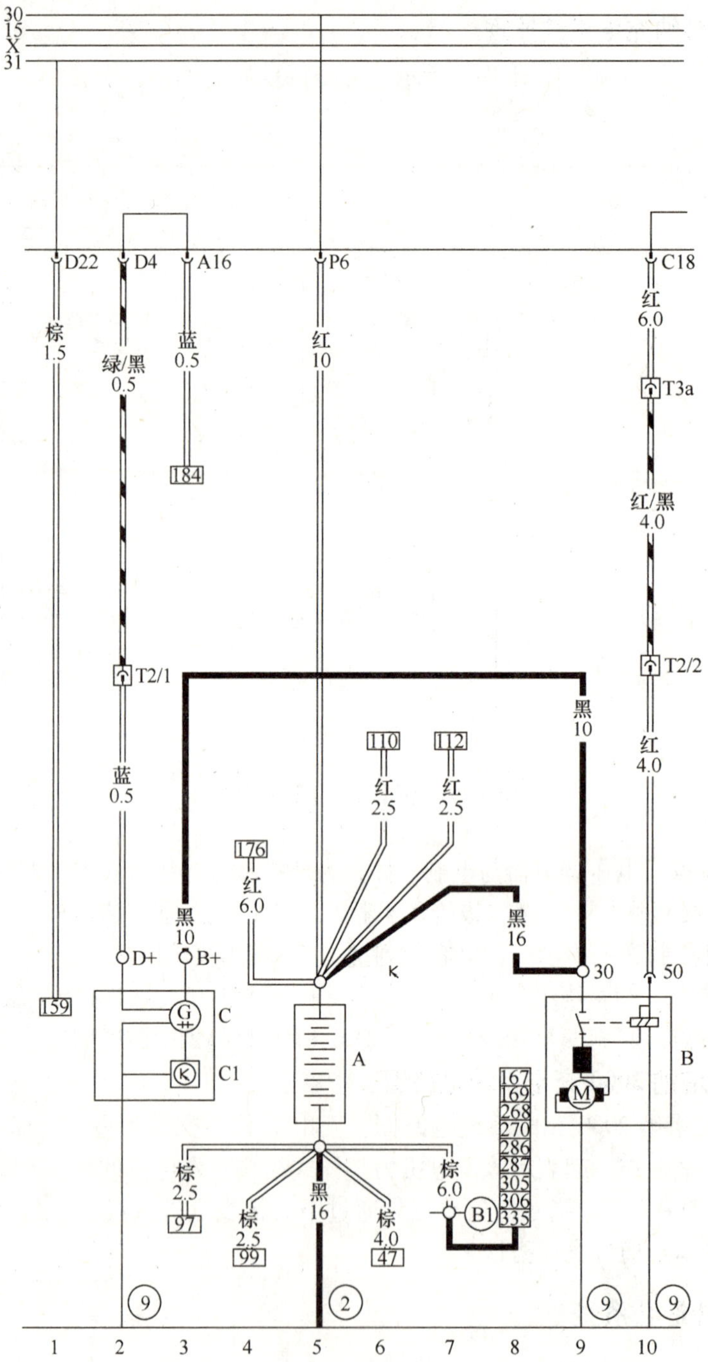

图 3-36　桑塔纳 2000 充电系统电路图

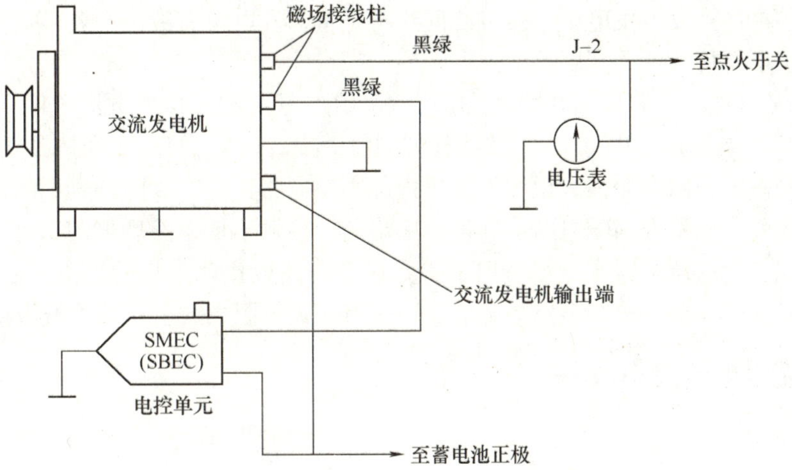

图 3-37　丰田充电系统原理图

6　整体式交流发电机电源系统故障检测与维修

6.1　不充电故障

1. 故障现象

发动机以中速以上速度运转时，电流表指示不充电；或充电指示灯不熄灭；或发电机端电压在 12V 以下。

2. 原因分析

1）发电机传动带太松或沾油打滑。

2）发电机励磁电路或充电线路断路。

3）二极管击穿、短路、断路。

4）定子绕组断路或搭铁。

5）电刷与集电环接触不良。

6）励磁绕组断路。

7）电压调节器有故障。

8）触点烧蚀、脏污、弹簧弹力过软、气隙过小。

9）晶体管式电压调节器的稳压管及小功率晶体管短路，大功率晶体管断路。

10）电压调节器的搭铁方式与发电机不配套。

3. 故障检测

1）检测发电机传动带松紧度，清除油污。

2）检测充电系统导线是否松脱，熔断器是否烧断。

3）接通点火开关，用一字螺钉旋具靠近发电机后轴承盖，探测转子电磁吸力，若有明显吸力，说明励磁回路正常，故障在电枢回路；若无吸力或吸力微弱，说明励磁回路有断路、接触不良或局部短路。

4）若电枢回路有故障，可用试灯的一端搭铁，另一端接触发电机电枢接线柱“B”。灯亮，表明蓄电池到发电机电枢接线柱之间连接正常，发电机有故障；若灯不亮，表明蓄电池到发电机电枢接线柱之间断路。

5）若励磁回路有故障，可用跳线方法检测。用一段导线短接发电机“B”、“F”接线柱（内搭铁式）或短接“B”、“F”接线柱的同时短接“F_2”、“E”（外搭铁式）接线柱。然后重新探测磁力，磁力变强，说明发电机内部励磁电路正常，故障是励磁线路断路或电压调节器有故障，先检查励磁电路熔断器有无熔断、接触不良，然后再用试灯依次检查外励磁电路连线和电压调节器、磁场继电器等是否有断路或接触不良的地方。若仍不增强，说明故障在发电机内部。检测电路故障时，可用万用表电阻挡或电压挡检查。

6.2 充电电流过小故障

1. 故障现象

在蓄电池亏电情况下，发动机中高速运转时的充电电流很小。

2. 原因分析

1）充电线路接触不良。

2）传动带打滑，使发电机转速过低。

3）发电机有故障。如个别二极管损坏；集电环脏污，电刷与集电环接触不良，导致励磁电流过小；定子绕组连接不良，有短路或断路故障；励磁绕组局部短路，转子与定子刮碰或气隙不当。

4）电压调节器调节电压值过低或有故障。

3. 故障检测

1）检测发电机传动带松紧度，清除油污，检查紧固导线。

2）拆下发电机“B”和“F”接线柱上导线，用试灯的两根导线分别连接发电机“B”和”F”接线柱，起动发动机，逐步提高转速，查看试灯亮度。若试灯发红，且不随转速升高而增加亮度或亮度增加不明显，则为发电机内部有故障，应拆检发电机；若试灯亮度能随转速增加而增强较大，则说明发电机良好，故障在电压调节器。电压调节器的检查方法可按发电机不充电故障所述方法检查。

学习单元四

起动机失灵

1　起动系统的作用及组成

1.1　起动系统的作用

发动机从停止转入工作状态，必须借助外力带动曲柄连杆机构运动，完成可燃混合气的压缩，才能开始点火燃烧或自燃。产生外力使发动机从静止状态进入工作状态的装置或系统即是发动机的起动系统。

发动机常采用人力、电力、辅助汽油机等多种方式起动。

人力起动：使用人力将发动机起动的方式，主要用于小型汽油机或作为紧急备用起动方式。

电力起动：起动机在点火开关和起动继电器的控制下，将蓄电池的电能转化为机械能，带动发动机飞轮齿圈使曲轴转动，完成发动机的起动，如图 4-1 所示。

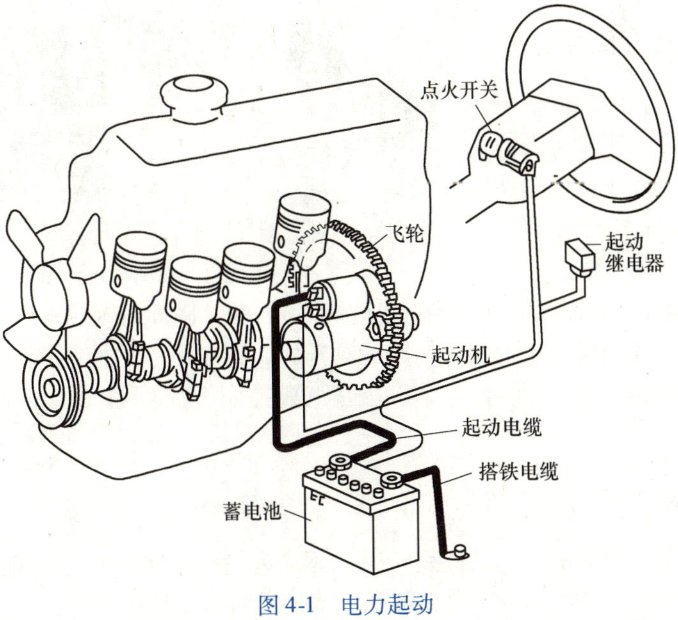

图 4-1　电力起动

辅助汽油机起动：大功率柴油机起动系统可以采用小型汽油机，通过先起动汽油机后，再带动柴油机运转。

1.2 起动系统的组成

起动系统由蓄电池、起动机、起动继电器、点火开关等组成，如图4-2所示。

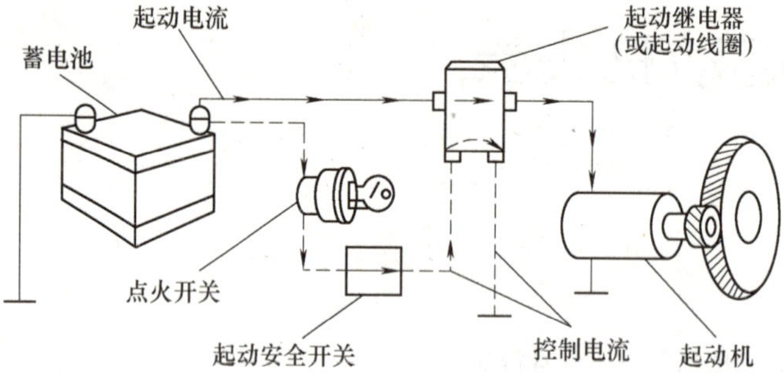

图4-2 起动系统的组成

注：图中实线表示起动电流，虚线表示起动控制电流。

2 起动机的分类

图4-3是起动机实物图，起动机的种类很多，其控制方法和传动机构啮合方式有很大差异，因此起动机是按控制方法和传动机构啮合方式的不同来分类的，另外还可按电动机磁场产生的方式来分类。

2.1 按控制方法分类

（1）机械控制起动机　主要由脚踏板或手拉杠杆联动机构控制起动机的主电路开关来起动发动机。虽然这种方式结构简单、工作可靠，但由于要求蓄电池和起动机靠近驾驶室，布局受到限制而且操作不方便，因此目前已经很少采用。

图4-3 起动机实物图

（2）电磁控制起动机　用按钮或钥匙起动车辆，再由电磁铁控制主开关，以此来接通或断开起动机主电路。由于这种方式可以远距离控制，操作省力，故被现代汽车广泛采用。

2.2 按传动方式分类

（1）惯性啮合式起动机　起动机旋转时，驱动齿轮借助惯性力自动啮入飞轮齿环，这种起动机结构简单，传递的转矩不大，可靠性差，目前很少使用。

（2）强制啮合式起动机　靠人力或电磁力拉动杠杆，强制拨动驱动齿轮啮入飞轮齿环，这种起动机结构简单、工作可靠、操作方便，目前被广泛使用。

（3）电枢移动式起动机　靠电磁力使电枢轴移动，将驱动齿轮啮入齿环，这种起动机主要用在大功率柴油机上。

（4）减速式起动机　这种起动机采用高速、小型、低转矩的电动机，在减速机构中有减速装置，可以增大输出转矩，其质量和体积可比普通起动机减小30%～35%。

2.3　按电动机磁场产生的方式分类

（1）励磁式起动机　励磁式起动机是通过向励磁绕组通电而产生磁场。按其电枢与励磁绕组连接方式不同可分为不同的直流电动机，如图4-4所示。一直以来，汽车上的起动机普遍都采用直流串励式电动机，“串励”是指电枢绕组与励磁绕组串联，如桑塔纳轿车用QD1225型起动机、东风EQ2120型汽车用QD2623型起动机。

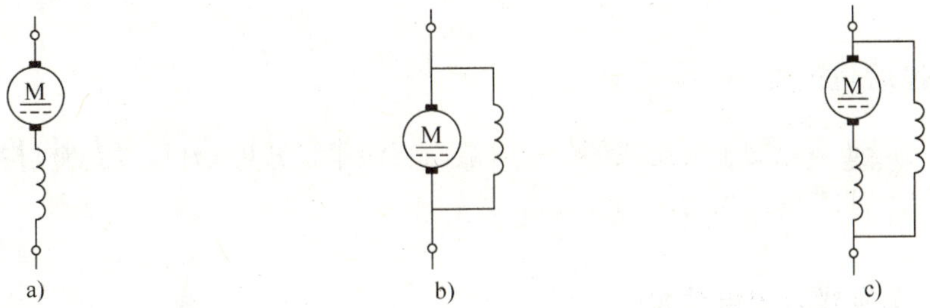

图4-4　励磁绕组与电枢绕组的连接方式

a）励磁绕组与电枢绕组串联连接　b）励磁绕组与电枢绕组并联连接　c）由一个串联与一个并联绕组提供励磁磁场

（2）永磁式起动机　永磁式起动机以永久磁铁作磁极产生磁场。由于磁极采用永磁材料支撑，无需励磁绕组，因此电动机结构简化、体积小、质量轻。永磁式起动机是近年来出现的新型起动机，但目前在汽车上使用还比较少。

3　起动机的型号

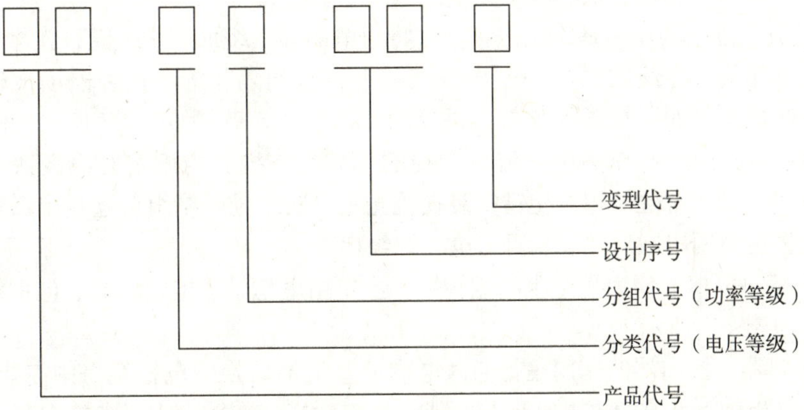

第1部分为产品代号：起动机的产品代号QD、QDJ、QDY分别表示起动机、减速式

起动机及永磁式起动机。

第2部分为分类代号（电压等级）：1——12V；2——24V；6——6V。

第3部分为分组代号（功率等级）：其含义见表4-1。

第4部分为设计序号。

第5部分为变型代号。

例如，QD124表示额定电压为12V、功率为1～2kW、第四次设计的起动机。

表4-1 起动机的分组代号（功率等级）

分组代号	1	2	3	4	5	6	7	8	9
功率等级/kW	～1	>1～2	>2～3	>3～4	>4～5	>5～6	>6～7	>7～8	>8

4 起动机的结构与工作原理

4.1 起动机的结构

起动机是起动系统的主要组成部分，一般由直流串励式电动机、传动机构、电磁开关等部分组成，如图4-5所示为起动机分解图。

图4-5 起动机分解图

4.1.1 串励式直流电动机

串励式直流电动机的作用是产生起动转矩。它由机壳、磁极、电枢、换向器、电刷及电刷架、端盖组成，如图4-6所示。由于电动机工作电流大、转矩大、工作时间短（一般为5s左右），因此要求零件的机械强度高、电路电阻小。

1. 串励直流电动机的结构

（1）机壳 机壳的作用是安装磁极，固定机件。壳内壁固定有励磁铁心和励磁绕组。

（2）磁极 磁极的作用是产生磁场。若将通电的导线绕成一个线圈，就会在线圈内部形成束状的磁场线，在线圈内部的磁场线互相平行且间隔相等，这种磁场被称为匀强磁场。在磁场线的出口的一端形成N极，进口的一端形成S极。如图4-7所示，使用⊗作为电流流入导线的标志，⊙作为电流流出导线的标志。在机壳内固定有磁极铁心和励磁绕组，一般是四个，两对磁极相对交错安装在机壳上，四个励磁绕组可互相串联后再与电枢绕组串联；也可两两串联后并联，再与电枢绕组串联。

（3）电枢 电枢的作用是产生电磁转矩，主要由电枢轴、电枢铁心、电枢绕组和换向器等组成，如图4-6所示

（4）换向器 换向器的作用是把通入电刷的直流电转换为电枢绕组中需要的交流电。换向器装在电枢轴上，它由许多换向片组成，换向片嵌装在轴套上，各换向器片之间用云母绝缘。

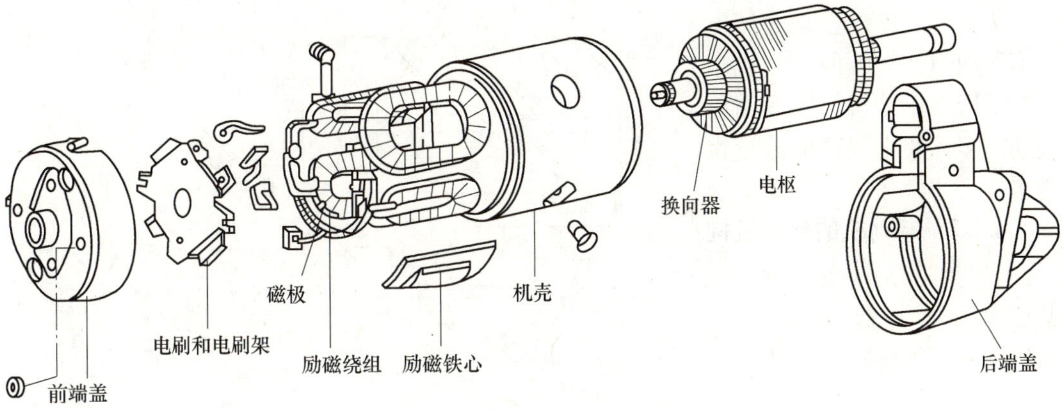

图 4-6　串励直流电动机的组成

(5) 电刷及电刷架　电刷及电刷架的作用是将电流引入电动机。一般有四个电刷及电刷架，如图 4-8 所示。电刷架固定在前端盖上，其中两个对置的电刷架与端盖绝缘，称为绝缘电刷架；另外两个对置的电刷架与端盖直接铆合而搭铁，称为搭铁电刷架。电刷由铜粉与石墨粉压制而成，电刷装在电刷架中，借电刷弹簧压力将它压在换向器铜片上，电刷弹簧的压力一般为 12～15N。

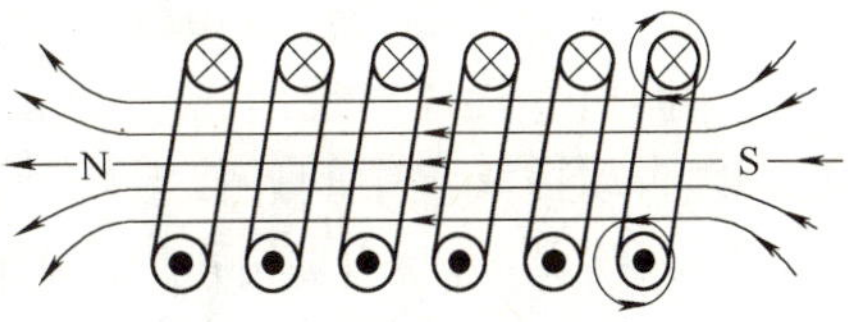

图 4-7　线圈的磁场

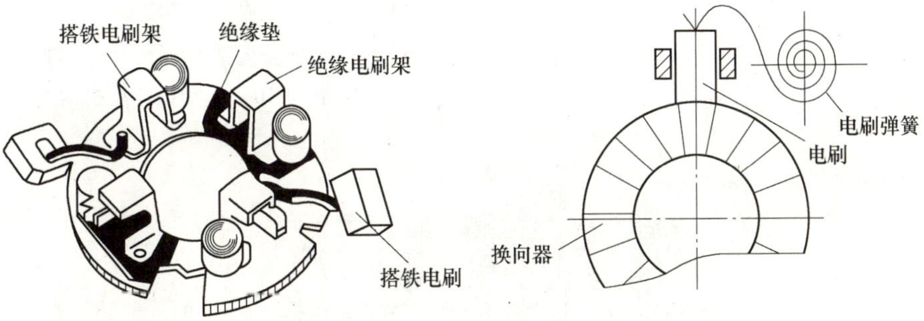

图 4-8　电刷及电刷架

(6) 端盖　端盖有前后之分。前端盖一般由钢板压制而成，其上装有四个电刷架；后端盖为灰铸铁浇铸而成。它们靠两根长螺栓分别装在机壳的两端，两端盖内均装有轴承套以支撑电枢轴。

2. 串励直流电动机工作原理

串励直流电动机的基本工作原理是通电的导体在磁场中会受电磁力作用，电磁力的方向遵循左手定则。线圈中的电流方向如图中箭头所示，由左手定则可知线圈转动方向为顺时针方向。线圈旋转至一个确定的位置，在这个位置线圈上自身产生的磁场方向与固定磁场的方向相同，此时，在旋转线圈上安装一个换向器，每当线圈快要到达确定的最终位置时电流就换向，这样线圈就会持续不断地旋转，如图4-9所示。

为了增大输出转矩并使电枢运转均匀，实际的电动机中电枢采用多匝线圈，随线圈匝数的增多，换向器片的数量也增多。

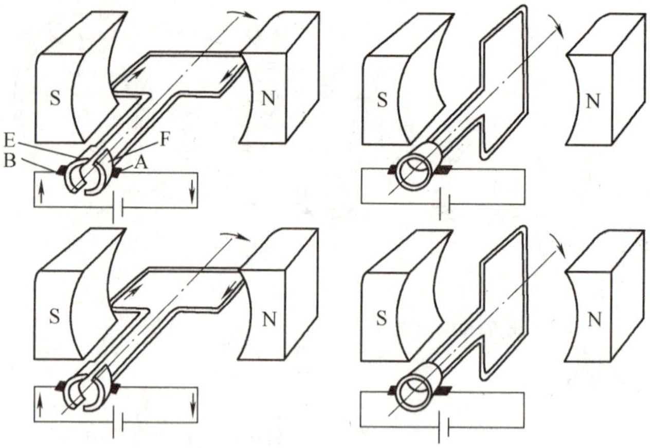

图4-9 直流电动机的工作原理图

A、B—电刷 E、F—换向器

4.1.2 起动机的传动机构

起动机的传动机构主要包括拨叉和单向离合器，如图4-10所示为起动机的传动机构外观图。

如图4-11所示，拨叉的一端与电磁开关中的移动衔铁连接，另一端与单向离合器相连接，中间用连接片固定。当移动衔铁向左移动的同时带动拨叉绕中间连接点转动，使得拨叉的另一端将单向离合器连同驱动齿轮向外推出。

图4-10 起动机传动机构外观

单向离合器的作用是在起动发动机时，将电动机的转矩传给发动机曲轴，进而起动发动机；而当发动机起动后，能自动打滑，防止电枢轴被发动机拖动超速旋转。单向离合器主要有三种形式：滚柱式单向离合器、摩擦片式单向离合器和弹簧式单向离合器，目前国产汽车大多采用滚柱式单向离合器。

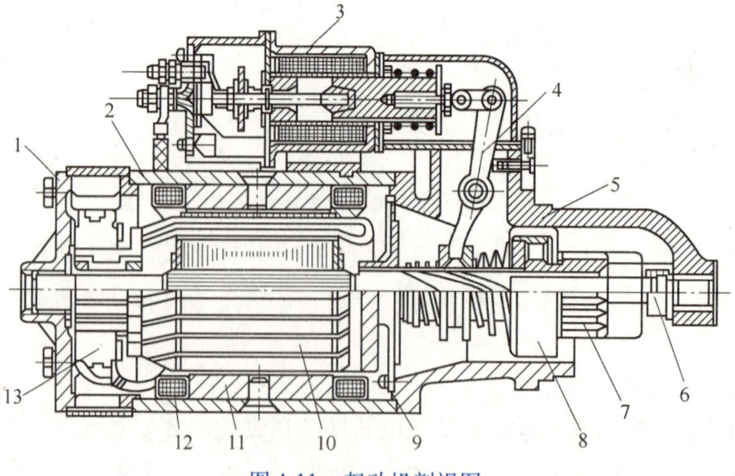

图4-11 起动机剖视图

1—前端盖 2—外壳 3—电磁开关 4—拨叉 5—后端盖 6—限位螺钉 7—驱动齿轮 8—单向离合器 9—中间支撑板 10—电枢 11—磁极 12—励磁绕组 13—电刷

1. 滚柱式单向离合器

滚柱式单向离合器的构造如图 4-12 所示。

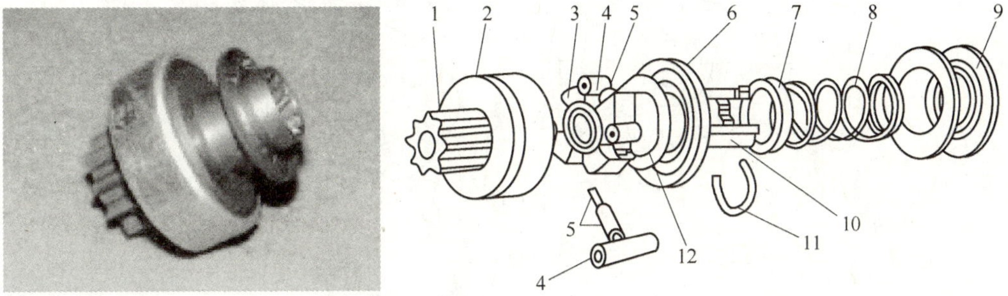

图 4-12　滚柱式单向离合器

1—驱动齿轮　2—外壳　3—十字块　4—滚柱　5—压帽与弹簧　6—护盖　7—弹簧盖
8—缓冲弹簧　9—移动衬套　10—花键套筒　11—卡簧　12—垫圈

驱动齿轮与外壳制成一体，外壳内装有十字块、四套滚柱、压帽与弹簧。十字块与花键套筒固连，护盖与外壳相互扣合密封。在外壳与十字块之间，形成四个宽窄不等的楔形槽，槽内分别装有一套滚柱、压帽与弹簧。滚柱的直径略大于楔形槽窄端，略小于楔形槽的宽端。因此，当十字块为主动件时，滚柱滚入窄端，将十字块与外壳卡紧，形成摩擦力，传递转矩；当外壳为主动件时，滚柱滚入宽端，则放松打滑，不能传递转矩。花键套筒的外面装有缓冲弹簧及衬圈，末端安装着移动衬套。整个滚柱式单向离合器总成套装在电动机轴的花键部位上，可做轴向移动和随轴转动。起动机工作时，拨叉操纵移动衬套通过缓冲弹簧迫使驱动齿轮沿电枢轴轴向移动，与飞轮齿圈啮合，而平时在电磁开关活动铁心回位弹簧作用下，驱动齿轮与飞轮齿圈保持分离状态。

2. 滚柱式单向离合器工作过程

起动发动机时，驾驶员操纵控制装置使拨叉下端后移，将驱动齿轮推出并与飞轮齿圈啮合。为防止两齿轮抵住，将齿轮齿端做成斜角。若两齿轮万一抵住时，拨叉下端通过移动衬套压缩移动衬套后侧的缓冲弹簧（或称啮合弹簧），拨叉仍能继续转动，拨叉上端前移使电动机开关先接通，待电动机通电稍转动，并且齿与齿槽对正后，缓冲弹簧伸张推动驱动齿轮使二者啮合。驱动齿轮与飞轮齿圈刚啮合而尚未转动时，电动机电路接通，电枢轴带动单向离合器外座圈旋转，在驱动齿轮尾部摩擦力和弹簧压力作用下，滚柱移向楔形槽较窄的一端，将单向离合器外座圈和驱动齿轮尾部卡紧成一体，于是驱动齿轮随电枢轴一起转动并带动飞轮旋转，使发动机起动，如图 4-13a 所示。

起动发动机后，此时由于飞轮齿圈带动驱动齿轮高速旋转且比电枢轴的转速高得多，驱动齿轮尾部的摩擦力带动滚柱克服弹簧张力，使滚柱移向楔形槽较宽的一端，滚柱在驱动齿轮尾部与单向离合器外座圈间发生滑动，发动机的动力不能传给电枢轴，起到分离作用。电枢轴只能按自己的转速空转，避免了电枢导线超速飞散的危险，如图 4-13b 所示。当解除操纵后，在回位弹簧张力作用下，驱动齿轮前移与飞轮齿圈分离，电动机停止转动，恢复原状。滚柱式单向离合器具有构造简单、工作可靠等优点，得到广泛应用。但由于这种离合器在接合时几乎是刚性的，不能承受过大的冲击力，传递大转矩时会因滚柱卡

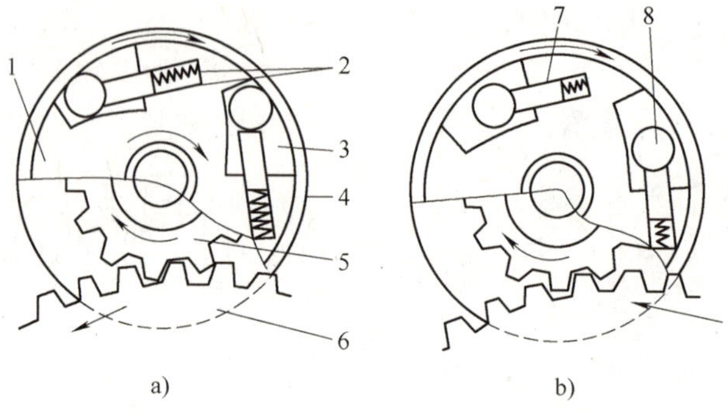

图 4-13　滚柱式单向离合器工作过程

a）发动机起动时　b）发动机起动后

1—十字块　2—滚柱及弹簧　3—楔形槽　4—外壳　5—驱动齿轮　6—飞轮齿圈　7—活柱　8—滚柱

死而失效，所以只适用于额定功率不足 2.2kW 的小型起动机。

4.2　起动机的控制装置和工作过程

控制装置又称起动机开关，其作用是控制驱动齿轮与飞轮齿圈的啮合与分离、控制电动机电路的接通与切断。控制装置有机械式和电磁式两种，目前汽车上大多采用电磁式。电磁式控制装置（电磁开关）如图 4-14 所示，它由吸引线圈、保持线圈、静铁心、动铁心、回位弹簧、主触点和接触盘等组成。吸引线圈与保持线圈匝数相同、绕向也相同。由于起动机电磁开关的主触点通过电流极大（几百安培），因此主触点一般都用铜制造。

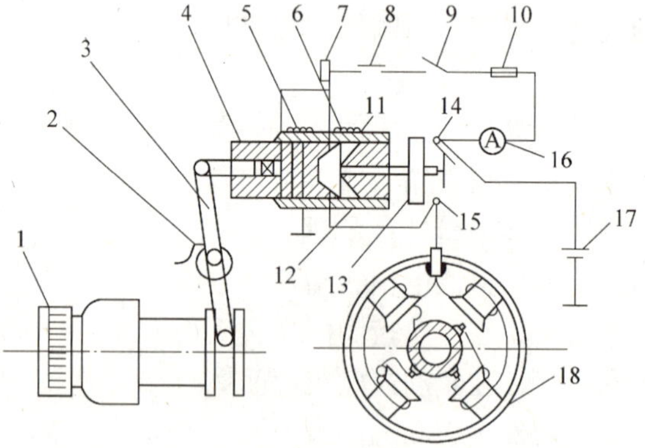

图 4-14　电磁式控制装置原理

1—驱动齿轮　2—回位弹簧　3—拨叉　4—动铁心　5—保持线圈　6—吸引线圈

7—接线柱　8—起动按钮　9—起动开关　10—熔断器　11—套筒　12—静铁心

13—接触盘　14、15—主触点　16—电流表　17—蓄电池　18—电动机

电磁开关用来在接通电动机供电电路的同时推出驱动齿轮，使其与飞轮齿圈啮合。如图 4-15 所示，当接通起动开关时，吸引线圈中的电流经起动机的励磁绕组和电枢绕组后搭铁，保持线圈则直接搭铁。这时，这两个线圈产生同方向的磁通，并产生很强的吸引

力，吸引动铁心运动。同时通过电枢中的电流使电枢轴缓慢运转。电磁开关动铁心运动使与其连接的拨叉推出，向飞轮移动直至驱动齿轮与飞轮齿圈啮合。当驱动齿轮与飞轮齿圈完全啮合的同时，动铁心运动正好使由动、静触点组成的主触点闭合。主触点闭合后，吸引线圈的两端被主触点短路，蓄电池输出大电流直接进入电动机而发出较大的转矩，经飞轮被放大6倍（传动比约为10～15）后克服发动机的阻力矩将其拖动。吸引线圈被短路后，由于此时动、静铁心完全接触，磁阻很小，只靠保持线圈中的电流就能维持铁心的吸合状态。发动机起动后，断开起动开关，从起动开关供给保持线圈的电流被切断，如图4-16所示。但此瞬时主触点仍闭合，电流从主触点流向吸引线圈，再经保持线圈搭铁，而这时吸引线圈电流改变了方向，两个线圈产生的磁通方向相反而抵消。在回位弹簧作用下，静铁心、动铁心（带动拨叉和驱动齿轮）返回原位，主触点断开，起动机因断电而停转。

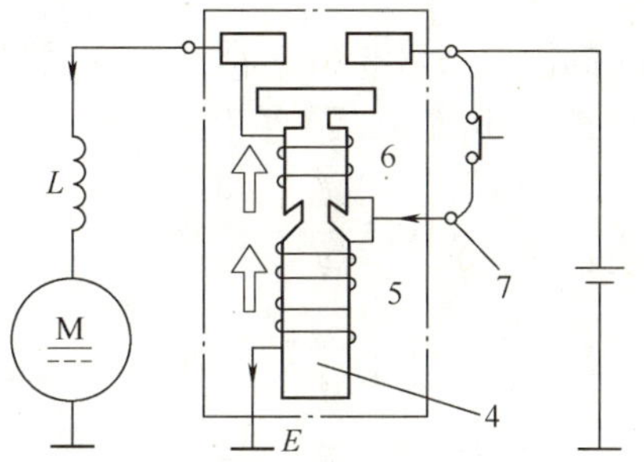

图4-15　起动时电磁开关中的电流

图注同图4-14

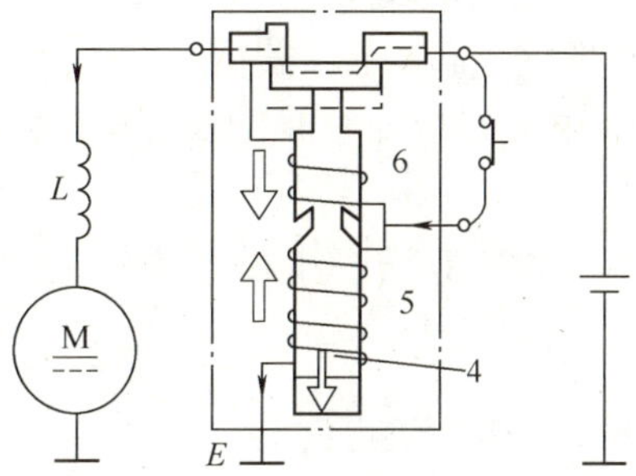

图4-16　起动后电磁开关中的电流

图注同图4-14

其电路为：蓄电池正级→主电路接线柱→起动开关→起动按钮→电磁开关接线柱7→┬→吸引线圈→主电路接线柱→激磁绕组→搭铁→蓄电池负极。
　　　　　　└→保持线圈→搭铁→蓄电池负极。

整个起动系统的工作过程是：当点火开关放在起动挡，起动机控制电路先接通，才能接通起动机供电电路，让蓄电池电流经电磁开关“C”端子流入起动机，并使其转动起来；与此同时，电磁开关还将起动机的驱动齿轮向外推出，使其旋转并与发动机飞轮齿圈相啮合，拖转发动机。待发动机被拖转到自己完成起动并加速运转后，飞轮又反过来带动起动机驱动齿轮运转，起动机上的单向离合器使起动机的驱动齿轮相对于起动机电枢轴空转（以保护起动机）。驾驶员应及时将点火开关转到点火挡，切断起动机控制电路，在控制机构回位弹簧回复力作用下，驱动齿轮退回原处，脱离与飞轮齿圈的啮合。由于供电电路同时被切断，起动机停止运转。

5　起动机的正确使用

发动机起动时，合理、正确地使用起动机，能确保起动机工作正常、起动可靠，并有效地延长起动机的使用寿命。

1）发动机起动时，流向起动机的最大电流可达200A。若长时间、大电流的工作，不仅可能烧坏起动机，还会造成蓄电池过度放电而损伤。因此，起动发动机时，起动机的每次工作时间不宜超过 5s；若起动失败后，应等约 15s 后再重新起动。

2）起动发动机时，尽量减少起动机的起动次数，若连续三次起动失败，应检查发动机的电路、供油油路等是否正常，起动负荷是否过大，应排除故障后再行起动。

3）在起动发动机过程中，应将变速器操纵杆置于空挡位置，并踩下离合器踏板，使起动机不带负载起动，提高一次起动成功率。

4）蓄电池要经常保持充足电的状态，以保证发动机起动时，起动电动机能获得较大的工作电流和电压，确保起动机具有足够的转速和转矩，以满足发动机的起动，减少起动机的工作时间。

5）在冬季和低温环境下冷机起动时，建议先对发动机进行预热，以提高起动的成功率，减少重复起动的次数，并有利于延长起动机和蓄电池使用寿命。

6）发动机起动后，要立即松开点火开关，使起动机停止工作，以免损坏电磁开关和起动机，减小单向离合器不必要的磨损。

7）发动机起动后，若操纵点火开关不能使起动机停止运转，要立即关闭发动机和车辆电源，必要时应即时拆开蓄电池的电源线，待查明故障排除后，再重新接好电路。

6　起动机的拆装与检测

6.1　起动机的拆装

1）拆下电磁开关，注意不要损坏动铁心和拨叉的接触段，如图 4-17 所示。

2）拆下前、后端盖，如图 4-18 所示。

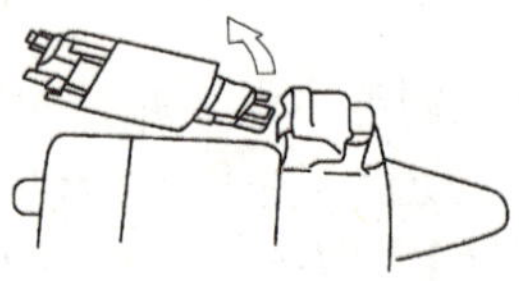

图 4-17　拆下电磁开关

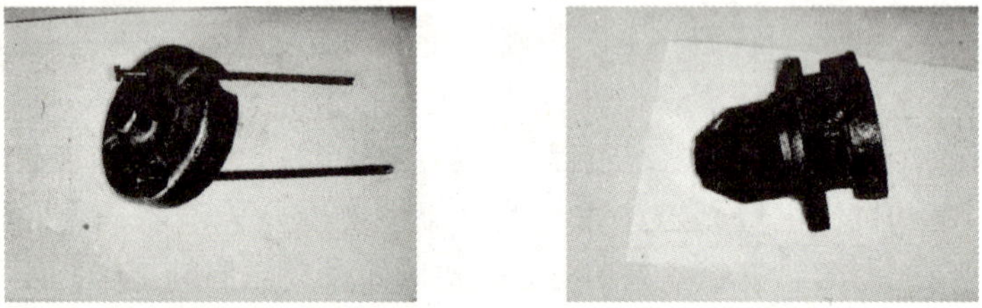

前端盖　　后端盖

图 4-18　前、后端盖

3）取出电枢并拆下单向离合器、电刷及电刷架如图 4-19 所示。

电枢　　单向离合器　　电刷及电刷架

图 4-19　电枢、单向离合器、电刷及电刷架

4）分解励磁绕组如图 4-20 所示。

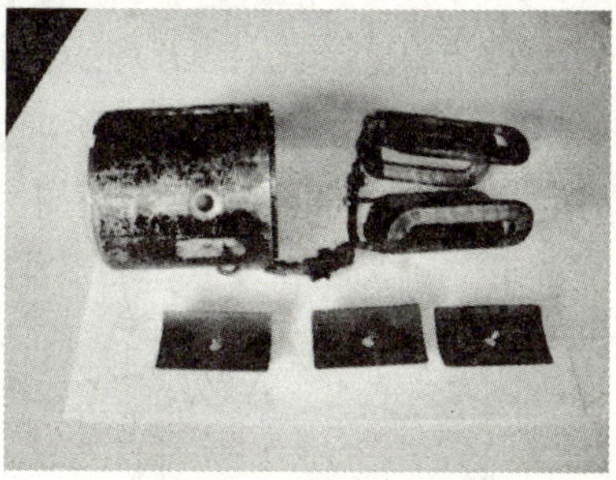

图 4-20 分解后的励磁绕组

5）起动机的组装步骤与拆卸步骤顺序相反。

6.2 起动机的检测

6.2.1 直流电动机的检测

1. 励磁绕组（定子）的检测

（1）励磁绕组断路的检查 如图 4-21 所示，首先通过外部检视，看其是否有烧焦或断路处，若外部检视未发现问题，可用万用表电阻 $R\times1\Omega$ 挡检测，两表笔分别接触起动机外壳引线（即电流输入接线柱）与励磁绕组绝缘电刷接头是否导通，如果测得的电阻为无穷大，说明励磁绕组断路，应予以检修或更换。

（2）励磁绕组搭铁的检测 如图 4-21 所示，用万用表电阻 $R\times10k\Omega$ 挡（或数字万用表高阻挡）检测励磁绕组电刷接头与起动机外壳是否相通，如果相通，说明励磁绕组绝缘不良而搭铁；如果阻值较小，说明有绝缘不良处，应检修或更换励磁绕组。

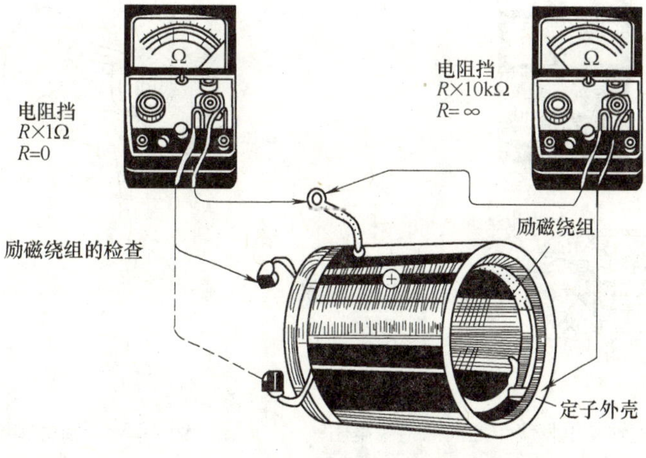

图 4-21 励磁绕组断路及搭铁的检测

（3）励磁绕组短路的检查 如图 4-22 所示，电路接通后，将螺钉旋具放在每个磁极上，检查磁极对螺钉旋具的吸引力是否相同。若某一磁极吸引力太小，就表明该励磁绕组有匝间短路故障存在。

2. 电枢绕组（转子）的检测

（1）电枢绕组搭铁的检测　如图 4-23 所示，用万用表电阻 $R\times10\mathrm{k}\Omega$ 挡检测，用一根表笔接触电枢，另一根表笔依次接触换向器铜片，万用表指针不摆动即电阻为无穷大，否则说明电枢绕组与电枢轴之间绝缘不良有搭铁之处。

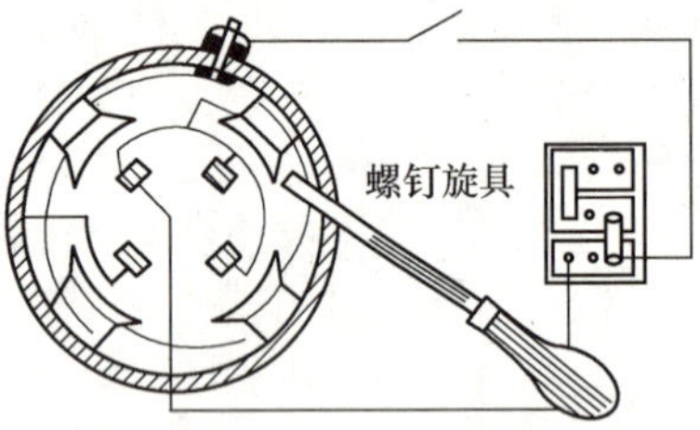

图 4-22　励磁绕组短路的检测

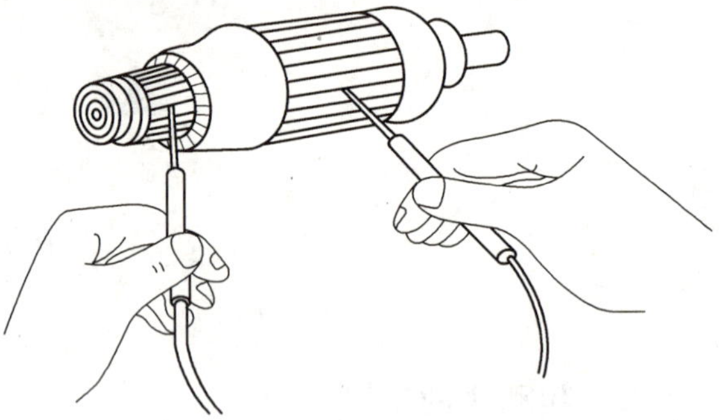

图 4-23　电枢绕组搭铁的检测

（2）电枢绕组的短路检测　用电阻 $R\times10\mathrm{k}\Omega$挡检查换向器和电枢轴之间是否导通，如图 4-24 所示。如有导通现象，说明电枢绕组搭铁，应更换电枢。

（3）电枢绕组断路的检测　用电阻 $R\times1\Omega$ 挡，将两个表笔分别接触换向器相邻的铜片，如图 4-25 所示，测量相邻两换向片间是否相通，如万用表指针指示“0”，说明电枢绕组无断路故障，若万用表指针在某处不摆动，即电阻值为无穷大，说明此处有断路故障，应更换电枢。

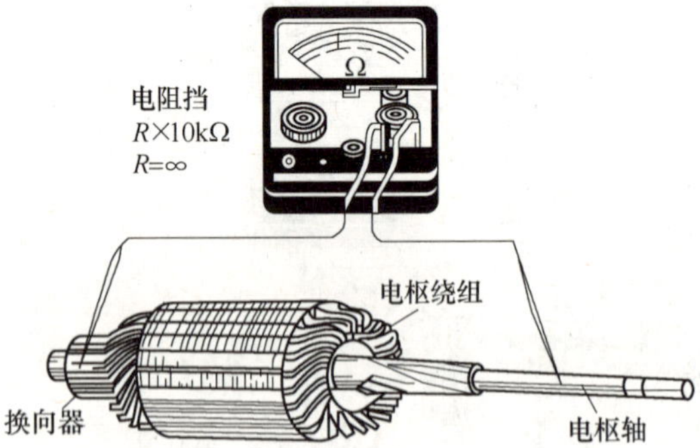

图 4-24　检测电枢轴与电枢绕组之间的绝缘电阻

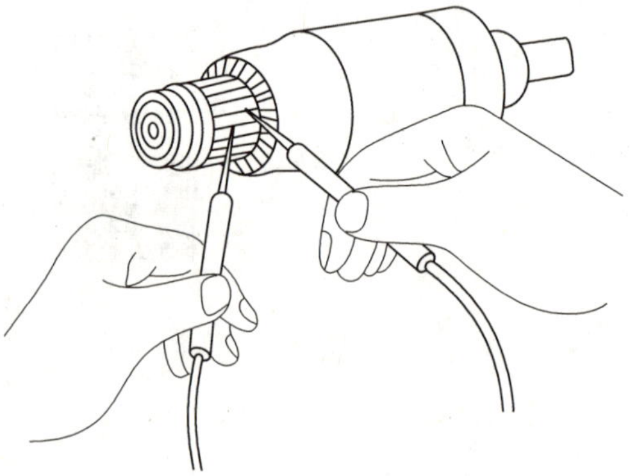

图 4-25　电枢绕组断路的检测

对于励磁绕组的断路、短路、搭铁故障都应对其检修或更换。

（4）电枢轴的检测　用千分表检查电枢轴是否弯曲，如图 4-26 所示。若电枢轴表面摆差超过 0.15mm 或中间轴颈摆差大于 0.05mm 时，均应进行校正或更换。另外，还应检查电枢轴上的花键齿槽，如严重磨损或损坏，则应修复或更换。

3. 电刷的检测

（1）电刷高度的检测　电刷高度应不低于新电刷高度的2/3（国产起动机新电刷高度一般为14mm），即7～10mm，否则应更换。

（2）电刷接触面积的检测　电刷与换向器表面之间的接触面积应达到75%以上，否则应研磨电刷。

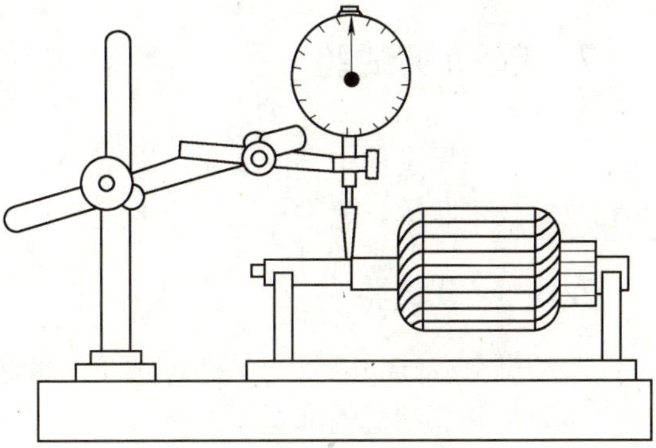

图4-26　电枢轴的检测

4. 传动机构的检测

（1）拨叉的检测　拨叉应无变形、断裂、松旷等现象，回位弹簧应无锈蚀、弹力正常，否则应更换。

（2）驱动齿轮的检测　驱动齿轮的齿长不得小于全齿长的1/3（如解放牌与跃进牌汽车驱动齿轮的齿长不应短于16mm），且不得有缺损、裂痕，否则应予更换；驱动齿轮磨损严重或扭曲变形时，也应以更换。

（3）单向离合器总成的安装与检测　如图4-27所示，将单向离合器及驱动齿轮总成装到电枢轴上，握住电枢。当转动单向离合器外座圈时，驱动齿轮总成应能沿电枢轴自如滑动。

如图4-28所示，在确保驱动齿轮无损坏的情况下，握住单向离合器外座圈，转动驱动齿轮，应能自由转动；反转时不应转动，否则表明有故障，应更换单向离合器。

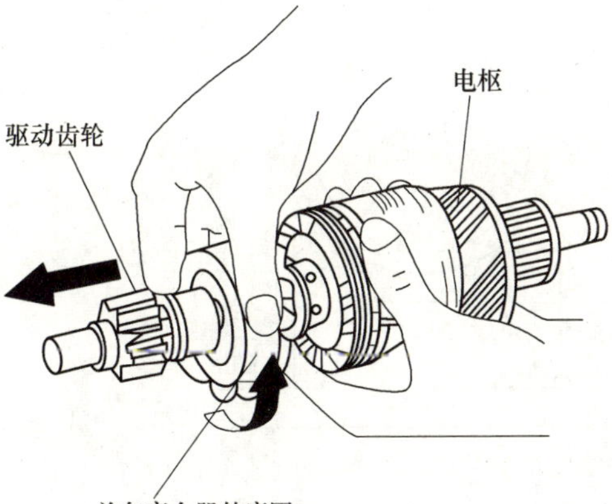

图4-27　单向离合器总成的安装与检测

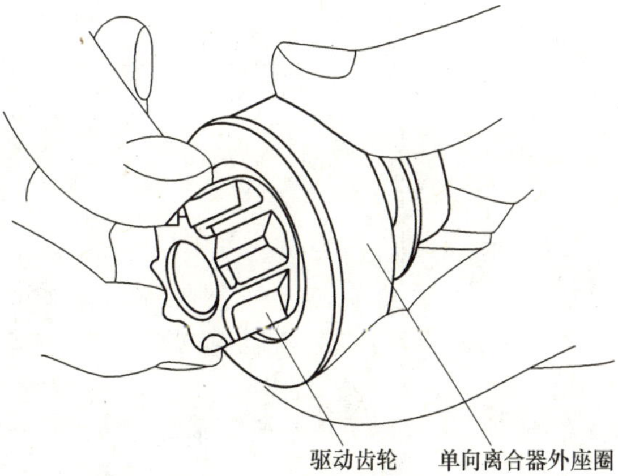

图4-28　单向离合器的进一步检测

5. 电磁开关线圈的检测

用万用表$R\times1\Omega$挡分别测量吸引线圈和保持线圈的电阻，吸引线圈的电阻值一般在0.6Ω以下，而保持线圈的电阻值一般在1Ω左右。如万用表指针不摆动即电阻无穷大，说明线圈断路；若电阻值小于规定值，说明线圈有匝间短路。线圈断路或短路时均需更换。

7　起动机试验

在实际使用过程中，需要定期对起动机进行保养。通过对起动机进行各种试验来检测起动机的技术状况。起动机实验主要包括：空载试验、全制动试验、通电测试。

7.1　空载试验

起动机空载试验的目的是通过试验测量起动机的空转电流和空转转速，并与标准值比较，从而判断起动机内部是否有电气故障和机械故障。

1. 试验准备

（1）装夹起动机　将起动机夹紧在汽车电气万能试验台的制动夹具上。

注意：在装夹过程中，应注意避免使连接起动机的电枢接线柱的导线线头与制动夹具的V形块接触，造成短路。可采用加垫绝缘胶皮的方法来装夹起动机。

（2）电路连接　按图4-29连接试验电路。

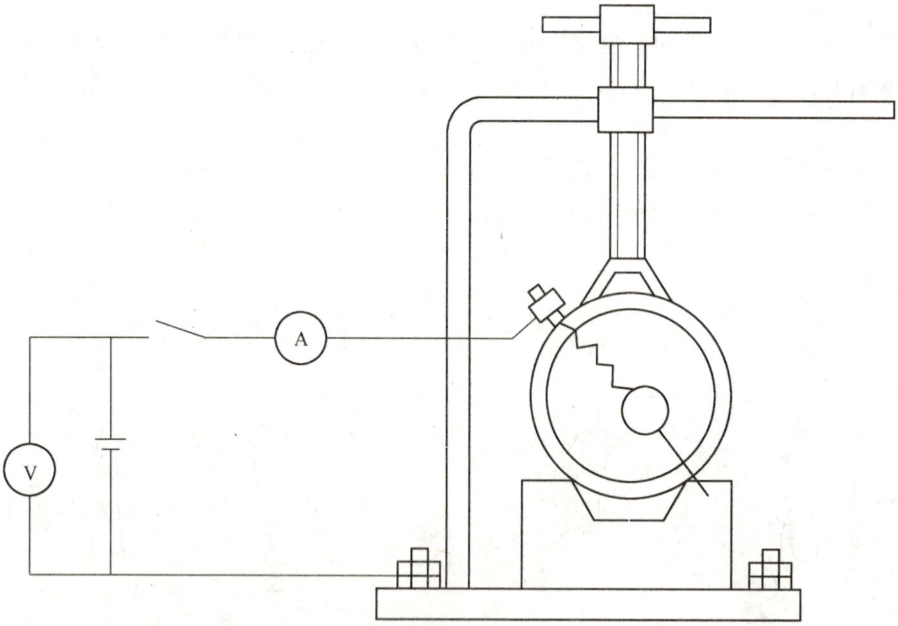

图4-29　起动机空载试验原理图

2. 试验操作

连接试验电路后，按下开关接通电源后，起动机开始转动，从电流表可读到空转电流值，用手持式转速表紧接在电枢轴的驱动端，测得起动机的空转转速，并做好记录与标准值比较。在空载实验中，若出现电流大、转速低的现象，说明起动机阻力大，其原因有装配过紧、电枢轴弯曲、轴套与电枢不同轴、轴套损坏有碰擦，以及电枢绕组、励磁绕组有局部短路或搭铁等。若出现电流和转速均低于标准值而蓄电池电压正常时，说明导线连接不良和起动机内部线路连接不良。

注意：空载试验时，试验不能超过1min，以免起动机过热而损坏。另外，换向器上不应有火花，电枢旋转应平稳，不应有机械的摩擦声，起动机不应有明显抖动和异响，若有异常现象发生，应停止试验，查明原因并排除故障后再进行试验。

7.2　全制动试验

起动机的全制动试验（又称制动转矩试验）必须选用空载试验性能良好的起动机。试验的目的是通过全制动试验测量起动机在完全制动时所消耗的电流和制动转矩，并与标准值比较，以判断起动机主电路是否正常，单向离合器是否打滑。

1. 试验准备

(1) 装夹起动机　将起动机固定于汽车电气万能试验台的制动夹具上。

(2) 电路连接　按图4-30连接好试验电路。

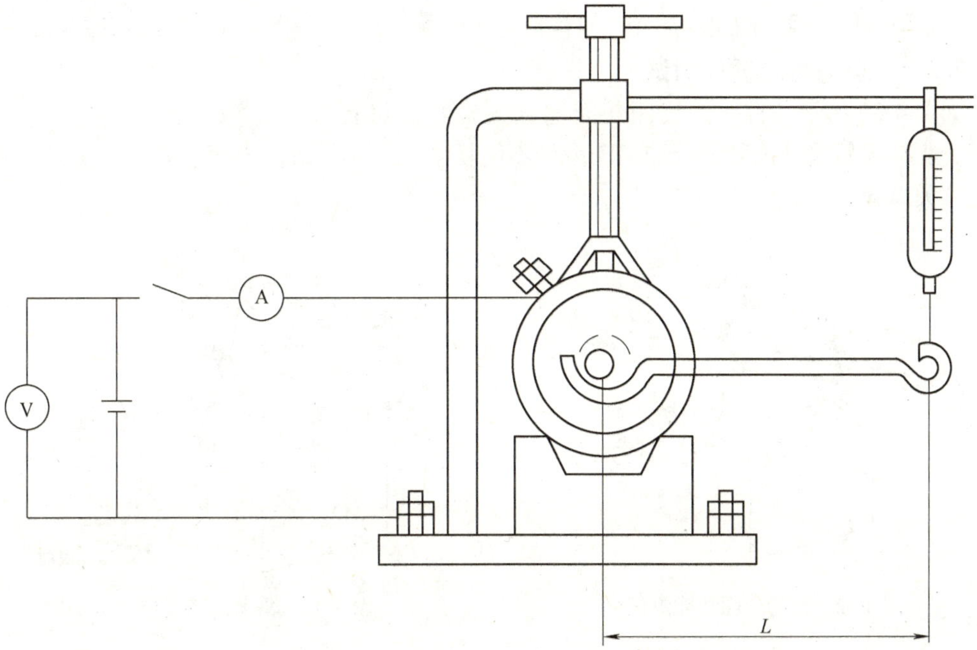

图4-30　起动机全制动试验原理图

2. 试验操作

按下开关，注意必须按紧，不得松开。起动机通电，呈制动状态。将电压表、电流表和弹簧秤指示出的制动状态的电压、电流和转矩数值分别记录下来，并与标准数据相比较，对起动机做出综合评价。若测得的电流大而转矩小，说明起动机运转阻力过大或电枢及励磁绕组有短路或搭铁故障。若电流和转矩均低于标准值，说明线路中有接触不良之处。

注意：每次试验通电时间不允许超过5s，两次试验间隔不少于2min。试验过程中人身应避开弹簧秤夹具，防止发生事故。

7.3 通电测试

7.3.1 吸引线圈功能测试

将起动机固定到工作台上。如图4-31所示拆下起动机“C”端子上的导电铜片，用电缆将起动机“C”端子和电磁开关壳体分别与蓄电池负极连接。用电缆将起动机“50”端子与蓄电池正极连接，此时，驱动齿轮应向外移出。如果驱动齿轮不动，则说明电磁开关故障，应予以修理或更换。

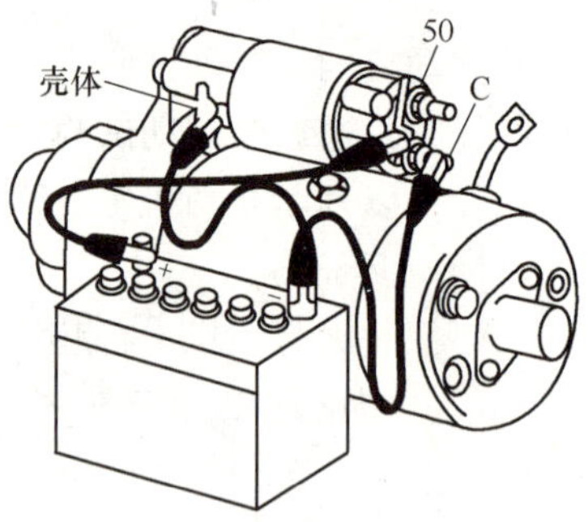

图4-31 吸引线圈功能测试

7.3.2 保持线圈功能测试

如图4-32所示，在吸引线圈功能测试试验的基础上，当驱动齿轮在伸出位置时，拆下电磁开关“C”端子上的电缆。此时，驱动齿轮应保持在伸出位置不动。如驱动齿轮复位，则说明保持线圈断路，应予以检修或更换电磁开关。

7.3.3 驱动齿轮复位测试

如图4-33所示，在保持线圈功能测试试验的基础上，再拆下起动机壳体上的电缆。此时，驱动齿轮应迅速复位。如驱动齿轮不能复位，则说明回位弹簧失效，应更换弹簧或电磁开关总成。

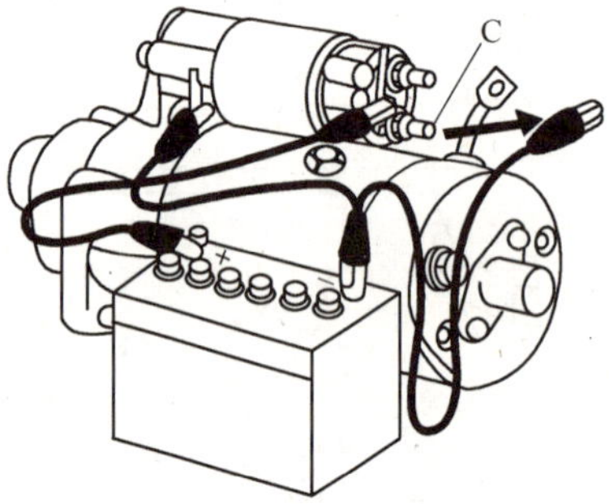

图4-32 保持线圈功能测试

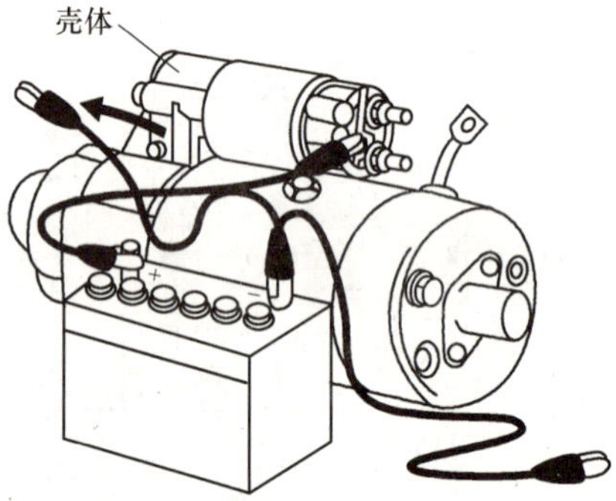

图4-33 驱动齿轮复位测试

8 起动系统控制电路

8.1 电路组成

起动系统电路有两种结构形式，即不带起动继电器和带起动继电器。无论电路为哪一种形式，都是一部分为主电路、一部分为控制电路。

8.1.1 不带起动继电器的起动系统电路

以桑塔纳轿车起动系统电路为例，如图4-34所示，其工作电路分析如下。

起动时，吸引线圈电路为：蓄电池正极→红色导线4→中央线路板插座P→中央线路板内部电路→中央线路板插座P→红色导线2→点火开关30端子→点火开关起动挡→点火开关50端子→红黑色导线3→中央线路板B8端子→中央线路板内部电路→中央线路板

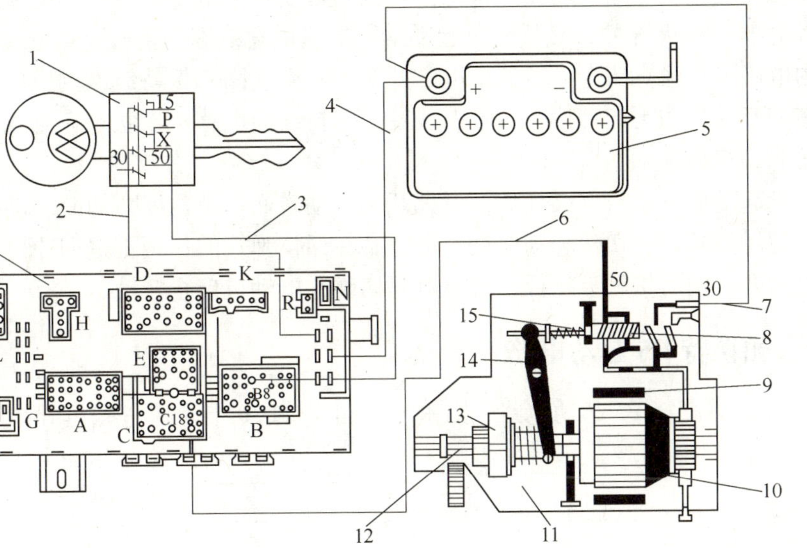

图 4-34 桑塔纳轿车起动线路

1—点火开关 2、4—红色导线 3、6—红黑色导线 5—蓄电池 7—黑色导线 8—电磁开关 9—定子 10—电枢 11—起动机总成 12—驱动齿轮 13—滚柱式单向离合器 14—拨叉 15—回位弹簧 16—中央线路板

C18 端子→起动机 50 端子→励磁绕组→绝缘电刷→电枢绕组→搭铁电刷→搭铁。

保持线圈电路为：蓄电池正极→红色导线 4→中央线路板插座 P→中央线路板内部电路→红色导线 2→点火开关 30 端子→点火开关起动挡→点火开关 50 端子→红黑色导线 3→中央线路板 B8 端子→中央线路板内部电路→中央线路板 C18 端子→红黑色导线 6→起动机 50 端子→保持线圈→搭铁。

电磁开关线圈通电，接触盘闭合时电动机电路为：蓄电池正极→黑色导线 7→起动机 30 端子→电磁开关接触盘→起动机 C 端子→励磁绕组→电枢绕组→搭铁。起动后，点火开关起动挡断开，电路为：保持线圈→搭铁→电动机→吸引线圈→起动机 50 端子→保持线圈。动铁心回位，接触盘断开，电动机断电，起动结束。

8.1.2 带起动继电器的起动系统电路

以 QD124 型起动机起动电路为例，说明起动继电器如何控制起动系统工作。

QD124 型起动机用于东风 EQ6100Q 汽油机，其控制电路如图 4-35 所示。起动发动机时，将点火开关转到起动位置，接通起

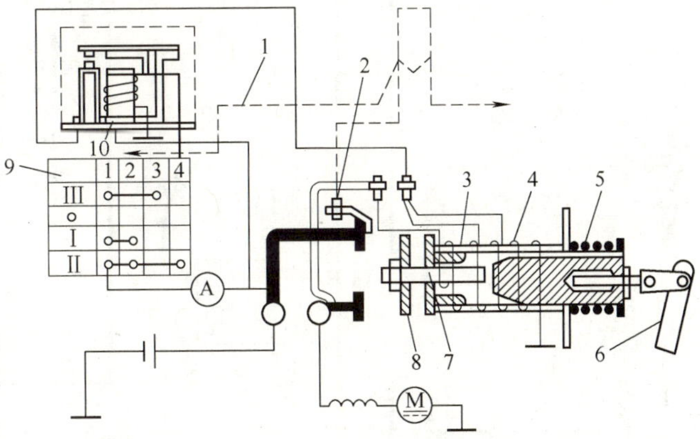

图 4-35 QD124 型起动机电路

1—附加电阻线 2—辅助接线柱 3—吸引线圈 4—保持线圈 5—回位弹簧 6—拨叉 7—推杆 8—接触盘 9—点火开关 10—起动继电器

动继电器磁化线圈的电路。电流从蓄电池正极→起动机主电路接线柱→电流表→点火开关→起动继电器“点火开关”接线柱→起动继电器内磁化线圈→搭铁→蓄电池负极。磁化线圈产生的电磁力将触点闭合，接通了电磁开关内吸引线圈和保持线圈的电路。此时，电路工作状态和起动机按下起动按钮后吸引线圈、保持线圈电路工作状态完全相同，起动机主电路被接通，完成起动。

发动机起动后，放松点火开关，点火开关自动转回一个角度，切断起动继电器磁化线圈电路，使触点断开，切断起动电路，动铁心在回位弹簧的作用下退回原位，起动机驱动齿轮退出啮合，同时接触盘复位，将主电路切断，电动机停止转动。

8.2 帕萨特 B5 起动电路

图 4-36 是帕萨特 B5 起动电路，图中起动机 B 的 30 端子通过黑色导线与蓄电池正极

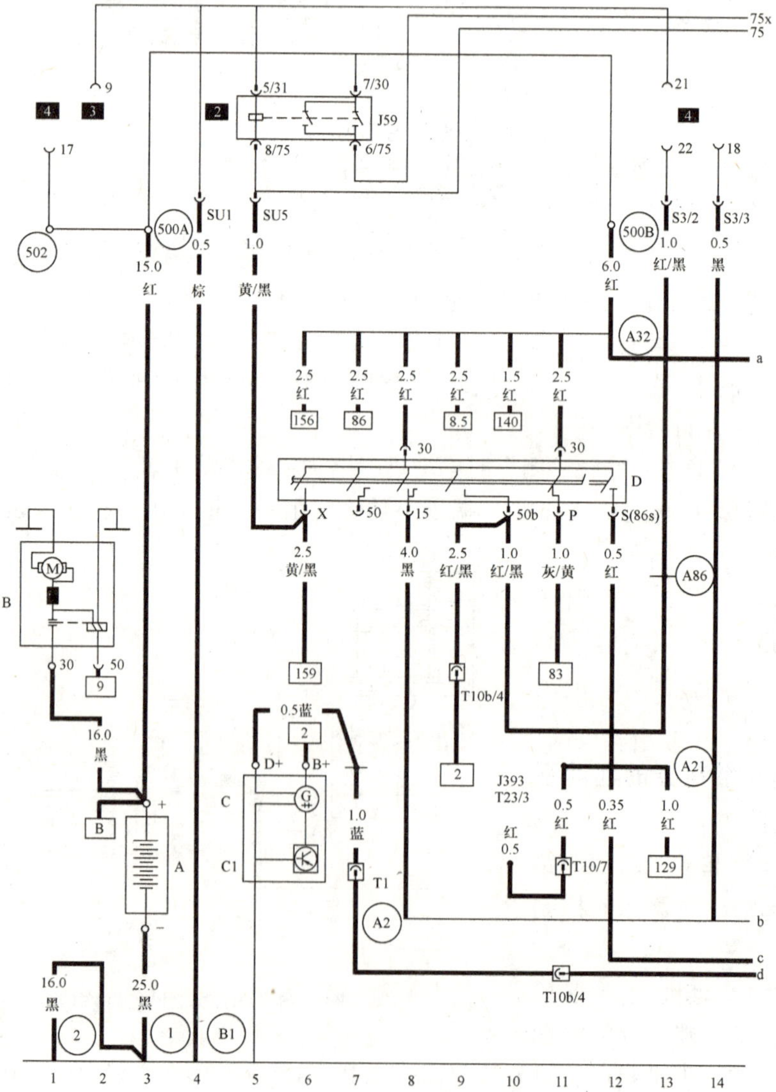

图 4-36　帕萨特 B5 起动电路

相连，起动机的控制端子 50 连接到一个方框 9，它表示与方框 2 的电路连接，即与点火开关 D 的 50b 相连，这也说明电磁开关直接受点火开关控制。点火开关的 30 端子是常电源，与蓄电池正极相连。当 D 处于起动位置时，D 的 50b 端子通电，接通电磁开关回路，电磁开关再接通起动机主电路，起动机工作。

8.3 丰田轿车起动电路

图 4-37 是丰田轿车起动电路，前面已学习过丰田车系电路读图方法，请读者自行

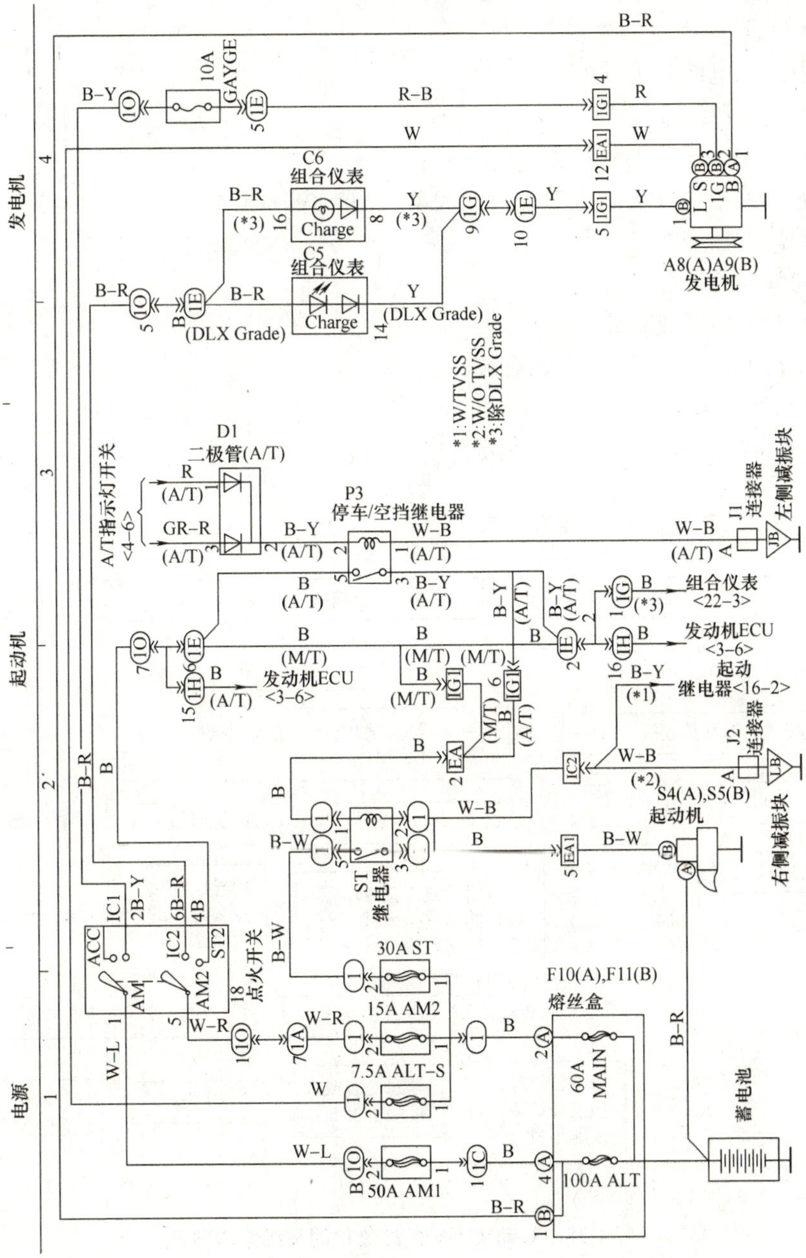

图 4-37 丰田轿车起动电路

分析。

9　起动系统常见故障的检测与维修

9.1　起动机不转的故障检测与维修

1. 故障现象

接通点火开关，起动起动机，但起动机不转。

2. 故障原因

1）蓄电池无电或严重亏电。

2）蓄电池电源线连接不良。

3）点火开关起动挡接触不良。

4）点火开关相线（正极电源线）至起动机的导线有断路。

5）有关熔断器烧断。

6）起动继电器损坏或有故障。

7）电磁开关损坏或有故障。

8）起动机电枢（转子）、电刷有故障。

3. 故障检测与维修

故障检测与维修步骤如图 4-38 所示。

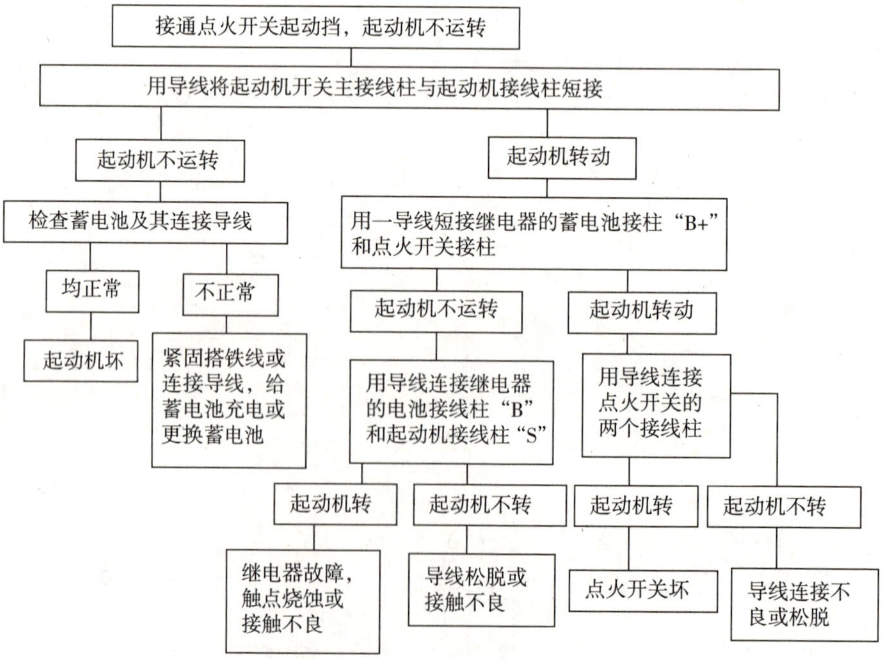

图 4-38　起动机不转的故障检测与维修步骤

9.2　起动机起动无力的故障检测与维修

1. 故障现象

接通点火开关，起动机能带动发动机曲轴转动，但转速低，甚至有短暂停转现象，说明起动机动力不足。

2. 故障原因

1）蓄电池亏电或有故障。

2）蓄电池导线连接不良，接线柱连接部松动或严重氧化，负极搭铁不良；起动机电源主回路接线柱氧化、松动而引起接触不良。

3）起动开关接触盘与触点脏污，接触不良。

4）起动机内部有故障。

5）起动机有机械故障造成起动阻力过大。

3. 故障检测与维修

故障检测与维修步骤如图 4-39 所示。

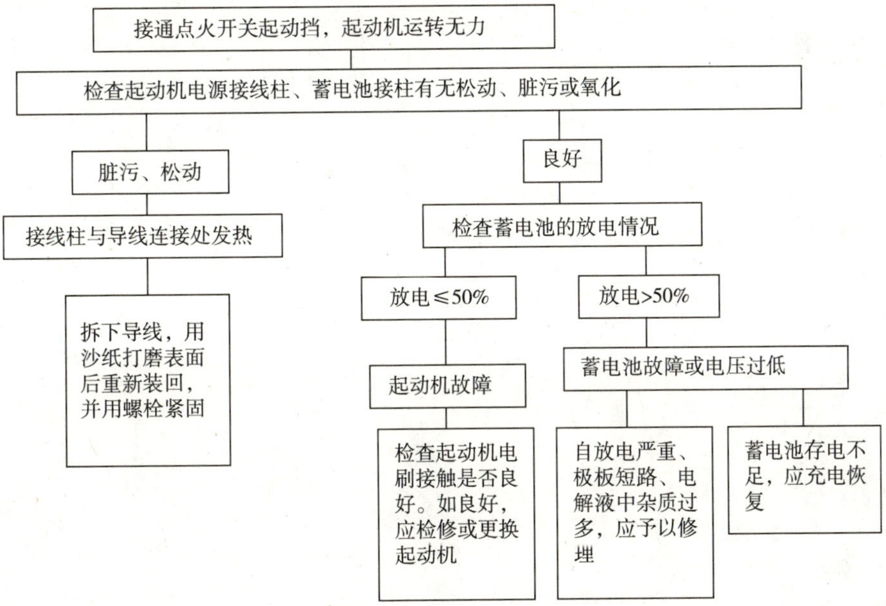

图 4-39　起动机运转无力的故障检测与维修步骤

9.3　起动机空转的故障检测与维修

1. 故障现象

起动机高速运转，发动机却不能正常起动。

2. 故障原因

起动机单向离合器打滑，起动机驱动齿轮无法与飞轮齿圈啮合。

9.4 起动机异响的故障检测与维修

1. 故障现象

起动机工作时发出异响。

2. 故障原因

1）开关接通时刻过早。

2）驱动齿轮损坏。

3）起动机安装螺栓松动。

4）飞轮齿环磨损或折断。

学习单元五 安装附加车灯

1 辅助照明灯具的种类及特点

1.1 雾灯

雾灯是我们最常用的一种附加灯。行车时如遇上大雾，雾水本身有散光效果，一般车灯会令光线分散，形成一层白色屏障，使得迎面而来的车辆不易察觉对方车辆的存在，具有一定的危险性。而雾灯的黄光比白光更易被雾水吸收，光线集中、有很强的穿透性，令驾驶者有更佳的距离感，能提供较清晰的行车视野。

1.2 射灯

射灯是一种带有聚光效果的附加灯，能够令光线聚合在一个较小的范围，而且它的光线射程是最远的，就算汽车在高速公路上飞驰，也非常容易被其他道路使用者察觉。在丛林中行驶时，越野车更可利用射灯照射较远处的物体，亦可作为在黑夜环境中探路、搜寻及拯救之用。

1.3 特备行车灯

特备行车灯是一种在完全漆黑环境下发挥最大功能的灯具。当一般前照灯无法提供全面照明时，它能提供一个比较广阔、全面的照射面，单单是这组灯的照射面已涵盖了远光和近光灯的照射范围。

1.4 转向辅助灯

转向辅助灯要配合原有车灯一同使用，当驾驶人需要一个广角的视野空间时，便需开启这组辅助灯。它的折射面构造，令它具有较广阔的照射面。因为其通常在一些蜿蜒曲折的山道上使用，因此被称为转向辅助灯。

2 汽车导线

2.1 导线类型的选择

汽车电器的连接导线有低压和高压导线两种。低压线中又有普通导线、屏蔽线、起动电缆和搭铁电缆之分；高压线则有铜芯线和阻尼线之分。

1. 低压导线

（1）普通导线　普通导线为带绝缘层的铜质多股软线，绝缘皮为 PVC 绝缘材料。结束用导线要有耐高温、耐油、耐磨、防水、防腐蚀、抗氧化、阻燃等特性。

汽车线束常用的导线种类有日标（AVSS 等）、国标（QVR）、德标（FLRY）、美标等几大系列。AVSS 导线的特点是薄皮绝缘，柔韧性较好；QVR 导线的特点是绝缘皮厚，比较柔软，延展性好；FLRY 导线绝缘皮更薄，柔韧性好；美标导线绝缘皮一般为热塑性或热固性弹性体。线束设计时可根据用户的需求和不同的工作环境选取适当类型的导线。

（2）屏蔽线　屏蔽线也称为同轴射频电缆，是使用网状金属纺织导线把信号线包裹起来的低压导线。这种金属纺织导线编织成的网称为屏蔽网，其作用是将导线与外界的磁场隔离，以防导线受外界磁场影响而产生干扰。

（3）起动电缆　起动电缆用来连接蓄电池与起动开关的主接线柱，其截面面积有 $25mm^2$、$35mm^2$、$50mm^2$、$70mm^2$ 等多种规格，允许通过电流为 500 ~ 1000A。

（4）搭铁电缆　搭铁电缆有两种，一种外形同起动电缆一样，附有绝缘层；另一种则是由铜丝编织成的扁形软导线。其长度有 300mm、450mm、600mm、760mm 四种。搭铁电缆常用于蓄电池与车架、车架与车身、发动机与车架等总成之间的连接。

2. 高压导线

高压导线是点火系统中承担高压输送任务的导线，其工作电压一般在 15kV 以上，通过电流较小，因此高压导线的绝缘层很厚，耐压性能好，但线芯截面积很小。

2.2　低压导线截面面积与颜色的选择

低压导线的截面积主要是根据用电设备的工作电流选择，但对于功率很小的电器，仅以工作电流的大小选择导线，其截面积将太小，机械强度也会较差。因此，汽车电气系统中所用的导线截面积规定不得小于 $0.5mm^2$。汽车用低压导线允许的载流量见表 5-1。12V 汽车电气系统主要线路导线截面面积推荐值见表 5-2。

表 5-1　低压导线允许载流量

导线标称截面积/mm^2	0.5	0.8	1.0	1.5	2.5	3.0	4.0	6.0	10	13
允许载流量/A			11	14	20	22	25	35	50	60

表 5-2　12V 汽车电气系统导线截面面积推荐规格

导线的使用部位	标称截面/mm^2
尾灯、顶灯、指示灯、仪表灯、牌照灯、燃油表、刮水器等电路	0.5
转向灯、制动灯、停车灯、分电器等电路	0.8
前照灯、电喇叭（3A 以下）	1.0
前照灯、电喇叭（3A 以上）	1.5
其他 5A 以上的电路	1.5 ~ 4.0
电源电路	4 ~ 25
起动电路	16 ~ 95
柴油机电热塞电路	4 ~ 6

为便于区分汽车线路，车上导线绝缘层采用了不同的颜色，其中截面积在 $4mm^2$ 以上的导线采用单色线，而在 $4mm^2$ 以下的采用双色线。双色线的主色所占比例大些，辅助色所占比例小些。在电路图中多以英文字母来表示导线绝缘层及条纹的颜色。我国汽车电气系统中各系统导线的主色见表 5-3。

表 5-3　我国汽车电气系统中各系统导线的主色

序号	系统名称	主色	颜色代号
1	电源系统	红	R
2	点火下调和起动系统	白	W
3	雾灯	蓝	BL
4	灯光系统和信号系统	绿	G
5	车身内部照明系统	黄	Y
6	仪表、报警系统及电喇叭系统	棕	Br
7	收音机、电子钟、点烟器等辅助系统	紫	V
8	各种辅助电动机及电气操纵系统	灰	Gr
9	搭铁线	黑	B

3　灯系电路的特点

轿车灯系电路主要受点火开关、灯光总开关和相关继电器的控制（对于采用 CAN—BUS 的车辆来说，部分灯光受车载电网控制单元的控制）。其中，以控制继电器为最普遍采用的控制措施，它是汽车使用最多的电子元器件之一。

控制继电器有两个主要部分，一个是控制系统，另一个是被控制系统。控制继电器之所以能起控制作用，是因为当向它的控制系统中输入某种信号，例如电、磁、热、光等，达到一定程度时，能使被控制系统（又称输出回路）的被控制量由零突变到一定值，或者由一定值突变到零，从而达到控制、保护、传递和转换信息等作用。以小电流控制大电流，就是控制继电器的特点。

汽车控制继电器技术要求苛刻，因为它不仅要适应振动、高温、低温、潮湿以及油、盐、水等侵蚀性恶劣环境，还要求寿命长、高可靠、体积小、低消耗，同时具有电磁兼容性、阻燃性、响应速度快等性能。

以常用的汽车灯光控制继电器为例，其主要有三脚、四脚及五脚等形式的控制继电器，分别控制前照灯、示宽灯及仪表灯、转弯灯、后灯、制动灯、倒挡灯、雾灯、车厢照明灯等。当组合开关拨至前照灯 ON 挡，前照灯继电器的控制系统（励磁绕组部分）就会通电产生磁场，合金触点立即闭合，被控制系统的电流导通，从而控制了前照灯的开启。当组合开关拨至前照灯 OFF 挡、断开电源，磁场消失使控制合金触点立即分离，被控制系统的电流截止，前照灯关闭。

目前的汽车控制继电器仍以机械式为主，但已向固态继电器发展。继电器的关键是可靠性，因为一旦继电器出现故障，立即会引起该系统部件功能的瘫痪，甚至会使整辆汽车无法行驶。例如若起动继电器出现故障，汽车就无法起动，尽管起动继电器最多十几块钱一只，但没有它汽车就无法运行。

目前国产汽车控制继电器主要有两大类，一类是仿欧车继电器，主要为德国和法国车型配套，另一类是仿日车继电器，主要为日本车型配套。在国际市场上，知名的汽车控制继电器生产企业是德国博世（BOSCH）公司。

图 5-1 为桑塔纳 2000 型轿车的灯系电路图，从图中看出从 30 号线出来的 12V 电压到达灯光开关 E1 后，受开关控制电压将施加到各灯光系统上。

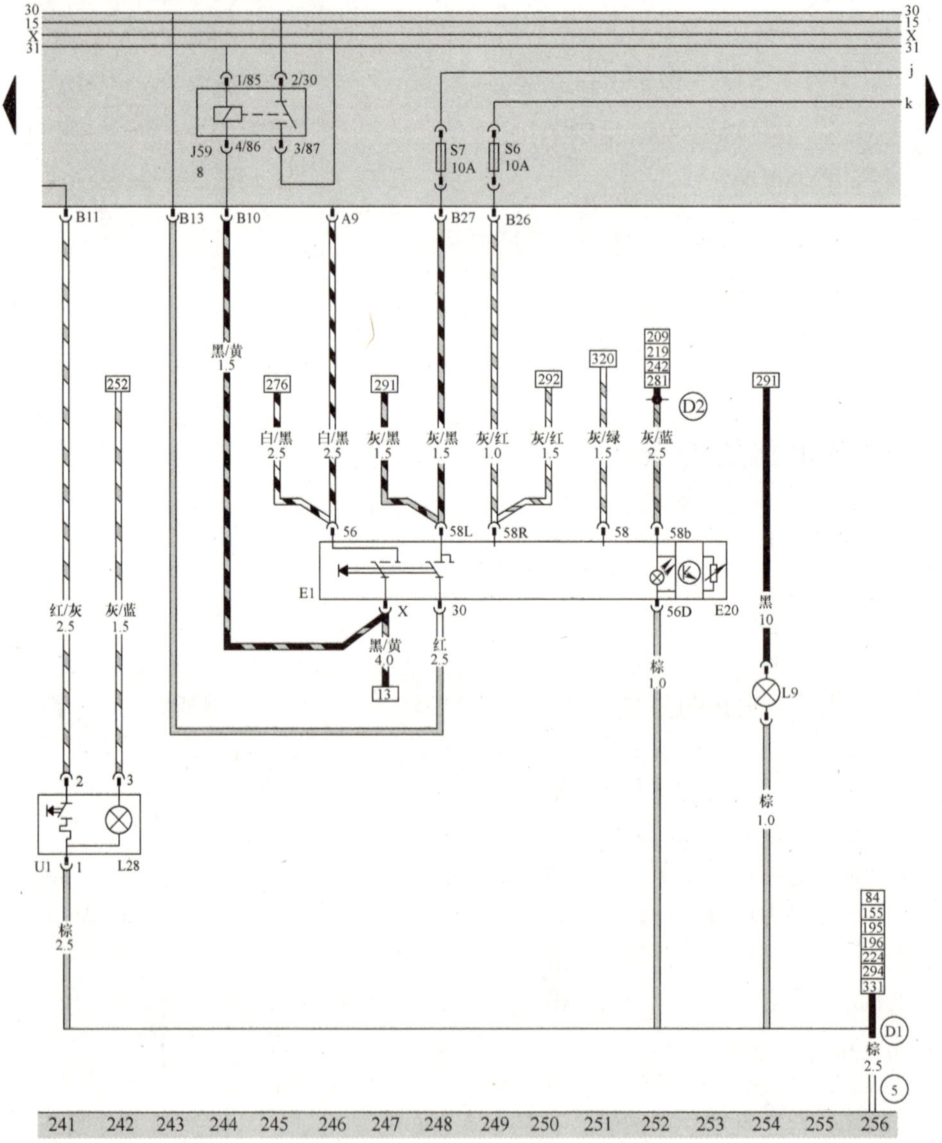

E1—灯光总开关
E20—仪表板照明调节器
J59—X-接触继电器
L9—灯光开关照明灯
L28—点烟器照明灯
S7—左尾灯、左前停车灯熔断器，10A
S8—右尾灯、右前停车灯、发动机舱照明灯熔断器 10A
U1—点烟器
⑤—接地点，在中央接线盒左侧星形接地爪上
Ⓓ1—接地连接线，在仪表板线束内
Ⓓ2—连接线，在仪表板线束内

图 5-1　桑塔纳 2000 型轿车的灯系电路图

4　安装附加车灯的步骤

1）了解汽车车灯改装的相关法规。

2）在法规许可的范围内，根据客户车辆的使用环境选择灯具的种类、数量并与客户进行协商。

3）根据灯具的功率计算工作电流并选择导线的截面面积，并按国家规定选择导线颜色。

4）确定灯具安装位置及安装方案。

5）确定布线方案，估算导线长度。

6）进行附加车灯的安装。

7）对安装的附加车灯进行检查与调整。

5　安装附加车灯的注意事项

了解辅助照明灯具的种类后，对于车主来说，最重要的就是选择一款适合自己的产品。市场上辅助照明灯具的品牌非常多，从进口大品牌到国产品牌都能买到。据了解，在进口产品中，HELLA（海拉）和 IPF 是最常见的品牌，其性能和质量都不错。这类品牌的产品根据不同的功能和效果划分得非常详细，不同灯具都会提供相应的详细参数，产品介绍一目了然，消费者只要结合自己的需求和经济能力就能选择出适合自己的产品。在配件方面，这些产品都随灯附赠全套的配线、开关、插头、继电器等配件，可以有效保证安装质量。除了这两大品牌外，还有 WARN、博世、PIAA 等产品。

国产的辅助灯具品牌众多，但目前真正具有影响力、可以和进口品牌相抗衡的品牌还比较少。这些产品并不像进口产品那样追求良好的性能，而是更看重性价比，外观也比较花哨。当然，比起进口辅助照明灯具动辄上千元甚至上万元的价格来说，很多国产灯具 100 ~ 1000 元不等的价格具有非常大的诱惑力。

安装质量对辅助灯具的使用效果有非常大的影响。一般来说，辅助照明灯具需要到专业改装店安装。

首先，车主要根据自己车辆发电机的负荷能力选择相应数量的辅助照明灯具，避免出现辅助照明灯具总功率过大带来的发电机供电不足的情况。

第二，选择合理的安装位置，辅助灯具由于功能不同，光形也各不相同，有些灯可以安装在车顶，而有些必须安装在车头前部。以雾灯为例，如果安装在车顶，有可能会在风窗玻璃或发动机舱盖上产生反光影响驾驶，而射灯一般不会出现这种夜间发光效果的问题。

第三，辅助照明灯具应该使用独立的供电线路，并增加独立的熔断器。辅助灯具不能和原车灯具共用供电线路，否则会造成线路过载。安装时，一定要为辅助灯具铺设能够承受其工作电流的独立线路，做好防水防尘和绝缘保护，并增加相应的熔断器。

第四，辅助照明灯具的开关电路必须加装继电器，实现弱电控制强电，保证安全。同时最好由原车示宽灯电路提供辅助照明灯具的开关电源，保证辅助灯具随原车灯熄灭而熄灭，不会因忘记关闭而导致蓄电池过度放电。

第五，在安装辅助照明灯具时，一定要检查接地是否良好。安装辅助照明灯具时，一般都会采用车身接地，选择车身接地点时一定要注意表面油漆对接地的影响，如果接地不良，不仅会影响亮度，也会产生安全隐患。

最后，灯具与导线之间最好采用插头式的连接方式，便于灯具在需要维护时拆卸。

学习单元六

电子扇失灵

1 电子扇的作用及优点

电子扇的作用是将外界的空气吸入发动机舱，使空气流经过散热器并将冷却液的热量吸收，起到控制冷却系统温度的作用。传统方式在水泵叶轮前面加装电子扇，只适用于发动机纵置的汽车，并且控制精度差；采用电动冷却电子扇可以避免上述不足，因此现代汽车广泛采用电子扇。电子扇电动机的速度也可以根据发动机的温度进行多级换挡或者无级调节。在发动机关闭后电子扇的冷却空气流可以保持，从而避免了由于发动机关闭后的后续加热导致的过热。

2 电子扇的线路组成

常用电子扇的线路构成比较简单，主要由点火开关、电子扇继电器、温控开关和电子扇电动机电阻等组成的串并联电路，如图 6-1 所示。

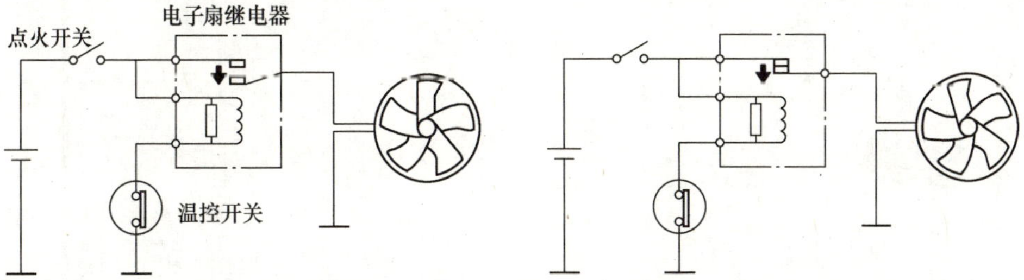

图 6-1　电子扇的线路组成

冷却液低温时，温控开关断开，电子扇继电器线圈失去电磁力使触点断开，电流不能流至电子扇电动机，电子扇不转。

冷却液高温时，温控开关接合，电子扇继电器控制电路接地，于是，触点闭合，向电子扇电动机供电，使电子扇高速转动。

3 温控开关

3.1 温控开关图形符号

在电路图中温控开关图形符号如图6-2所示，双速电子扇温控开关图形符号如图6-3所示。

图6-2 温控开关图形符号

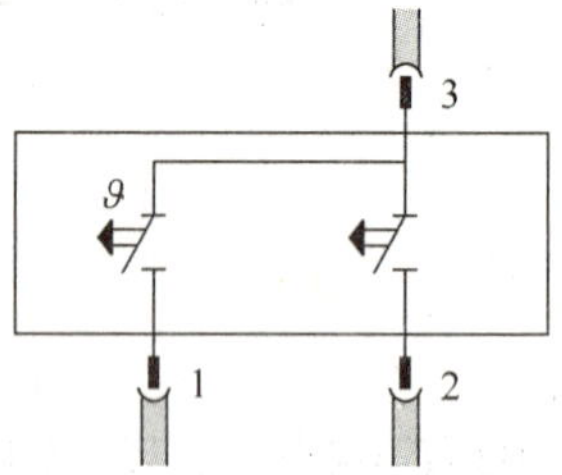

图6-3 双速电子扇温控开关图形符号

3.2 温控开关的作用和工作原理

温控开关由外壳、双金属片及接线脚组成。根据双金属片原理可以实现温控开关的转换。双金属片包括两片背靠背粘接在一起的两种不同的金属，随着冷却液温度升高，不同金属受热膨胀的程度不同，膨胀程度大的那种金属就会迫使整个金属片弯曲，当双金属片变形时，触点接合如图6-4所示，电路被接通，使电子扇转动；当冷却液温度降低时，温控开关断开，如图6-5所示，此时电子扇线路断开，电子扇停止转动。

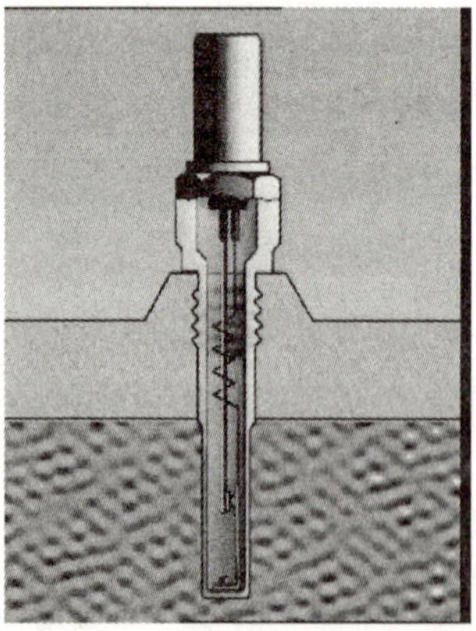

图6-4 温控开关接合状态

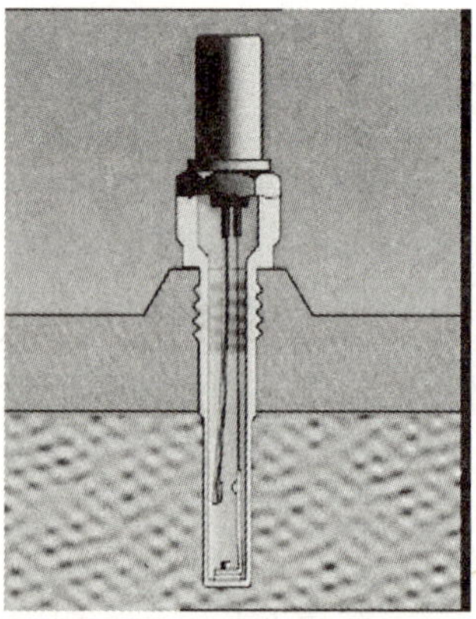

图6-5 温控开关断开状态

桑塔纳轿车电子扇为双速电子扇，由冷却液温度控制的热敏开关（温控开关）控制。

3.3 温控开关的检测方法

温控开关可用万用表检查。如图6-6所示，将温控开关拆下并放入水中，然后逐渐加热并用万用表电阻挡测量温控开关接线端与外壳间的电阻。当水温达到 93～98℃时，万用表指针应指示温控开关导通；当水温下降至 88～93℃时，万用表指示温控开关断开（电阻为无穷大）。否则表明温控开关损坏，应更换新件。

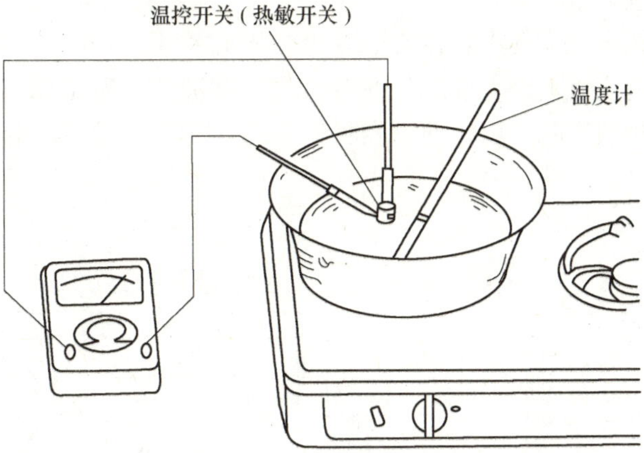

图 6-6　温控开关（热敏开关）的检查

4　电子扇

4.1　电子扇的结构

电子扇主要由电子扇叶片、直流电动机及外罩等组成。电子扇外形图如图 6-7 所示。

图 6-7　电子扇

4.2 电子扇的检查

对电子扇的检查主要是检查电子扇叶片是否有裂纹、电子扇前后方向是否安装正确以及电子扇电动机是否能正常运转。如冷却液温度已达到电子扇转动温度但电子扇没有转动，应先检查熔丝是否熔断。如果熔丝良好，再拔下温控开关插头，将两插片直接接通或拔下电子扇电动机插头，将其串联在安培表和蓄电池之间，如图 6-8 所示，以检查电子扇是否能正常运转及电流值是否在规定范围内。此时若电子扇仍不转，表明电子扇损坏，应予更换；若两插片接通后电子扇转动，表明温控开关损坏，应更换温控开关（温控开关应以 25N · m 的力矩拧紧）。

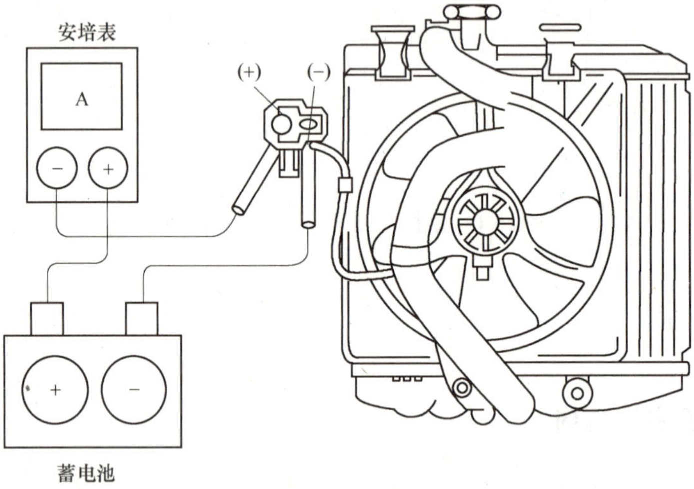

图 6-8 电子扇的检查

5 识读电子扇控制电路图

5.1 桑塔纳轿车电子扇控制电路

如图 6-9 所示，发动机工作时，当冷却液温度达到 93 ~ 98℃时，温控开关中的金属片 1 闭合接通，2、3 触点接通。电流路径为：30 正电——S1 熔断器——F18 温控开关的 2、3 触点——电子扇 V7 和 V8 的低速电阻——电子扇 V7 和 V8，由于电阻 *R* 的存在，电子扇低速旋转。

当冷却液温度达到 98 ~ 105℃时，温控开关中的金属片 2 闭合接通，1、3 触点接通。电流路径为：30 正电——S1 熔断器——F18 温控开关的 1、3 触点——电子扇控制器 J293 的 T10/7 插脚，J293 接收到这个 12V 的电压后，通过 T4/2 插脚输出 12V 电压绕过电阻 *R* 直接流过电子扇 V7 和 V8，电子扇高速旋转。

为便于诊断故障、规范布线，现代汽车常将熔断器、熔丝和继电器等电路易损件集

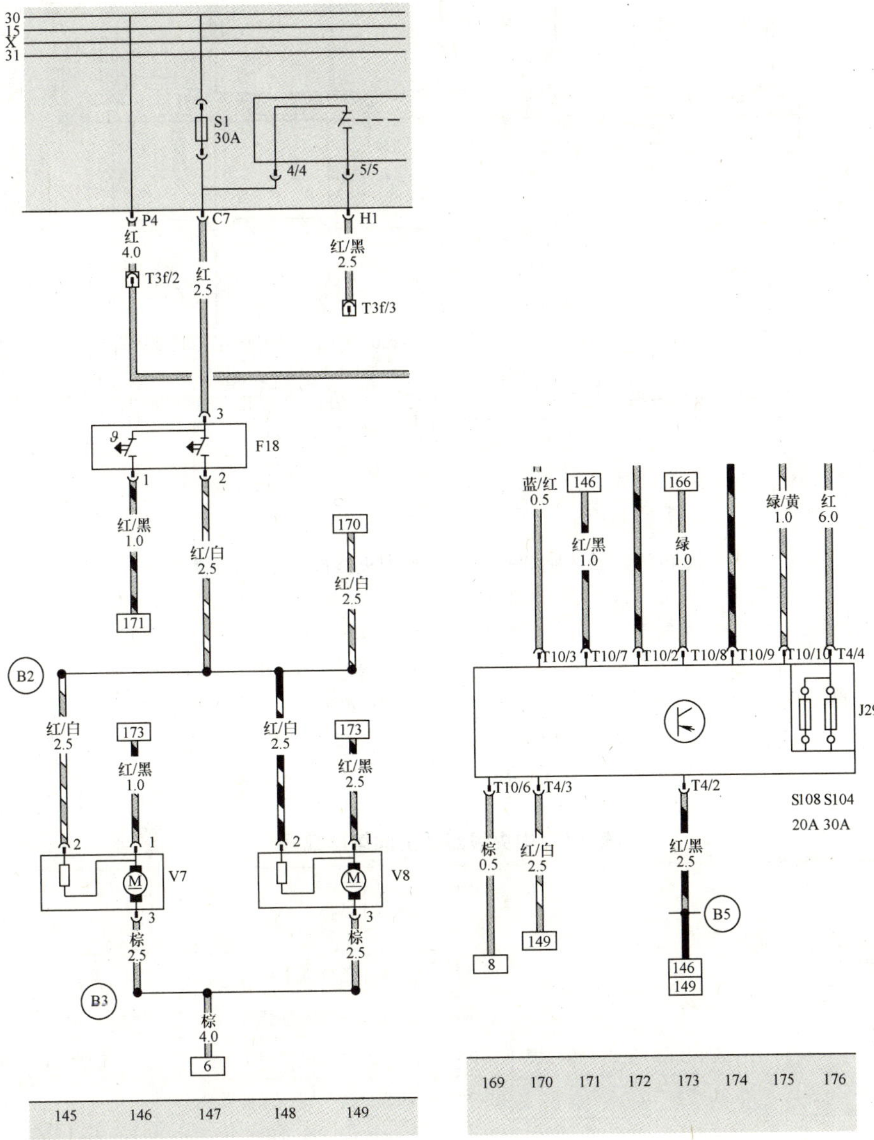

图 6-9　桑塔纳轿车电子扇控制电路

中布置在一块或几块配电板上。配电板背面用来连接导线，这种配电板加上盖子就组成了中央线路板，也称中央接线盒。在某些汽车上也将其分成接线盒和继电器盒，如威驰轿车。

桑塔纳 2000GSi 轿车电器系统采用中央线路板，大部分熔丝和继电器都安装在中央线路板正面，如图 6-10 所示。熔丝编号见表 6-1。

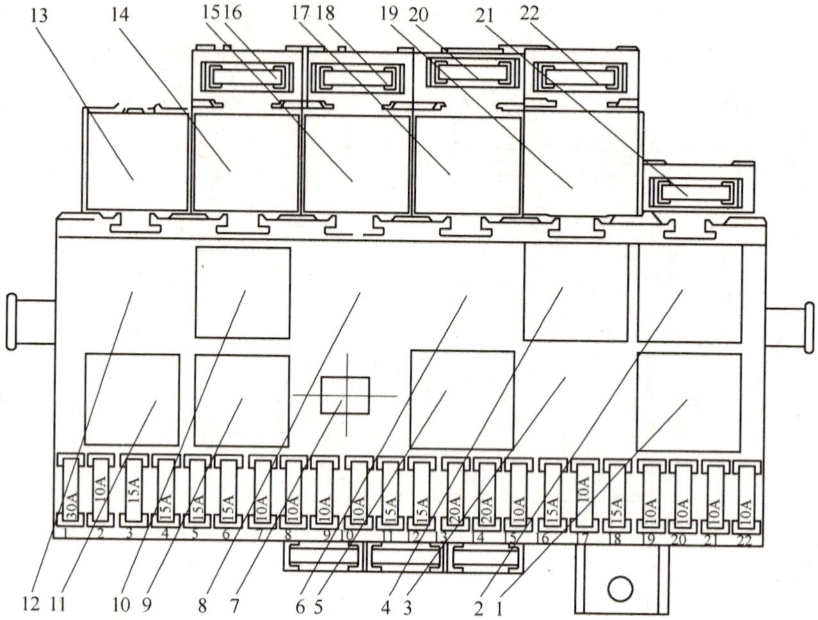

图 6-10　桑塔纳 2000GSi 轿车中央线路板正面布置

1—空位　2—进气歧管预热继电器　3—空位　4—空位　5—空调组合继电器
6—双音喇叭继电器　7—雾灯继电器　8—X-接触继电器　9—拆卸熔丝专用工具
10—前风窗刮水及清洗继电器　11—空位　12—转向继电器　13—冷却电子扇继电器
14—摇窗机继电器　15—摇窗机继电器　16—内部照明继电器　17—冷却液位指示继电器
18—后雾灯熔丝（10A）　19—过热保护器　20—空调熔丝（30A）
21—自动天线熔丝（10A）　22—电动后视镜熔丝（3A）

表 6-1　中央线路板上的熔丝编号

编号	名称	额定电流/A	编号	名称	额定电流/A
1	散热器电子扇	30	12	电动摇窗机	
2	制动灯	10	13	后风窗加热器	
3	点烟器、收音机、钟、车内灯、中央集控门锁	15	14	鼓风机（空调）	20
4	危险报警闪光灯	15	15	倒车灯、车速传感器	10
5	燃油泵	15	16	进气预热器温控开关、怠速切断电磁阀	15
6	前雾灯	15	17	双音喇叭	10
7	尾灯和停车灯（左）	10	18	驻车制动、阻风门指示灯	15
8	尾灯和停车灯（右）	10	19	转向灯	10
9	前照灯远光（右）	10	20	牌照灯、杂物箱照明灯	10
10	前照灯远光（左）	10	21	前照灯近光（左）	10
11	前风窗刮水器及清洗装	15	22	前照灯近光（右）	10

主线束从中央线路板反面插接后通往各电器，如图 6-11 所示，中央线路板上标有线束和导线插接位置的代号及接点的数字号，主要线束的插接代号有 A、B、C、D、E、G、H、K、L、M、N、P、R。其中 P 插座插入常火线，R、K、M 均为空位插孔。查找时只要根据电路图中导线与中央线路板区域中下框线交点处的代号就能了解该导线在某个线束中的第几个插头上了。

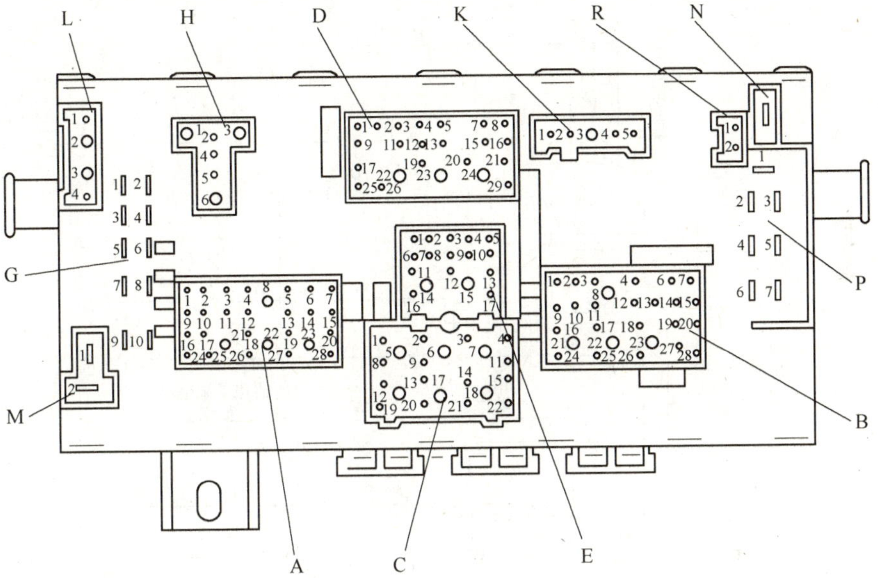

图 6-11 中央线路板反面布置

A—用于仪表板线束，插件颜色为蓝色 B—用于连接仪表板线束，插件颜色为红色
C—用于连接发动机舱左边线束，插件颜色为黄色 D—用于连接发动机舱右边线束，插件颜色为白色
E—用于连接车辆后部线束，插件颜色为黑色 G—用于连接单个插头（主要用于冷却液不足指示控制器）
H—用于连接空调装置的线束，插件颜色为棕色 K—空位 L—用于连接双音喇叭等线束，插件颜色为灰色
M—空位 N—用于单个插头（主要用于进气管预热器的加热电阻的电源）
P—用于单个插头（主要用于蓄电池火线与中央线路板“30”的连接，中央线路板“30”与点火开关“30”接线柱连接） R—空位

5.2 丰田轿车电子扇控制电路

丰田轿车电子扇控制过程如图 6-12 所示，当冷却液温度较低时，发动机 ECU 将 3 号继电器的 2 脚接地，此时，电流从电源正极经过冷凝电子扇和散热器电子扇组成的串联电路，由于电阻较大，所以两电子扇低速运转；当冷却液温度升高时，冷却液温度传感器将高温信号传至发动机 ECU，这时发动机 ECU 将 3 号继电器的 2 脚接地，同时也将 1 号继电器的 4 脚和 2 号继电器的 2 脚接地，这时，两个电子扇各自形成自己的电路，由于电阻较小，所以以两电子扇高速运转。另外，当空调系统压力升高使得高压开关 P 闭合时，电路情况与冷却液温度升高时相同，请读者自己分析。

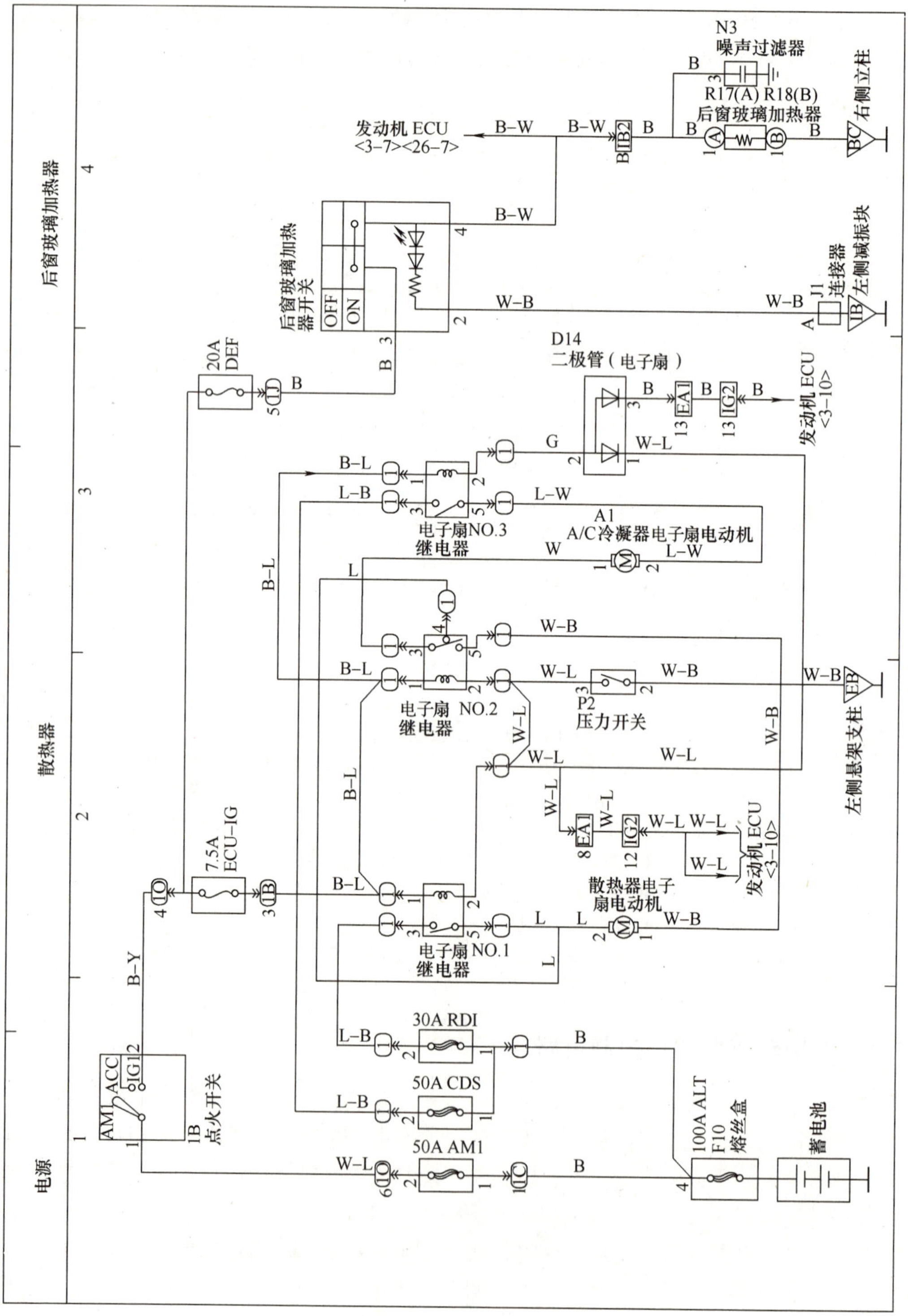

图6-12　丰田轿车电子扇控制电路

5.3　帕萨特轿车电子扇控制电路

帕萨特轿车电子扇控制电路图如图 6-13 所示。

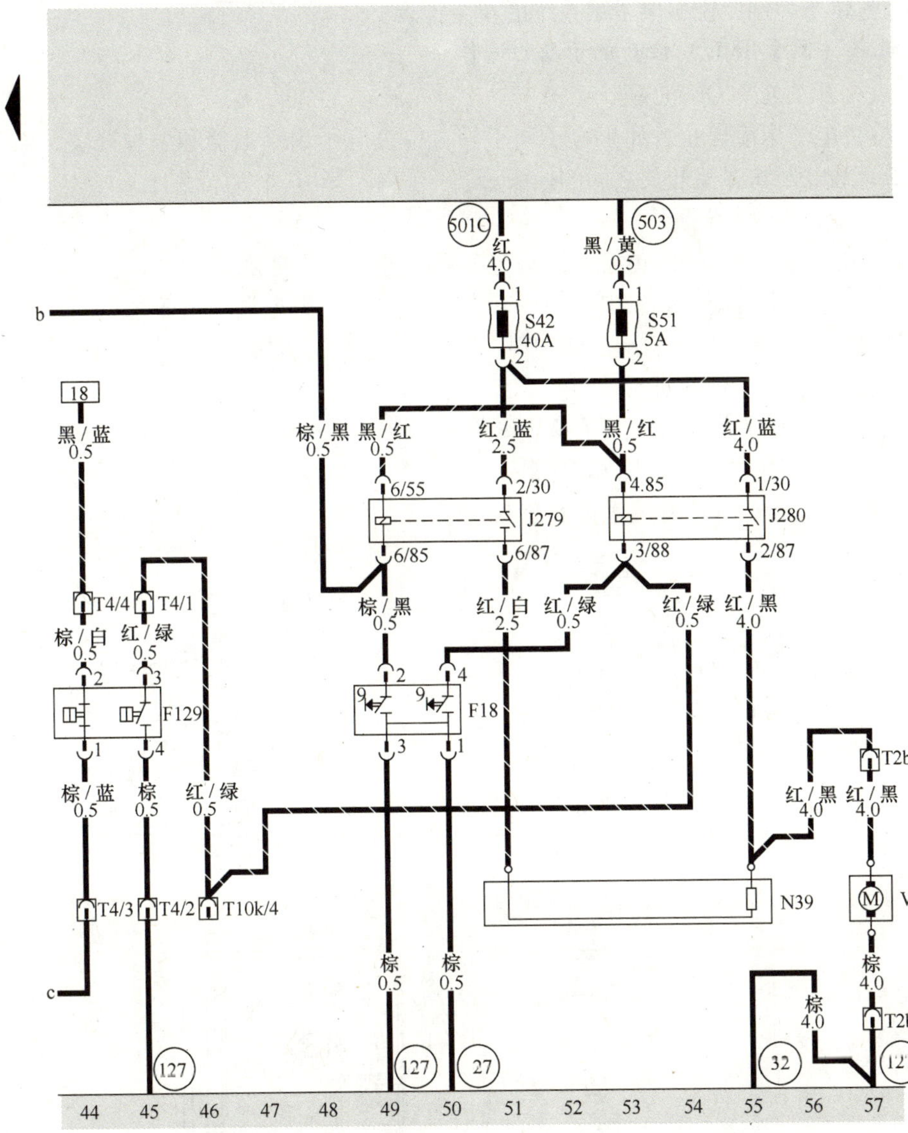

F18 — 散热器电子扇热敏开关
F129 — 空调压力开关
J279 — 散热电子扇 1 挡速度继电器（红色）在附加继电器架上 6 号位 (214 继电器)
J280 — 散热电子扇 2 挡速度继电器（棕色）在附加继电器架上 2 号位 (370 继电器)
N39 — 散热电子扇的串联电阻
S42 — 熔断器，40A，黄色，在附加继电器架上
S51 — 熔断器，5A，红色，在附加继电器架上
T2b/1.2 — 针插头，棕色，在发动机室的左前侧
T4/1.2.3.4 — 针插头，红色，在发动机室的左前侧
T10k/4 — 针插头，灰色，在左 A 柱处 (14 号位)
V7 — 散热风扇
32 —接地端，在继电器板边上（左 A 柱）
127 —接地连接线，在空调压缩机线束内
501C —螺栓联接点 2(30B 号相线)，在继电器板上
503 —螺栓联接点 (75x 相线)，在继电器板上

图 6-13　帕萨特轿车电子扇控制电路图

6 电子扇系统的车上检查

以威驰轿车为例，说明电子扇系统的车上检查。

1. 低温（低于83℃）检查电子扇的运作

1）点火开关处于ON位置。

2）检查电子扇应停止。如果电子扇不停，检查电子扇继电器和温控开关，断开连接器或电子扇继电器和温控开关之间的插头。

3）断开水温传感器插头。

4）使用导线，将冷却液传感器插头与车身连接，并且使导线接地。

5）检查电子扇转动。如果电子扇不转，检查电子扇继电器，电子扇、发动机EFI开路继电器和熔体，检查电子扇继电器和温控开关之间是否短路。

6）重连冷却液传感器插头。

2. 高温（93℃以上）检查电子扇的运作

高温检查电子扇的运作如图6-14所示。

1）起动发动机，让冷却液温度高于93℃。

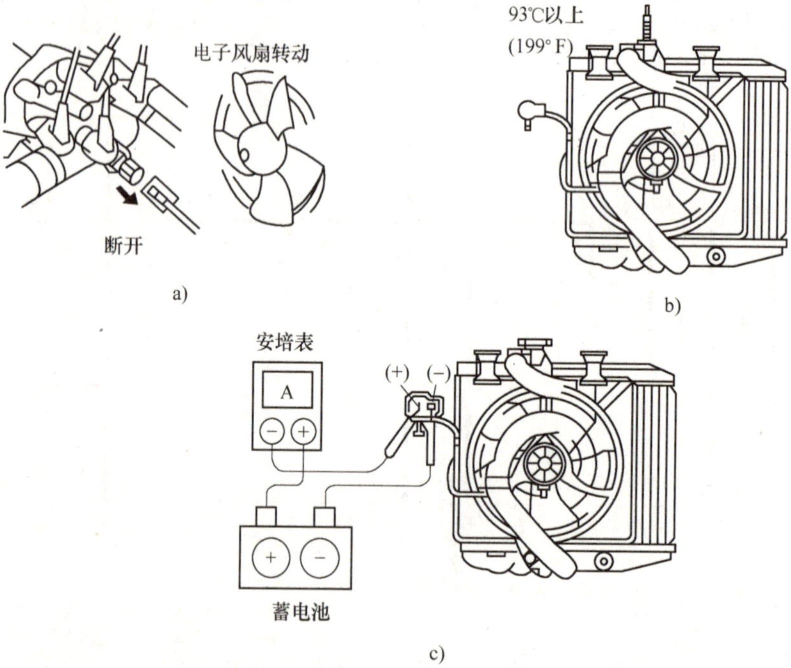

图6-14 高温时电子扇的检查

2）检查电子扇是否转动。若不转动，应换温控开关。

3. 检查电子扇控制电路

结合图6-12，检查电子扇的控制电路。

1）断开冷却电子扇插头。

2）将蓄电池和电流表与连接器相连。

3）检查电子扇应平稳地转动和电流的读数为5.7～7.7A。

4）重新连接电子扇插头。

4. 检查电子扇继电器

参考图6-15电子扇继电器原理图，检查电子扇继电器

1）用欧姆表检查各端子间的导通性。端子1、2应导通，端子3、5应断开，否则更换继电器。

2）蓄电池电压作用于端子1、2上，用欧姆表检查端子3、5应导通，如不导通，换电子扇继电器。

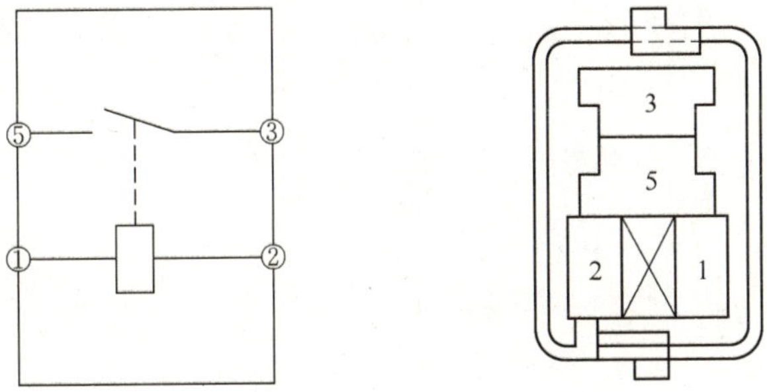

图6-15 电子扇继电器原理图